適法・違法捜査ハンドブック

伊丹 俊彦 監修

倉持 俊宏
細川 充
山口 貴亮
山口 修一郎 著
栗木 傑
渡邊 真知子
三尾 有加子

立花書房

本書は時々・情勢の必要に応じ，内容を変更・追加する場合があります。

はしがき

　科学技術が進歩し，インターネットが国民生活の不可欠な社会基盤として定着するとともに，人間関係が希薄化していることなどにより，犯罪が複雑・巧妙化するばかりであり，犯罪性を有する事案であっても，犯行動機や態様の解明が困難あるいは相当の時間を要するような時代となっている。

　その反面，国民の刑事事件を通じた，犯罪の動機・態様等の解明を通した事案の真相解明への期待には，依然として強いものがあり，裁判では，客観証拠による的確な立証を求められている。

　こうした国民の期待に応え，科学技術の発達等に伴う犯罪の高度化・複雑化等に的確に対応し，裁判における客観証拠による的確な立証に資するためには，捜査機関も，科学的知見と技法を，捜査に積極的に活用していく必要がある。

　今日，街頭に設置された防犯カメラの画像解析が，捜査等に役立っていることは周知の通りである。しかし，こうした科学捜査が，それの意図しないところで人権を侵害しているとのそしりを招くおそれもある。

　本書は，こうした捜査を取り巻く困難な現状を踏まえ，多忙な警察官，特に若手警察官に，日頃扱うことが多いと思われる警察活動の諸類型につき，どこまでが任意捜査として許され，どのような場合に違法となるかを中心に分かりやすく解説したものである。

　警察活動の場面を細かく分けて，具体的なQ＆Aによる事例形式としたのは，何か問題解決に迷った場合には，本書を紐解いてもらえれば解決の参考になるであろう，との思いからである。これらで取り上げた事例は，かつて裁判で問題となったものが多いので，今後の警察活動で，似たような事例に出くわすことも多かろうと思う。

　是非，本書を座右に置いて，捜査の参考としていただければ，望外の喜びである。

　最後に，本書の編集や巻末の資料作成等に当たり，立花書房出版部の馬場野武次長をはじめとして，本山進也参与，金山洋史氏には，多大のご尽力をいただいた。心から，感謝申し上げる。

平成29年4月

　　　　　　　　　　　　　　　　　　　　　　　　監修　伊丹俊彦

凡　例

〈法令表記〉

刑訴法	刑事訴訟法
刑訴規則	刑事訴訟規則
警職法	警察官職務執行法
麻薬法	麻薬及び向精神薬取締法
銃刀法	銃砲刀剣類所持等取締法

〈判例集・雑誌等略語表記〉

刑　集	最高裁判所刑事判例集
民　集	最高裁判所民事判例集
裁判集	最高裁判所裁判集刑事
高刑集	高等裁判所刑事判例集
高検速報	高等裁判所刑事裁判速報集
東高時報	東京高等裁判所刑事判決時報
下刑集	下級裁判所刑事裁判例集
刑裁月報	刑事裁判月報
判　時	判例時報（判例時報社）
判　タ	判例タイムズ（判例タイムズ社）
警　学	警察学論集（立花書房）
治　安	治安フォーラム（立花書房）
注釈刑訴法〔新版〕	注釈刑事訴訟法〔新版〕（立花書房）
令状基本（上）・（下）	新関雅夫・佐々木史朗ほか 　　増補令状基本問題上・下（判例時報社）
大コメ刑訴法〔初版〕	大コンメンタール刑事訴訟法（青林書院）
大コメ刑訴法〔第2版〕	大コンメンタール刑事訴訟法〔第2版〕（青林書院）
大コメ警職法	大コンメンタール警察官職務執行法（青林書院）
刑訴法百選〔第9版〕	刑事訴訟法判例百選〔第9版〕（有斐閣）
法　教	法学教室（有斐閣）
最判解刑事篇	最高裁判所判例解説刑事篇（法曹会）

目　　次

はしがき
凡　例

第 1 章　サイバー犯罪関連

1　電磁的記録に係る記録媒体の差押え …………………………… 3

> コンピュータ等のデータを差し押さえる場合には，どのような方法があり，どのような点に留意すべきか？

2　電磁的記録に係る記録媒体の捜索・差押えの執行や
　　関係者に係る協力等 ………………………………………………… 9

> コンピュータや外付HDD等に記録されているデータを押収する際に留意すべき点は何か？

3　電気通信回線等で接続している記録媒体からの複写方法 …… 15

> 差し押さえるべき物であるコンピュータに対象のデータが保存されておらず，外部の記録媒体に存在する場合はどうしたらよいか？

4 リモートアクセスに係る差押えを実施する上での問題 ………… 21

リモート差押許可状（刑訴法218条2項，219条2項）に基づいて，外国事業者が運営し，海外に存在するサーバに保存されている電磁的記録を電子計算機に複写してこれを差し押さえることができるか？

5 記録命令付捜索・差押えに係る問題 ………………………… 27

電磁的記録の保管者に協力を求めて電磁的記録を差し押さえる方法はどのようなものか？

6 大容量外部記録媒体の押収 ………………………………… 33

大量のUSBメモリーやSDカード等の内容を確認することなく一括して差し押さえることが許されるか？

7 差し押さえたパーソナルコンピュータの解析 ………………… 39

差し押さえたパーソナルコンピュータを解析する場合の留意点は何か？

8 差し押さえたスマートフォン等の解析 ………………………… 45

差し押さえたスマートフォン等の携帯電話機を解析するに当たっての留意点は何か？

9　通信傍受・会話傍受に関する問題 ……………………………… 51

> 通信傍受はどのような場合に実施できるのか，また，通信傍受を実施するに当たっての留意点は何か？

第2章　職務質問，自動車検問，所持品検査

10　職務質問の要件 …………………………………………… 59

> 警察官はどのような場合に職務質問をすることができるか？

11　職務質問のための実力行使① ………………………………… 65

> 警察官は職務質問のために相手方を停止させる際，どの限度の実力行使が許されるのか？

12　職務質問のための実力行使② ………………………………… 71

> 警察官は職務質問のために車両を停止させる際，どの限度の実力行使が許されるのか？

13　職務質問の継続のための実力行使 ……………………………… 77

> 警察官は職務質問を継続するために，その場から立ち去ろうとする相手方をどの程度留め置くことができるのか？

| 14 | 自動車検問の適法性 …………………………………… 83 |

自動車検問は許容されるのか？

| 15 | 所持品検査の限界① …………………………………… 89 |

職務質問に伴う所持品検査の限界をどのように考えるべきか？

| 16 | 所持品検査の限界② …………………………………… 95 |

職務質問に伴う所持品検査の限界をどのように考えるべきか？

| 17 | 所持品検査における実力行使 ……………………………… 101 |

所持品の隠匿行為を制止する際の有形力の行使はどこまで許容されるのか？

第3章 保護，避難等の措置，犯罪の予防及び制止，立入，武器の使用

18 保護措置の適法性（泥酔・中毒） ……………………………… 109

　精神錯乱者や泥酔者に対して保護措置が許される要件は何か？

19 避難等の措置の不行使に関する適法性 ………………………… 115

　避難等の措置に関する権限不行使が違法となるのはどのような場合か？

20 制止行為の限界 ……………………………………………………… 121

　警職法5条による「制止」が許容されるのはいかなる場合か？

21 立入行為の限界 ……………………………………………………… 127

　警職法6条による立入が許されるのはいかなる場合か？

22 警察官の武器使用の要件等 ……………………………………… 133

　警察官はどのような場合に武器を使用することができるか？

| 23 | 警察官の武器使用の違法性 …………………………………… 139

どのような場合に警察官が武器を使用して人に危害を加えることが許されるか？

第 4 章 任意捜査

24 任意同行の要件 …………………………………………… 147
> 任意同行が許されるのはどのような場合か？

25 任意同行における有形力行使の限界 …………………… 153
> 任意同行の際，有形力行使はどの程度許されるのか？

26 任意同行後の退去の制止 ………………………………… 159
> 警察署に任意同行し，取調べ中であった被疑者が，退去しようとした場合，これを制止する行為は，どの程度許されるのか？

27 任意同行と逮捕 …………………………………………… 165
> 被疑者の任意同行が実質的逮捕と評価されるのはどのような場合か？

28 承諾による車両の捜索の限界 …………………………… 171
> 承諾による車両の捜索の問題点は何か？

| 29 | 尿の任意提出 …………………………………… 177 |

尿の任意提出にはどのような問題点があるか？

| 30 | 長時間の取調べ …………………………………… 183 |

長時間にわたる被疑者の任意取調べは許されるか？

| 31 | 宿泊を伴う取調べ ………………………………… 189 |

宿泊を伴う被疑者の任意取調べは許されるか？

| 32 | おとり捜査の限界 ………………………………… 195 |

警察官はどのような場合におとり捜査を行うことができるか？

| 33 | 任意捜査としての写真（ビデオ）撮影の要件 …………… 203 |

任意捜査の段階での被疑者等の写真やビデオ撮影は許されるか？

| 34 | 採尿のための警察署取調室への留め置き …………… 209 |

採尿のための警察署取調室への留め置きはどの程度許されるのか？

第5章 逮捕・勾留

[35] 現行犯逮捕の要件（明白性） ……………………………… 217

> 現行犯逮捕の要件である犯罪及び犯人の明白性は，どのような場合に認められるか？

[36] 現行犯逮捕の要件（必要性） ……………………………… 223

> 現行犯逮捕における逮捕の必要性は，どのような場合に認められるか？

[37] 現行犯逮捕における実力行使の限界 …………………… 229

> 現行犯逮捕の際に被逮捕者が抵抗した場合，どの程度の実力行使が許されるか？

[38] 準現行犯逮捕の要件 ………………………………………… 235

> どのような場合に準現行犯逮捕が認められるか？

39 準現行犯逮捕の限界 ……………………………………… 241

準現行犯逮捕の要件である時間的接着性が認められるためには，犯行とどの程度近接している必要があるか？

40 共謀共同正犯・幇助犯・教唆犯の現行犯逮捕 ……………… 247

共謀共同正犯，教唆犯，幇助犯の現行犯逮捕は，どのような場合に許されるか？

41 緊急逮捕の要件 …………………………………………… 253

どのような場合に緊急逮捕が認められ，緊急逮捕した後はどのような手続を行わなければならないか？

42 逮捕の手続面の適法・違法 ……………………………… 259

逮捕状により逮捕するに当たって，逮捕の現場で，どのような点に留意すべきか？

43 逮捕の違法と勾留 ……………………………………… 265

実質的には逮捕と判断されるような違法な任意同行とは何だろうか？

44　別件逮捕・勾留と余罪取調べの限界 ……………………… 271

別件逮捕や勾留における余罪の取調べの限界にはどのようなものがあるだろうか？

45　一罪一逮捕・勾留の原則 ……………………………………… 277

一つの罪では一回しか逮捕や勾留をすることができないが，例外はあるか？　あるとすればどのような場合か？

第6章　捜索・差押え・検証

46　令状による捜索の限界① ……………………………………… 285

　令状記載における捜索すべき場所の範囲の限界はどうなのだろうか？

47　令状による捜索の限界② ……………………………………… 291

　令状による捜索・差押えにおける時間的な限界についてはどのようなものがあるだろうか？

48　令状による捜索の限界③ ……………………………………… 297

　捜索・差押えの際に居合わせた第三者に対する捜索はできるのか？

49　令状による捜索の方法の限界 ………………………………… 303

　令状執行時における呈示前の立入りや鍵やガラス戸の損壊は許されるのかどうか？

50 令状による差押えの限界 ……………………………… 309

> 差し押さえるものの範囲について，あらかじめ気を付けるべきこととは何だろうか？

51 逮捕に伴う捜索・差押えの場所的限界 ………………… 315

> 逮捕に伴って許される捜索・差押えにおける「逮捕の現場」とはいかなる場所的範囲をいうのか？

52 逮捕に伴う逮捕現場以外での被逮捕者の所持品への捜索・差押え ……………………………………………… 321

> 逮捕に伴う逮捕現場以外での被逮捕者の所持品への捜索・差押えは許されるのか？

53 別件捜索・差押え ………………………………………… 327

> 捜査中の本件事件の証拠収集を目的としたより軽い別罪で捜索・差押えを行うことはできるのか？

54 梱包物の内容の確認方法 ………………………………… 333

> 荷送人及び荷受人の承諾を得ることなく宅配便荷物の外部からエックス線検査を実施し，その内容物の射影を観察することは許されるのか？

第7章 被疑者の防御

| 55 | 弁護人選任の申出への対応 ……………………………… 341 |

　逮捕した被疑者から，弁護人を選任したいとの申出を受けた場合には，どのような点に留意すべきか？

| 56 | 接見交通権の確保と接見内容の聴取 ……………………… 347 |

　弁護人等（弁護人及び弁護人となろうとする者）から被疑者との接見を求められた場合に，どのような点に留意して対応すべきか？

第8章　先行手続の違法と証拠能力

57　先行手続の違法と証拠能力① ……………………………… 355

> 警察官が収集した証拠が違法収集証拠として証拠能力が否定されるのはどのような場合か？

58　先行手続の違法と証拠能力② ……………………………… 363

> 先行手続の違法が，後行手続の適法性に影響し，後行手続において収集した証拠が先行手続の瑕疵を引き継ぐものとして違法収集証拠として証拠能力が否定されるのはどのような場合か？

第9章 その他

[59] 外国における捜査について …………………………………… 377

外国に存在する証拠を入手する場合にどのような点に留意すべきか？

[60] DNA型鑑定の留意点 ……………………………………………… 385

DNA型鑑定を予定した捜査活動では，どのような点に留意すべきか？

[61] 令状のない GPS 捜査 …………………………………………… 391

GPS 発信器を被疑者等の使用する車両に取り付け，その位置情報を取得する捜査を実施するに当たっての留意点は何か？

判例索引 …………………………………………………… 399
監修者，著者紹介 ………………………………………… 405

第 1 章

サイバー犯罪関連

1 電磁的記録に係る記録媒体の差押え

> コンピュータ等のデータを差し押さえる場合には，どのような方法があり，どのような点に留意すべきか？

1 問題の所在

現代社会では，コンピュータ及びコンピュータを利用したネットワークシステムによる情報処理の発達はめざましく，社会活動の様々な場所でコンピュータが利用されている。そのため，犯罪捜査の現場でも，事件関係者が利用していたパーソナルコンピュータ（以下「PC」ともいう。）やスマートフォン等を押収し，これらを解析することは今では基本的捜査事項と言って良い状況である。

かつては，データが記録されていたコンピュータや外部記憶装置（HDD等）自体を証拠物として押収し，そこに保存されているデータを解析するのが通常であったが，コンピュータで処理される情報が高度化するに伴い，蓄積されるデータも大容量になり，捜査に必要なデータが保存されているコンピュータシステムも大きく，かつ複合化するようになり，事件に関連するデータを解析するためにコンピュータ自体を押収すると，所有者の他の業務に大きな影響を及ぼすような弊害も見受けられるようになった。

そこで，「情報処理の高度化等に対処するための刑法等の一部を改正する法律」（平23.6成立，平24.6.22施行）によるサイバー関係の手続法整備について，捜査の観点から概説する。

2 根拠規定と解説等

前記改正法では，不正指令電磁的記録に関する罪（刑法第19章の2）等，いわゆるサイバー犯罪に関する罰則が整備されたほか，手続面ではコンピュータやネットワークシステムで利用されるデータの特性を踏まえた法整備がなされている。その概要は以下のとおりである。

(1) リモートアクセスによる差押えの新設（刑訴法99条2項，218条2項）

　パーソナルユースのコンピュータ利用者であれば，手元にあるコンピュータに全てのデータを保存することもあるが，ある程度の規模のデータを処理する場合は，データはネットワークを介して接続されている他のコンピュータや NAS (Network Attached Storage)，あるいはサーバ等に分散保存されていることが多い。そのような場合，コンピュータ利用者と同一の建物内にサーバがあるとは限らず，遠隔地にデータセンターを設置し，解析対象となるデータが遠隔地に存在する場合もある。

　データが遠隔地に保存されていると，捜索対象場所が利用者の所在地等に限定されている令状では押収対象のデータがそこに存在せず，空振りになる場合もあり，データが蔵置されている可能性のある場所に対する複数の捜索差押許可状の発付を受けておかねばならないことになりかねない。

　そのような問題を踏まえ，本規定の新設により，差し押さえるべき対象物がコンピュータであるときは，これに電気通信回線（ネットワーク）で接続しているHDD等の記録媒体であって，対象のコンピュータで作成若しくは変更をした電磁的記録又はこのコンピュータで変更若しくは消去できることとされている電磁的記録を保管するために使用されていると認めるに足りる状況にあるものから，その電磁的記録を対象のコンピュータ又は他の記録媒体（HDDやDVD-R等）に複写した上，コンピュータ又は当該他の記録媒体を差し押さえることができることとなった。このような差押え手法を「リモートアクセスによる差押え」，あるいは単に「リモート差押え」と呼ぶこともある。

(2) 記録命令付差押えの新設（刑訴法99条の2，218条1項）

　近時のコンピュータシステムの利用状況に鑑みると，捜査上必要なデータを押収するためにサーバシステム自体を押収することが困難となっていて，仮にシステム全体を押収すると，システム管理者の業務に多大な影響を及ぼしかねない。また，サーバシステム自体も複雑化しており，管理者ではない警察官がその場で操作して目的を達成することが困難な場合もある。そこで，前記改正法によって，電磁的記録の保管者等をして必要なデータを記録媒体に記録させた上，当該記録媒体を差し押さえるという制度が新設された。

命令の対象者は，適法に当該電磁的記録を利用できる権限を有する者で，一般的には当該コンピュータシステム上のデータにアクセスできる権限を有するユーザや，システムの管理者である。

この命令は強制処分なので，対象者は従う義務を負うが，罰則規定はない。

(3) 差押えの執行方法の整備（刑訴法110条の２，222条１項）

差押対象物が電磁的記録に係る記録媒体であるときは，その差押えに代えて，電磁的記録を他の記録媒体に複写してその記録媒体を差し押さえることができる。つまり，差押対象物のコンピュータや記憶装置自体をそのまま差し押さえても良いし，そのうち必要なデータを別のHDDやDVD-R等のメディアにコピーして，それを差し押さえても良い。

そのいずれの方法によるかは，差押えをする者の裁量に委ねられているので，データが記録されている差押対象物からどのような情報を取得する必要があるか等を検討し，方法を選択すべきである。

(4) 保全要請に関する規定の整備（刑訴法197条３〜５項）

プロバイダ等の通信事業者が保管する通信履歴のデータは，一定期間を経過すると消去されることが多いので，差押え等をするために必要があるときは，事業者等に対し，データを消去せずに保全するよう要請できることとされた。保全の期間は，原則30日間で，延長して最大60日間まで要請できる。

(5) 協力要請に関する規定の整備（刑訴法111条の２，142条，222条１項）

令状の処分を受ける者に対し，コンピュータの操作その他の必要な協力を求めることができるとされた。例えば，システム構成の説明，パスワードによるロックの解除，目的のファイルの抽出・特定や暗号化されたデータの復号作業等につき，協力を要請することが考えられる。

❌違法 差押手続が違法となる場合

1　具体的事例　覚醒剤所持の被疑者を現行犯逮捕した際，被疑者がとっさに自分のスマートフォンを操作して，スマートフォンで利用している電子メールのメールボックスのデータを削除したことから，逮捕の現場における差押え（刑訴法220条1項2号）として，警察官が，押収したスマートフォンをその場で操作してメールサーバに接続し，同サーバからメールデータをダウンロードした。

2　解説と実務上の留意点　ネットワークを介して接続された記録媒体にリモートアクセスして当該記録媒体（本件ではメールサーバ）からデータを複写するためには，複写の対象となる記録媒体の範囲を記載した令状が必要であり（刑訴法107条2項，219条2項），逮捕の現場において無令状ですることはできない（刑訴法222条1項によって，逮捕に伴う捜索・差押えについて，令状による捜索・差押えの規定が準用されているが，リモート差押えを定める同法99条2項は準用されていない。）。

したがって，逮捕の現場で警察官がネットワークで接続されたメールサーバにアクセスしてデータを複写することは許されない。

現行犯逮捕時に被疑者が所持していたスマートフォンに関し，リモート差押えを実施しようとするならば，逮捕現場での差押えをせず，改めてリモート差押許可状の発付を受け，この令状に基づき実施しなければならず，逮捕現場において無令状で差し押さえたスマートフォンにつき，後に警察署等で改めてリモート差押えを令状に基づき実施することも違法と評価されるので（7参照），控えるべきである。

なお，リモートアクセスの範囲についての令状の記載は，「メールサーバの記録領域のうち，差し押さえるべきスマートフォンにインストールされているメールソフトに記録されているアカウントに対応するもの」などが考えられる。

差押手続が適法とされる場合 適法

1　具体的事例　①交際相手に対する傷害事件の被疑者を現行犯逮捕した際，その所持していたノートパソコンを逮捕の現場における差押えとして押収しようとしたところ，同パソコンに被疑者の業務に関するデータが記録されていたことから，パソコン自体を押収する代わりに交際相手とのメールや写真等の必要なデータを，その場で被疑者に DVD-R に複写させ，当該 DVD-R を差し押さえた。

②横領事件の被疑者の勤務先会社を捜索する際，システム管理者に対し同社の海外にあるメールサーバから，被疑者のメールデータをダウンロードして DVD-R に複写させ，同 DVD-R を差し押さえる旨の記録命令付差押状を得てこれを執行した。

2　解説と実務上の留意点　①については，違法事例とは異なり，差押えの執行方法の規定（刑訴法110条の２）は，令状によらない差押え（同220条）の規定によってする押収について準用されている（同222条１項）。

したがって，逮捕の現場で，無令状で，差し押さえるべき物である電子計算機や記録媒体の差押えに代えて，記録されているデータを他の記録媒体に複写して，当該他の記録媒体を差し押さえることは許される。

もっとも，実際の逮捕の現場では，パソコンやスマートフォン等自体を押収する必要性があれば，そのまま差し押さえることができるのだから，あえて，その中から必要なデータを抽出・コピーするようなことはしないケースが多いだろう。

②については，我が国の捜査官が令状による強制捜査として外国にあるメールサーバに直接アクセスしてデータをダウンロードすることは，外国の主権を侵害することになり許されない（４参照）。

しかし，記録命令付差押えが，国内の者（一般人）に対して行われ，その者が，対象データを保管・利用する権限を有する限り，そのデータが外国サーバに記録されていても，記録命令付差押状による記録行為自体は，命令を受けた者によって行われるので，データが記録された記録媒体を捜査機関が差し押さえたとしても，外国の主権を侵害することとはならないとされている。

違法と適法の分水嶺における留意点

　広く社会にパソコンやスマートフォンが浸透したため，犯罪捜査の場面でもこれらを証拠物として押収し，データを解析する作業が求められるケースは，今後ますます増加すると思われる。
　解説で示したように，刑訴法が改正されて電磁的記録媒体に関する捜索・差押えの制度や差押えの執行方法等について整備されたことから，コンピュータやスマートフォンといったデジタルデバイスに対する捜査を実施するときには，様々な手法が取れるようになった。
　裏を返せば，こうしたデジタルデバイスを証拠として押収してから，具体的にどのような作業をすることによって犯罪事実等の立証に有効な証拠とすることができるのか，という観点から十分な検討をしておかないと，不十分（あるいは的外れ）な捜索押収しかできず，後日問題となる危険すらある。
　まずは，事案に応じて押収すべきPCやスマートフォン等のデバイスがどこに存在するか，その利用者はどのようなサービスをこれらデバイスで利用しているのか，目的となるデータは具体的に当該デバイス内に保存されている可能性があるか，それとも外部の記録媒体（場合によってはネットワークで接続されたクラウドサービスのサーバコンピュータに保存されている可能性もある）に保存されている可能性があるか，外部の記録媒体に存在するとして，令状による強制処分としてそれを押収できるか，それともユーザの任意の協力を得る必要があるのか，など事前にシミュレーションをした上で，令状を取得し，強制捜査に着手しないと，捜索の現場で混乱を生じることになろう。

2　電磁的記録に係る記録媒体の捜索・差押えの執行や関係者に係る協力等

> コンピュータや外付HDD等に記録されているデータを押収する際に留意すべき点は何か？

1　問題の所在

　電磁的記録に係る証拠の収集方法としては，従来，電磁的記録を記録・保存している記録媒体自体を差し押さえたり，電磁的記録を印字した紙媒体を差し押さえたりする方法などがとられてきた。

　しかし，記録媒体が大型のサーバやクラウドサービス等を中心とする時代になると，HDD等の電磁的記録媒体自体を差し押さえることは非効率であるばかりか，そのうちの特定の電磁的記録のみを取得すれば証拠収集の目的を達する場合もある一方，大容量のサーバ等を差し押さえることが被差押者側の業務に多大な支障を生じさせるおそれもある。

　そこで，「情報処理の高度化等に対処するための刑法等の一部を改正する法律」（平23.6成立，平24.6.22施行）によるサイバー関係の手続法整備によって，電磁的記録媒体の押収方法に関して，捜査の目的と被押収者の利益とを調整するべく，必要な手続が定められることとなった。

　具体的には，差し押さえるべき物が電磁的記録に係る記録媒体であるときは，差押状の執行をする者は，差押えに代えて，①差し押さえるべき記録媒体に記録された電磁的記録を他の記録媒体に複写し，印刷し，又は移転した上，当該他の記録媒体を差し押さえる，②差押えを受ける者に差し押さえるべき記録媒体に記録された電磁的記録を他の記録媒体に複写させ，印刷させ，又は移転させた上，当該他の記録媒体を差し押さえる，ことができることとした（刑訴法110条の2，222条1項）。

2 根拠規定と解説等

(1) 刑訴法110条の2の要件

　刑訴法110条の2の処分（同法222条1項により捜査機関の実施する捜索・差押えに準用）は，1号において，差押えをする者（捜査機関）が自ら行う場合を，2号において，被差押者に行わせる場合を規定しているところ，同条の処分は，差押対象物の差押えに代えて行うことができるというものであって，差し押さえるべき物が電磁的記録に係る記録媒体である場合は，まずこれらの方法をとらなければならないというわけではない。

　すなわち，差押えの原則どおり，令状に記載された差し押さえるべき物である記録媒体自体を差し押さえることも当然可能である。

　記録媒体については，記録されている情報だけでなく，それが記録されている状態も含めて証拠価値が判断される場合もあるほか，いったん記録媒体に保存されていたが，既に記録媒体からは削除されて存在しないデータであっても，そのデータの削除痕跡を解析する必要がある場合など，記録媒体自体に証拠価値が認められる場合もある。

　そこで，現場の状況によって適切に対応できるように，差押えをする者の判断に委ねるのが適当であることから「できる」規定となっている。

　したがって，差押えの執行に当たっては，前記のようにデータを削除した痕跡の有無等を含めて分析する必要があるなど記録媒体それ自体に証拠価値があるか否か，被差押者の協力度合い，記録媒体自体を押収することが被差押者の業務遂行に与える影響などを考慮し，記録媒体自体を差し押さえるか，刑訴法110条の2の処分を行うかを決する必要がある。

　差押えに代えて行うことができる「複写」とは，電磁的記録をDVD-R等の記録媒体にコピーすることをいい，「印刷」とは，電磁的記録を紙媒体に印字することをいい，「移転」とは，電磁的記録をDVD-R等の記録媒体に複写した上，元の記録媒体からその電磁的記録を消去することをいう。

　この刑訴法110条の2の処分は，220条の規定によってする押収に準用されているので（同法222条1項），逮捕の現場において無令状で行うことが可能である。

(2) 記録命令付差押えとの相違点

　刑訴法110条の2の処分と記録命令付差押え（5参照）は，いずれも押収対象となっているデータが記録されている記録媒体自体は差し押さえないという点で共通しているが，①電磁的記録の「移転」は110条の2の処分では可能であるが，記録命令付差押えにおいてはそのようなことは認められていない，②記録命令付差押えは，複数の記録媒体に分散して記録されている電磁的記録を一つにまとめて記録させることが可能であるが，110条の2の処分ではこのようなことはできず，個々の記録媒体を差押対象物として特定することが必要である，③110条の2の処分は，逮捕の現場において無令状でなし得るが，記録命令付差押えは，逮捕の現場において無令状で行うことはできない，といった違いがある。

　刑訴法110条の2の処分をした後，差し押さえた記録媒体について留置の必要がなくなった場合の措置につき，刑訴法123条3項参照。

具体的な事例で検討しよう！

違法　　　　　　　　　　　　　　　　　適法

✗ 違法 電磁的記録に係る記録媒体の差押えが違法となる場合

1 具体的事例　捜索場所を被疑者Aが勤務する甲社の乙出張所,差し押さえるべき物を,本件横領行為に関しAが送受信したメールや文書のデータが記録された記録媒体とする捜索差押許可状に基づき,乙出張所長B立会いのもと捜索に着手したところ,本件メールや文書のデータは,乙出張所とネットワークで接続されている甲社本社内のサーバルームに設置されたサーバコンピュータに保存されている旨の説明をBから受けたため,警察官は本社のサーバコンピュータから電子メールや文書のデータを取得し,警察官が持参したDVD-Rにコピーするようbに依頼し,了承したBはサーバコンピュータから必要なデータをダウンロードしてDVD-Rにコピーしたので,警察官はこのDVD-Rを差し押さえた。

2 解説と実務上の留意点　この事例で警察官は,捜索場所(差し押さえるべき物の所在地)と差し押さえるべき物を特定した,通常の捜索差押許可状の発付を受けている。

この令状を執行して差し押さえるべき物を差し押さえようとするときには,刑訴法110条の2,222条1項により差押えを受ける者に,「差し押さえるべき記録媒体に記録された」電磁的記録を他の記録媒体に複写させて当該他の記録媒体を差し押さえることができる。

しかし,本事例では,差し押さえるべき物は乙出張所にある記録媒体であるところ,押収したいデータは乙出張所内ではなく本社にあるサーバコンピュータに保存されていたのであるから,捜索場所である乙出張所には差し押さえるべき物は不存在であったのである。したがって,本事例では差し押さえるべき物は当該場所になかったとして捜索を終了するほかなかったものである。

警察官がBに指示して,本社のサーバコンピュータから目的のデータをダウンロードさせてDVD-Rに複写させているが,これはリモート差押え(刑訴法99条2項)の範疇であり,令状に必要事項を記載しなければならない(同107条2項)ので,令状の射程距離に留意すべきである。

電磁的記録に係る記録媒体の差押えが適法とされる場合　適法

[1　具体的事例]　①捜索場所を覚醒剤の密売人であるAの自宅，差し押さえるべき物を覚醒剤の密売取引の状況等が記録されたコンピュータ，外部記録媒体等，などとした令状に基づき警察官が捜索を開始したところ，Aが使用しているパソコンや外付HDDが発見された。

パソコンは起動中であったため，警察官がパソコン内部のドライブに保存されているデータを確認したところ，覚醒剤の購入客の情報や，取引日，取引額がまとめられたファイルが発見された。

そこで警察官は，Aにパソコンを操作させると隙を見てデータを削除されるおそれがあると考え，持参したUSBメモリーをA方のパソコンに接続し，警察官自らがこれらファイルをUSBメモリーにコピーしてUSBメモリーを押収した。

②Bを振り込め詐欺の受け子として，張り込んでいた警察官が現行犯逮捕した際，所持していたスマートフォンに共犯者から連絡を受けた内容を記録したメモや共犯者と思われる人物と撮影した写真が保存されていることを確認した。

警察官は詐欺事実に関連する証拠と考え，データをメモリーカードにコピーして，メモリーカードを差し押さえようとしたが，Bがコピー作業を拒否したことから，スマートフォンを差し押さえた。

[2　解説と実務上の留意点]　①事例では，差し押さえるべき物であるパソコンの内部記録媒体にデータが保存されていたため，そのデータを警察官が他の記録媒体に複写した上で，この記録媒体を差し押さえており，電磁的記録媒体の差押えの執行方法として許容されている（刑訴法110条の2第1号）。

したがって，適法な差押えである。

②事例は逮捕の現場における無令状の差押えを行おうとしており，その場合でも刑訴法222条1項が同110条の2を同220条による差押えに準用しているので，必要なデータを複写した他の記録媒体を押収することができる。

ただ，②事例ではスマートフォン自体を押収しているが，電磁的記録の押収において必ず110条の2の方法によらなければならないわけではないから，当然これも適法である。

違法と適法の分水嶺における留意点

　刑訴法110条の2が定める差押えの執行方法は，あくまで，同条の方法によることができるというものであって，記録媒体を差し押さえる際には，記録媒体そのものを差し押さえることも可能であり，どちらの方法をとるのかは，令状を執行する際の捜査機関の判断に委ねられている。

　その判断基準としては，差押えの現場で複写等の方法によるだけの時間的猶予があるか，あるいは差押えを受ける者に複写等の作業をさせるとして負担の程度はどうか，警察官自身が作業をすることが可能か，そして，複写等の方法によらずコンピュータ等の記録媒体全体を押収する捜査上の必要性がどれほどあるか，記録媒体自体を押収されることによって差押えを受ける者が被る不利益の程度はどれほどか，といった事情を総合的に勘案して決することになろう。

　なお，違法事例で解説したように，通常の差し押さえるべき物を特定した差押許可状に基づいて記録媒体を押収しようとする際には，当該特定された記録媒体自体を押収する代わりに記録されている電磁的記録を他の記録媒体に複写等して，当該他の記録媒体を押収するという方法によることができるとされるのみである。

　したがって，警察官ではなく，差押えを受ける者に作業させる場合，図らずもネットワークを介してリモートアクセスし，他の場所に設置された記録媒体からデータを取得するようなことも起こり得るので，令状に記載された差し押さえるべき物の範囲を超えないよう，対象となるデータを具体的に指示しつつ作業させるなど，適法な押収手続になるよう留意すべきである。

③ 電気通信回線等で接続している記録媒体からの複写方法

> 差し押さえるべき物であるコンピュータに対象のデータが保存されておらず、外部の記録媒体に存在する場合はどうしたらよいか？

1 問題の所在

コンピュータ・システムの発展・普及により、従来であれば文書の形式で記録・保管されていた情報が、パソコン内蔵のハードディスクやフラッシュメモリー等の記録装置や、それだけでなく、パソコンと組織内のLANで接続されたファイルサーバや、インターネットを介して、遠隔地に存在するサーバで運用されるクラウドサービス等の中に、保管されている場合が多くなっている。

このような場合には、捜索場所に存在するパソコンを差し押さえただけでは、証拠収集の目的を達しない場合が多い。

そこで、「情報処理の高度化等に対処するための刑法等の一部を改正する法律」（平23.6成立、平24.6.22施行）によるサイバー関係の手続法整備によって、「差し押さえるべき物が電子計算機であるときは、当該電子計算機に電気通信回線で接続している記録媒体であつて、当該電子計算機で作成若しくは変更をした電磁的記録又は当該電子計算機で変更若しくは消去をすることができることとされている電磁的記録を保管するために使用されていると認めるに足りる状況にあるものから、その電磁的記録を当該電子計算機又は他の記録媒体に複写した上、当該電子計算機又は当該他の記録媒体を差し押さえることができる」とする規定が新設され（刑訴法99条2項、218条2項）、電気通信回線で接続されている記録媒体から複写した上での差押えの制度が導入された。

このような差押え手法を、「リモート差押え」と呼ぶこともある。

2 リモート差押えの要件

(1) 電気通信回線で接続している記録媒体からの複写ができるのは，差し押さえるべき物が「電子計算機」であるときである。

そして，複写の対象となる記録媒体は，差押対象物である電子計算機に「電気通信回線」，すなわちLANやWANといった限定された範囲のネットワーク，あるいはインターネットのような広域ネットワークで接続している記録媒体のうち，「当該電子計算機で作成若しくは変更をした電磁的記録又は当該電子計算機で変更若しくは消去をすることができることとされている電磁的記録を保管するために使用されていると認めるに足りる状況にあるもの」である。

例えば，外部の企業が運営するクラウドサービスのアカウントを保有し，差し押さえるべき物であるパソコンに，このクラウドサービスを利用できる環境を設定し，ファイルをクラウドサービスに保管している場合の当該サービスに用いられているサーバや，メールサーバに電子メールを保管している場合における当該サーバ，会社内のLANで接続されたファイルサーバに電磁的記録を保管している場合における当該サーバなどがこれに当たる。

(2) 「作成若しくは変更をした電磁的記録」とは，当該電子計算機を用いて作成・変更した電磁的記録のことをいう。

「変更若しくは消去をすることができることとされている電磁的記録」については，他の電子計算機で作成されたものの，差押対象物たる電子計算機でも，変更・消去をできる権限が認められている電磁的記録のことをいう。

かみ砕いて言うと，差押対象物のコンピュータで作成したり更新作業をしたりしたファイルや，別のコンピュータで作成等されたファイルであるが，差押対象物のコンピュータからの操作でその内容の変更や削除をするような権限が与えられたファイルがリモート差押えの対象となる電磁的記録である。

よって，差押対象物のコンピュータからネットワークを介して閲覧できるファイルであっても，権限が閲覧のみにとどまり，変更や削除することができないものについては，リモート差押えによってそのデータを押収することはできない。

　その上で，それらの電磁的記録を「保管するために使用されていると認めるに足りる状況にある」とは，当該電子計算機の使用状況等に照らし，その記録媒体がそれらの電磁的記録を保管するために使用されている蓋然性があることを意味する。

　すなわち，クラウドサービスを利用するためのアカウントの設定がされていたり，電子メールであれば，そのコンピュータのユーザが利用するメールアドレスでメールサービスを利用するための送受信サーバに関する情報が保存されていたりすることなどである。

(3)　そして，これらの要件を満たすもののうち，実際に複写の対象となる電磁的記録の範囲を令状に記載する必要がある。

　「複写すべきものの範囲」の記載方法としては「メールサーバの記録領域のうち，差し押さえるべきパーソナルコンピュータにインストールされているメーラに記録されているアカウントによりアクセス可能な記録領域」などの記載方法が考えられる。

具体的な事例で検討しよう！
違法　　　　　　　　　　　　　　　適法

❌ 違法 リモート差押えが違法となる場合

1 具体的事例　詐欺の被疑者Aが被害者との連絡に電子メールを利用していることが判明したため，刑訴法218条2項の差押えを実施すべく，差し押さえるべき物としてAが使用するパーソナルコンピュータ（PC）と特定し，当該PCに電気通信回線で接続している甲社が管理運営する電子メールサービスが運用されているサーバコンピュータのうち，前記PCのメーラに設定されている電子メールアカウントでアクセス可能な記録領域に保存されている電磁的記録を，複写すべきデータの範囲として記載された捜索差押許可状の発付を受け，某日，捜索に着手した。

A方にはAが使用しているPCが存在したが，このPCには，電子メールを使用する設定がされておらず（電子メールはAが勤務先で利用しているPCでのみ使用されていた），警察官が現場で捜索に立ち会っていたAから，電子メールアカウントと適合するパスワードを聞き出し，それを同所のPCに設定してメールサーバから必要なデータをダウンロードしてPCのHDDに複写し，PCを差し押さえた。

2 解説と実務上の留意点　本事例では，リモート差押えを実施するため，捜索差押許可状に複写する電磁的記録の範囲が記載されたものの発付を受けており，刑訴法218条2項，219条2項の規定を充足した令状なので，これを執行することでリモート差押えは可能である。

しかしながら，差し押さえるべき物であるPCでは，メールサーバにアクセスしてデータを作成・保管する設定がされていなかったのであるから，このPCで甲社の管理するメールサーバにリモートアクセスすることはできない。

現場で差押え対象のPCに新たにメールの利用に必要な情報を設定する行為は，証拠物の内容の改変に他ならず，その上でリモートアクセスし，データをダウンロードする行為は差押えの方法として許されないといえる。

③ 電気通信回線等で接続している記録媒体からの複写方法

リモート差押えが適法とされる場合　　適法 ○

1　具体的事例　　名誉毀損事件の被疑者Ｂは，PCを利用して中傷文書を大量に作成・印刷して被害者の居住地域に大量に配布していたことから，Ｂ方から犯行に使用された中傷文書やそれを作成したコンピュータ等を押収するため，差し押さえるべき物をＢが使用するPC，複写する電磁的記録の範囲を当該PCと電気通信回線で接続されたクラウドサービスのオンラインストレージに記録されているもののうち，Ｂが使用するPCで作成・保管された文書ファイルとした捜索差押許可状の発付を受けて捜索を開始したところ，Ｂが使用するPCを発見し，これがネットワークに接続されていたことから確認したところ，令状に記載されたオンラインストレージが利用可能であったため，当該ストレージに保存された文書ファイルを確認し，中傷文書と認められるファイルをＢのPCにダウンロードして保存し，このPCを差し押さえた。

2　解説と実務上の留意点　　本事例では，Ｂがオンラインストレージを使用していることを事前に把握していたため，中傷文書がＢ方にあるPCではなく，オンラインストレージに保存されていると見越してリモート差押許可状の発付を受けていたと認められる。

　この場合，複写する電磁的記録の範囲をＢのアカウントと紐付けられている範囲とするなど，特定しておく必要がある。

　Ｂが，自由にストレージに保存されている第三者の情報を閲覧できるシステムであったとしても，そのデータは，Ｂが作成・変更したものでなく，また，変更や消去する権限がなければ，リモート差押えの対象とならないことに留意する必要がある。

　的確にリモートアクセスにより差し押さえるデータを特定し，その上で差し押さえるべきPCからネットワークを経由して利用する権限がある記録媒体（ストレージ）であることを確認しつつ，令状の適法な執行をする必要があるが，本事例ではＢが作成した文書ファイルと認められるデータをダウンロードしており，適法である。

違法と適法の分水嶺における留意点

　リモート差押えは，通常の差押えを令状により執行する場合において，差し押さえるべき物である電子計算機とネットワークを介して接続されている（捜索場所にない）他の記録媒体から，必要なデータを取得して電子計算機やメディアに複写し，これを差し押さえるもので，そのためにあらかじめ複写する電磁的記録の範囲を記載した令状の発付を請求し取得しておく必要がある。

　したがって，リモート差押えの要否を検討するためには，あらかじめ差し押さえるべき物であるPC等のユーザが，そのPCでどのようなサービスを利用しているか，例えば電子メールやクラウドサービスの利用の有無等を事前に調査し，取得したい情報が捜索場所に存在するPC等に保存されておらず，ネットワークを介してクラウドサービス等にアクセスして調査・ダウンロードしなければならない可能性を検討し，取得したいデータを適切に押収することができるよう，リモート差押えに向けた準備をする必要がある。そして，実際にリモートアクセスによりデータを他の記録媒体から複写するときには，あくまでも令状に記載の差し押さえるべき物であるPC等からアクセスすることができるものが複写の対象であって，ユーザが他の端末を経由して利用できる権限があるサービスであっても，当該PC等では接続できない以上，リモート差押えは不可となることに留意しておくべきである。

　なお，リモート差押えの対象となる他の記録媒体が海外にある場合には，また別の考慮が必要になるので（4参照），ユーザが利用しているサービスの運営主体がどこで，実際にどのような形式でサービスを提供しているかについても把握しておかなければならない。

4 リモートアクセスに係る差押えを実施する上での問題

> リモート差押許可状（刑訴法218条2項，219条2項）に基づいて，外国事業者が運営し，海外に存在するサーバに保存されている電磁的記録を電子計算機に複写してこれを差し押さえることができるか？

1 問題の所在

③（電気通信回線等で接続している記録媒体からの複写方法）で解説したとおり，差し押さえるべき物が電子計算機（コンピュータ）であるとき，それに電気通信回線（インターネット等）で接続されている記録媒体に保存されているデータは，一定の要件を充足すれば，当該コンピュータやメモリーカード等の他の記録媒体にコピーした上で差し押さえることが可能である。

これにより，捜索場所に物理的に存在しない記録媒体中のデータを差し押さえることが可能となり，電気通信回線によって接続されている限り，国内はもとより海外に記録媒体が存在したとしても，データを複写して差し押さえることは問題ないようにも見える。

しかし，リモート差押えは，あくまで差押許可状の効力に基づく強制処分であることから，一般の捜査と同様の制約があるとみるべきではないのか，という問題がある。

2 問題の解説

(1) 国外に対する捜査の基本的問題

捜査は，我が国の主権の発動である。強制力をもった活動はもちろん，任意捜査にとどまる場合であっても，捜査権を行使できる場所的範囲は，我が国の主権が及ぶ範囲（と公海上）に限られるのが原則である。

この原則を超えて，例えば外国の領土内で，日本の捜査官が法によって与えられた権限を行使するには，捜査共助によるなど，その外国政府から承諾

を得なければならないと解されている。

　このことからすると，日本国内に所在するコンピュータとネットワークを介して接続されているとしても，海外の事業者が管理運営し，海外に存在するサーバ（例えば，アメリカ合衆国の企業である Google Inc. が管理運営する同国内の Gmail サーバ）に対して，我が国の警察官が，裁判所の発付した令状に基づいてサーバに保存されているデータの閲覧や複写を行えば，これが海外の主権を侵害することになろう。これをクリアするには，捜査共助によるべきこととなる。

　しかし，高度にコンピュータネットワークが発達した現代社会では，サイバー犯罪のボーダーレス化も進んでおり，これでは日本国内で被害が発生した犯罪について，捜査共助によらなければ必要な証拠を収集することができず，一向に捜査を進めることができない事態も考えられる。

(2)　サイバー犯罪条約とその限界

　そこで，サイバー犯罪に関する国際的な問題に対処すべく，サイバー犯罪条約が締結された（平成13年11月8日採択，平成24年11月1日に我が国について効力発生）。

　同条約32条では，他の締約国の許可なしに国境を越えてデータにアクセスできる場合について「a　公に利用可能な蔵置されたコンピュータ・データにアクセスすること（当該データが地理的に所在する場所のいかんを問わない。）」「b　自国の領域内にあるコンピュータ・システムを通じて，他の締約国に所在する蔵置されたコンピュータ・データにアクセスし又はこれを受領すること。ただし，コンピュータ・システムを通じて当該データを自国に開示する正当な権限を有する者の合法的なかつ任意の同意が得られる場合に限る。」と規定している。

　要約すると，誰でも自由に利用できる公開情報については，それが地球上のどこに存在していても他国の許可なくアクセスできる（a），また，自国領域内のコンピュータから外国にあるコンピュータのデータを閲覧，受領するには，そのデータの管理について正当な権限を有する者の合法・任意の同意が必要である（b）というのである。

捜査上問題となるケースは，非公開情報であることが通常であろうから，サイバー犯罪条約によっても，ｂの要件を充足しない限り，国境を越えてデータにアクセスし，取得できない。ここにいう「当該データを自国に開示する正当な権限を有する者」とは，そのデータを保存しているコンピュータシステムの管理者，及びそのデータをコンピュータシステムに保存した利用権者と解されている。

Gmail の例によれば，これを運営している Google Inc. あるいは Google アカウントを取得して Gmail を利用している者（ユーザ）になる。

捜査上重要なデータが保存されているクラウドサービスについて，事前に捜査機関が強制捜査の対象となっている人物からデータにアクセスすることの同意を得て捜索に着手することは，捜査上の秘密を事前に捜査対象者に開示することに他ならないから，そのようなアプローチは考えにくいだろう。

また，海外の事業者が，日本の捜査機関の求めに応じてユーザのデータへのアクセスを許諾することも（一般論としては）考えにくい。

つまり，他国の許可を得ずしてその国にあるサーバコンピュータ内のデータにアクセスするため，サイバー犯罪条約に定められた要件を充足しつつ捜査を進めるのは非常に難しい。

(3) 結論と対応法

このように，リモート差押えが可能となる捜索差押許可状の発付を受けていた場合であっても，令状を執行し，対象となるデータが海外のサーバに保存されていることが判明し，ユーザから合法的かつ任意の同意を得られないケースでは，差し押さえるべき PC を操作してインターネットを介して海外のサーバに接続し，データをダウンロードする作業は違法となるおそれがあるため，差し控えるべきである。違法の問題を回避するためには，捜査対象となった PC ユーザから，捜査官が当該サーバにアクセスしてデータを取得することを自らの意思で同意するよう，説得を試みるほかないと思われる。

❌ 違法 差押えの手続が違法となる場合

1 具体的事例　被疑者Aの自宅を捜索し，犯行に関して関係者と連絡する際に使用していたPCやスマートフォンを押収し，保存されている電子メールのデータを確認して突き上げ捜査の準備をしようと計画し，AがPCとスマートフォンでそれぞれ使用する電子メールのアカウントを特定し，それら電子メールアカウントで利用できるメールサーバの記録媒体からデータを複写できる旨も記載された捜索差押許可状の発付を受けて捜索に着手することとした。

その際，PCで利用されている電子メールについては，イギリスに本社がある甲社が運営するサービスであるが，サーバの所在地は非公開であった。

警察官はこの捜索差押許可状を執行し，A方にあったPCを確認したところ，甲社の電子メールをメーラで利用中であったことから，インターネットを介して甲社の管理するメールサーバから，Aが送受信していた電子メールデータをPCにダウンロードして保存し，このPCを差し押さえた。

2 解説と実務上の留意点　リモートアクセスを可能とする令状の発付を受け，捜索により差押え対象のPCで目的の電子メールサービスにアクセスすることができることも確認できているので，その意味ではリモート差押えを実施することは問題ない。

しかしながら，この電子メールサービスを海外の会社が運営していることから，リモートアクセス先のサーバが海外にあるおそれがある。

もっとも，サーバの設置場所が非公開であることから（セキュリティ上非公開とされる場合も多い），日本国内にある可能性はゼロではない。

しかし，やはりイギリス国内にあると考えるのが相当であり，そうすると海外のサーバに対し，日本の警察官が強制捜査を実施することになるため，このケースでのリモート差押えは違法と考えられる。

遠隔地にあるサーバコンピュータ等にアクセスしてデータをダウンロードしようとする際は，その適法性を慎重に吟味すべきである。

差押えの手続が適法とされる場合

1 具体的事例　不正アクセス禁止法違反の被疑者Bが使用しているPCを押収し，犯行に関する証拠とするため，当該PCで利用されているクラウドサービスのストレージで保存されているドキュメントファイル等についても押収する必要があったため，Bの使用するSNSを調査するなどしてクラウドサービスを特定した結果，Bはアメリカ合衆国に本社がある乙社のクラウドサービスを利用していることが判明した。

　警察官は，差し押さえるべき物をBのPC等として捜索差押許可状の発付を受けてB方の捜索に着手した上，在室し捜索に立ち会っていたBに，クラウドサービスに保存されているデータの確認が必要である旨説明して，警察官がPCを操作してBのアカウントで保存されているデータをダウンロードすることを承諾するよう説得したところ，Bがこれを承諾し，その旨の上申書を作成して当該クラウドサービスを利用するために必要なIDとパスワードも記載した。

　警察官はこのID・パスワードを利用してクラウドサービスにアクセスし，犯罪に関連するファイルのデータをダウンロードしてBのPCに保存し，このPCを押収した。

2 解説と実務上の留意点　本事例では，Bが利用するクラウドサービスが海外の事業者の運営するものであるため，差押えの方法としてリモート差押えによらず，利用権者であるBの任意の承諾を得て，任意捜査としてアクセスする方法をとり，Bが承諾したことから，警察官がデータをクラウドサービスからダウンロードして入手し，データを保存したPCを押収しているので，令状の効果としてアクセスしたものではないし，利用権者の任意の承諾を得た手続はサイバー犯罪条約に照らしても適法である。

　なお，データを保存したPCを押収する際には，強制処分ではないことを明確にする点からも，任意提出を受けて領置することが望ましいといえる。

違法と適法の分水嶺における留意点

　リモートアクセスによりデータを押収しようとする場合、アクセス先のサーバ等が国内にあるか否かは、まず確認しておくべきである。海外の事業者が運営している場合、サービスを提供するための設備についても海外にあると考えるのが無難であり、その場合にはリモート差押許可状によって強制処分としてデータを取得することは違法となるおそれが大である。したがって、海外に存在する（可能性が高い）サーバに対してリモートアクセスを実行してデータを取得しようとする場合は、差押え対象の電子計算機で当該サーバを利用する正当な権限ある者から任意の承諾を得た上で、任意捜査として警察官がダウンロード作業をする（サーバが所在する国がサイバー犯罪条約締結国の場合）、あるいはその者にデータのダウンロード操作をさせてデータを保存したメディアやPCの任意提出を受けて押収する（サーバが所在する国が条約非締結国又は所在地不明の場合）ことが考えられる。

　コンピュータが世界のどこにあっても、インターネットに接続されていれば、そこにアクセスして情報を取得することは容易である。しかし、捜査機関が行う捜査活動については、国家の主権が絡むことから、法廷に証拠として顕出するための情報取得行為に関しては、関係法令を十分に検討し、違法捜査であると指弾されるようなことがないようにしなければならない。

　たとえリモート捜索差押許可状の発付を受けて捜索場所以外の遠隔地にあるデータにアクセスする場合でも、実際に警察官がそのデータが保存されているコンピュータ等の所在地に出向いて令状に基づき差し押さえることが可能であるか、につき留意し、リモート差押許可状の請求の要否を考えるべきであろう。

5 記録命令付捜索・差押えに係る問題

> 電磁的記録の保管者に協力を求めて電磁的記録を差し押さえる方法はどのようなものか？

1 はじめに

今日のように，コンピュータ・システムが複雑化すると，その操作には専門的知識や技術が必要な場合が多い。

そこで，「情報処理の高度化等に対処するための刑法等の一部を改正する法律」（平23.6成立，平24.6.22施行）によるサイバー関係の手続法整備によって，「裁判所は，必要があるときは，記録命令付差押え（電磁的記録を保管する者その他電磁的記録を利用する権限を有する者に命じて必要な電磁的記録を記録媒体に記録させ，又は印刷させた上，当該記録媒体を差し押さえることをいう。）をすることができる」とされ（刑訴法99条の2，司法警察職員等のする差押えにつき218条1項），電磁的記録の保管者等をして必要な電磁的記録を記録媒体に記録させて当該記録媒体を差し押さえる「記録命令付差押え」の制度が新設された。

2 記録命令付差押え制度新設の経緯

コンピュータ・ネットワークの発展に伴い，遠隔の電子計算機の記録媒体に電磁的記録を保管し，必要の都度，これをダウンロードして利用することが一般化している。

そのため，特定の電磁的記録が存在することや利用権者が誰であるかは判明しているものの，電磁的記録が記録されている記録媒体を特定することが困難である場合や特定の電磁的記録が複数の記録媒体に分散して記録されているため，利用権者が専門的な知識や技術を用いるなどして一定の処理をして出力しなければ，証拠収集の目的を十分に達成できなくなることなどが予想される。

他方で，大容量記録媒体に多数の電磁的記録が保管されている場合には，その記録媒体の全部を差し押さえると，その管理者の業務に著しい支障が生じるおそれもあるし，当該記録媒体の管理者側でも，捜査官側の捜査関係事項照会書には応じられないものの，裁判官の発付する令状によるのであれば，電磁的記録を，記録媒体に記録して提出することについて，協力する場合も多いと考えられる。

そこで，記録媒体自体を差し押さえなくとも証拠収集の目的を達することができる場合にはそのような方法をとることができるとした，記録命令付差押え制度が新設された。

3 記録命令付差押えの要件

記録命令付差押えの対象となる相手方は，電磁的記録が記録された記録媒体を所持している者など電磁的記録を自己の実力支配内に置いている者（「電磁的記録を保管する者」）や当該電磁的記録を排他的に管理できる者に限らず，単にアクセス権限を有する者など，適法に電磁的記録が記録された記録媒体にアクセスして当該電磁的記録を利用することができる者（「電磁的記録を利用する権限を有する者」）である。

この，電磁的記録を記録媒体に記録させる方法については，ある記録媒体に記録されている電磁的記録をそのまま，他の記録媒体に複写させることのほかに，まず，複数の記録媒体に記録されている電磁的記録を用いて必要な電磁的記録を作成させた上で，これを他の記録媒体に記録させることなどが考えられる。

なお，記録命令付差押えについては，刑訴法220条1項2号に掲げられていないため，逮捕の現場において無令状で行うことはできないことに注意されたい。

4 記録命令付差押えを執行する上での留意点

　この記録命令付差押えにおいて，電磁的記録の記録・印刷を命じられた者は，その命令に従って記録又は印刷すべき法的な義務を負うことになる。

　しかし，義務違反に対して罰則は設けられていない上，協力を求められ電子計算機を操作している際に瞬時に記録を消去する事態も予想されなくはない。

　したがって，記録命令付差押えは，被処分者が協力的であり，かつ，必要な記録媒体を差し押さえなくとも，当該電磁的記録の内容を証拠化することができれば証拠収集の目的を達成できると考えられる場合に，有効に機能することとなる。

　上記のようなおそれがある場合には，個々の特定の記録媒体を差し押さえるという，通常の差押えをなさざるを得ないこととなる。

　特定の記録媒体を選定して差し押さえることに要する捜査機関の負担や，記録媒体全体が押収されることによって被る被差押者の不利益等を勘案し，被差押者の立場やこれまでの捜査機関との関係性等を踏まえ，記録命令付差押えの可否を決する必要がある

　なお，記録命令付差押許可状の請求に当たっては，①電磁的記録を記録させ又は印刷させるべき者，②記録させ又は印刷させるべき電磁的記録などを記載しなければならない。

　記録又は印刷させるべき電磁的記録の記載方法としては，例えば，「電話番号〇〇〇-〇〇〇〇-〇〇〇〇番の〇年〇月〇日から同年△月△日までの携帯電話の通話履歴（通話日時，通話時間，通話先，発信地）」などの記載方法が考えられる。

✕ 違法 記録命令付差押えが違法となる場合

1 具体的事例　①いわゆるオレオレ詐欺事件の受け子を現行犯逮捕した際，被疑者がスマートフォンを携帯していたことから，これを逮捕の現場における差押えとして押収しようとしたところ，被疑者がこのスマートフォンを使って複数のクラウドサービスに共犯者から指示された内容をまとめた文書ファイルを保存していることが判明した。

そこで，警察官は，被疑者に命じてそれぞれのクラウドサービスから文書ファイルのデータをダウンロードしてマイクロSDカードに保存させ，当該マイクロSDカードを逮捕現場における差押えとして押収した。

②記録命令付差押許可状に基づき，甲社事務所で運用されているコンピュータシステムの管理責任者Aに対し，同システムで利用されている顧客管理に関するデータのうち，事件関係者に関するものを抽出し，印字出力するよう命じたところ，Aがこれを拒否したため，警察官が同システムの端末を操作して目的のデータを特定し，印字出力して押収した。

2 解説と実務上の留意点　①事例については，警察官が逮捕現場における差押え（刑訴法220条1項）として同99条の2の方法で電磁的記録をマイクロSDカードに記録させて差し押さえているが，前記解説の「**3 記録命令付差押えの要件**」で指摘したように，記録命令付差押えは逮捕の現場における差押えの場合に準用されていないので，違法となる。

②事例については，記録命令付差押えについては電磁的記録を保管する者その他電磁的記録を利用する権限を有する者に命じて必要な作業を行わせるものであるが，強制的に命令に従わせることはできない。

また，命令に従わないからといって，これらの者に代わって警察官が必要な作業をすることまで記録命令付差押えの方法として法が許容していると見る余地もないので，やはり違法と見るべきである。

刑訴法の関連する規定を十分検討しておく必要がある。

記録命令付差押え等が適法とされる場合 　適法　

1　具体的事例　　①インターネットプロバイダの乙社が管理している通信回線の契約者に関する情報や特定の契約者のある期間における通信履歴に関するデータを押収しようと考えたが、同社のコンピュータシステムの構成が不明であり、データが記録されている記録媒体の所在や個数が判然としなかったため、「乙社の顧客システム管理責任者Ｃに⑦契約者Ｂに関する住所氏名等特定に関する情報、①○○年１月１日から３月31までの間にＢが回線を利用して通信した日時、通信先に関する情報に係る電磁的記録を記録させる」旨を記載した記録命令付差押え許可状の発付を受け、これを丙に示して必要なデータを乙社の管理する社内サーバ及び外部に管理を委託していた遠隔地にあるサーバからコピーさせ、DVD-Rに記録させたものを押収した。

②消費者金融業者である丙社の顧客であるＥとの間での貸付けや返済の事実、返済方法等を記録したデータを押収するため、記録命令付差押えの方法によることとし、丙社の顧客情報管理責任者であるＤと協議したところ、Ｄは丙社の方針として捜査機関への協力を拒否した。

そこで、警察は、丙社内に設置されているサーバコンピュータを差し押さえるべき物とした捜索差押許可状に基づき、サーバコンピュータを押収した。

2　解説と実務上の留意点　　①事例については、押収すべき電磁的記録を特定して、これを他の記録媒体に記録させる方法による差押えであり、記録命令付差押えとして適法である。

一方、②事例については、記録命令付差押えの方法では、管理者の協力が得られず目的が達成できないことから、サーバコンピュータ自体を差し押さえる方法によっているので、令状による差押えであるから、何ら問題ない。

このように、被処分者の捜査機関への協力の程度により、可能な方法が限定されるので、事前の検討は不可欠であろう。

違法と適法の分水嶺における留意点

　記録命令付差押えは，電磁的記録を差し押さえるための方法として，電磁的記録の管理者に命じて必要なデータをコピーさせたり印刷させたりすることが基本となっている。

　したがって，現場で管理者が捜査に非協力だからといって，捜索に着手した警察官が自ら作業をするようなことは法の許容するところではないので，管理者を説得することが困難なようであれば，捜索を断念することも考えなければならない。

　記録命令付差押えは，解説でも指摘したとおり，相手方が任意に応ずることが十分認められる状況で，かつ，捜査機関の不利益になるようなこと（例えば警察官の隙を見て必要なデータを消去する等）をしないと考えられるときでないと，執行することは難しいといえる。したがって，コンピュータシステムで記録・管理されている大量のデータの中から証拠として必要なデータを押収しようと考える場合には，データを管理する者の捜査機関に対する態度をよく見極め，捜査の目的を達成できるかを検討し，捜索・差押えの準備をしなければならない。仮に非協力であることが明白ならば，データが記録されている記録媒体全体を差し押さえることも考慮せざるを得ない。

　そして，記録命令付差押えは逮捕の現場における差押え等，無令状での差押えが許される場合に準用されていないので，必ず令状によることが求められていることも留意すべきである。

　もっとも，逮捕の現場で差し押さえようとするときに，押収すべきデータの範囲を明確にするための検討をするような時間的余裕はないと思われるので，そのようなケースが問題となることは少ないといえよう。

⑥ 大容量外部記録媒体の押収

> 大量の USB メモリーや SD カード等の内容を確認することなく一括して差し押さえることが許されるか？

1 問題の所在

USB メモリーや，SD カード，メモリースティックといった，PC 等に接続してデータを保存できるメディア（以下「外部メモリー」という。）の特性としては，①記録された情報が不可視であること，②通常の文書等に比して膨大な情報が入り得ること，③情報の加工・消去等がその痕跡を残さないで容易に行い得ることなどが挙げられる。これらの特性が，その差押えに関して通常の文書とは異なる考察を必要とすることになる。

電磁的記録媒体に記録・保存された情報を収集する方法としては，従来，それらに記録された情報をディスプレイに表示させて内容を確認した上，必要部分を用紙にプリントアウトさせてそれを差し押さえたり，別の外部メモリー等にコピーしそれを差し押さえたりする方法などが取られており，被処分者の不利益を考慮すると，それらの方法によって目的を達し得るならそれによるのが相当である。

しかし，その場でコンピュータの操作を依頼すると瞬時に情報が消去されたり，あるいは破壊されたりするおそれがあったり，これらの処理を行おうとしても被処分者の協力が得られない場合も想定できる。

新設された刑訴法111条の2前段，142条，222条1項により，被処分者に電子計算機の操作その他の必要な協力を求めても，拒否された場合には罰則規定等もないことから，強制的に目的を実現する方法はない。

また，一番の問題として，通常，記録媒体に保存されている情報量は膨大であり，それらを全て確認し，証拠として押収すべき記録を捜索の現場で確認し，それから押収のための複写等の作業をするとなると，全てが完了するまでに長時間を要することとなり，結果として被処分者に過大な負担を負わせてしまうことになりかねない。

2　外部メモリー等の一括差押えの是非・その要件

そこで，発見された外部メモリーにつき，内容を確認せずに差し押さえることが，許されるか否かが問題となる。

この問題について，警察官がフロッピーディスク（以下「FD」という。）108枚等を差し押さえるに当たり，記録された情報を瞬時に消去するコンピュータソフトを開発しているとの情報もあったことから，内容を確認することなく差し押さえた事案に関し，最高裁は，「FD等の中に被疑事実に関する情報が記録されている蓋然性が認められる場合において，そのような情報が実際に記録されているかを捜索差押えの現場で確認していたのでは記録された情報を損壊される危険があるなどの事情の下では，内容を確認せずにFD等を差し押さえることが許される」旨判示した（最決平10.5.1刑集52・4・275）。

「情報処理の高度化等に対処するための刑法等の一部を改正する法律」（平23.6成立，平24.6.22施行）によるサイバー関係の手続法整備によって，記録命令付差押え（刑訴法99条の2，218条1項）や，電磁的記録に係る記録媒体の差押えの執行方法に関する規定が新設された。

ただ，これは，記録命令付差押えでは被処分者の協力が必要である上（⑤参照），電磁的記録に係る記録媒体の差押えの執行方法については，捜査官において自力執行が可能であればよいが（刑訴法222条1項，110条の2第1項），被処分者の協力が必要な場合（110条の2第2項）については十分な効果を得られないので，依然として電磁的記録そのものの差押えの必要性は存することから，本決定の趣旨は，前記の刑訴法改正後も規範として生きていると解される（前田雅英「サイバー犯罪に関する法改正と捜査方法」警学64・8・152）。

本決定は，FD等を差し押さえる場合でも，文書の場合と同様，そのFDの中の情報と，被疑事実との関連性が，確認されることを当然の前提としている。

そのことからも，関連性の有無を考慮しないで一般的に，直ちにFD等の差押えを許容するものではないと思われる。

したがって，外部メモリーやFDのラベルの記載等，外部から関連性が判断できる場合はそれで足りようが，内容を確認しなければ被疑事実との関連性の有無を確認できない場合に，内容を確認しないで一括して差押えが許されるためには，①捜索現場に存在する多数の外部メモリー等のどれかは分からないがどれかに被疑事実に関連する情報が記録されている蓋然性が認められる場合であって，②そのような情報が実際に記録されているかを捜索・差押えの現場で確認していたのでは記録された情報を損壊される危険がある状況，が必要と解される。

　この2要件を満たす場合には，内容を確認せずに外部メモリー等を差し押さえることができるが，必ずしもこの場合に限る趣旨ではないであろう。

　しかし，これ以外のどのような場合に内容を確認せずに差押えが許されるのかは，今後の裁判所による各種事例に対する判断の集積を待つ必要がある。

具体的な事例で検討しよう！
違法　←――――――――――→　適法

❌ 違法 大容量外部記録媒体の差押えが違法となる場合

1　具体的事例　①Aに対する名誉毀損の被疑事実で捜索差押許可状の発付を受け，A方で犯罪事実に関連するデータが記録されたPC，外部記録媒体等の捜索・差押えに着手したところ，100枚のFDが机の引き出しの中にあるのを発見した。警察官は，FDに記録されているデータを確認することなく，100枚全て押収した。

②Aの名誉毀損事件にAの友人Bが関与している疑いがあり，B方を関係場所として捜索した。

その結果，Bの使用するSDカード3枚が発見された。

Bは，いずれも趣味で撮影したデジタルカメラのデータが記録されていると説明し，SDカードはいずれもデジタルカメラが収納されていたロッカー内のポーチから発見されたが，警察官はSDカード3枚を令状に基づき差し押さえた。

2　解説と実務上の留意点　①事例については，大量の外部記録媒体を，被疑事実との関連を検討することなく，令状に基づいて押収しているところ，本来差し押さえるべき物に該当しないおそれが払拭できていないことから，このような差押えは違法と評価される可能性は否定できない。

②事例については，差押えを受ける者であるBの説明によれば，写真の画像データが保存されているにすぎず，Aの名誉毀損事実とは何ら関連性がないデータである。

そのSDカードが保管されていた場所からもその蓋然性が高いといえる。にもかかわらず，警察官がこれらSDカードに記録されているデータを確認することなく令状に基づき差し押さえる行為は，違法とされる可能性はある。

発見された記録媒体が差し押さえるべき物に該当するかどうかについては，発見場所や外観，立会人の説明といった様々な事情を踏まえて検討すべきであり，内容を確認せず一括して差し押さえようとする場合には，より慎重な検討が求められよう。

大容量外部記録媒体の差押えが適法とされる場合 　適法

1　具体的事例　①商社に勤務するCが会社のコンピュータの取引管理システムに虚偽のデータを入力して自己の預金口座に不正送金させた電子計算機使用詐欺の事実でC方を捜索したところ、Cの使用するPCと、SDカード10枚、記憶容量2TBの外付HDD1台が発見された。

Cの承諾を得てSDカードとHDDを捜査用ノートPCに接続して保存されているデータを確認したところ、いずれもCの個人的なメールデータ等のほか、Cが会社のコンピュータに入力していたデータのコピーや、会社のコンピュータの操作マニュアル等が保存されていることが判明したため、SDカード10枚とHDD1台を差し押さえた。

②Cが会社で使用している机とロッカーを捜索差押許可状に基づき捜索したところ、業務で使用していると思われる、管理番号が付された記憶容量64GBのSDカード30枚を発見した。

捜索の立会人であるCの上司甲は、業務用のSDカードで間違いないが、何が記録されているかはCしか分からないと説明したため、これら30枚を令状に基づき差し押さえた。

2　解説と実務上の留意点　①事例は、発見された外部記録媒体について、捜索の現場で内容を確認し、犯罪事実に関連するデータが保存されていると認められたために差し押さえており、適法である。

また、②事例は、大容量の外部記録媒体が多数発見されたものの、そこに保存されているデータの内容を確認しないまま差し押さえているが、立会人がこの外部記録媒体の使用者ではなく、業務用のものとしか判明しなかったが、Cの犯罪事実が業務に関するもので、多数の記録媒体に保存されている内容をいちいち確認して差押えの要否を判定することが困難であったと認められることから、これらを一括して差し押さえることは適法と評価できる。

データを記録している媒体については、ノート等と異なり、一見して内容が判然としないので、内容を確認せず押収しようとする場合は、周辺事情の慎重な検討が必要である。

違法と適法の分水嶺における留意点

　コンピュータに接続して使用される外部記録媒体は，FDからUSBメモリー，SDカードといったデバイスに加え，大容量のHDD自体をポータブルケースに収めて持ち運び，複数のPC等で使用することもできるなど，物理的に差押えの対象となる記録媒体に保存されるデータも大容量化している。

　そのような中で，被差押者の負担を可能な限り減らしつつ，捜査に必要な証拠物を的確に差し押さえることのバランスをいかに取るかは，より困難になっているといえる。

　令状に記載された差し押さえるべき物を選択して差し押さえるのが原則であるが，そのような方法によることができない場合には，解説の2で紹介した最高裁判例の考え方を踏まえ，差し押さえるべき物である蓋然性が高いといえる外部記録媒体を一括して差し押さえることが許容されるか，慎重に検討することになろう。

　したがって，原則とすべきは，捜索の現場において外部記録媒体に保存されているデータを確認し，犯罪との関連性が認められる物のみを選択的に押収することであるが，記録媒体の管理者の積極的な協力を得られない，あるいは現場で保存されているデータを確認することによってデータが破壊される危険性があるといった事情がある場合には，そのような手法によることができないので，外部記録媒体の外観やその存在する場所等の外形的な事情から，差し押さえるべき物と評価可能かどうかを多角的に検討し，一括差押えが可能かどうかを慎重に判断すべきである。

　より慎重を期すのであれば，（任意の協力が前提となるが）対象となっている外部記録媒体の所有者若しくは管理者の承諾を得て，これらの任意提出を受けて領置することを考えるのがよい。

7 差し押さえたパーソナルコンピュータの解析

> 差し押さえたパーソナルコンピュータを解析する場合の留意点は何か？

1 問題の所在

　押収した証拠物については，必要に応じて捜査官が見分し，形状を明らかにするために写真撮影をしたり，ノートや手帳であれば，記載内容を把握するためにコピーを作成したりすることもある。

　証拠物がPCであっても，保存されているデータを確認しなければならないことがあるのは当然だが，その際，PCの特性等を踏まえ，注意しておくべき点がいくつかある。

2 証拠物としてのPCの特性，解析方法

　PCの内部構造は，大きく分けて，命令を処理し，その結果を出力する，という一連の作業を担う電子計算機そのもの（CPUやメモリ等）の部分と，PCを動作させるためのOSや，OS上で実行されるプログラム，それに処理に必要なデータ等を保存しておくためのHDDやSSDといった記録媒体の2つに分けられる。

　一般的に証拠物として重要なのは，PCで実行・処理されるデータを格納しているHDD等である。

　そして，HDD等に保存されているデータは，複写・変更・削除が容易である。

　単に保存されているデータを確認しようとしただけでも，操作を誤れば削除してしまう危険もある。また，ユーザが通常するように，PCを起動してOSから保存されているファイルにアクセスすると，それだけで当該ファイルに関してOSが管理している情報が書き換えられてしまうこともある。

　そこで，PCを押収した時点での情報を正しく保存し，証拠価値を減殺させないための手法によって解析する必要がある。

そこで，解析対象のHDD等の複製を作成し，実際の作業を複製のHDD等で実行することが一般的に行われている。

複製の作成法は，HDD等を物理的に複製する方法（デュプリケート）や，HDD等に保存されているデータをファイルの形式（イメージファイル）に変換し，別のHDD等にそのファイルを保存する方法などがある。

複製を作成する際には，原本となるHDD等と複製物の同一性を確認しておく必要があるが，同一性確認には，一般的に「ハッシュ関数」の演算によって得られるハッシュ値を比較する方法がとられている。

そして，複製物のHDD等にアクセスするときには，たとえ複製物であっても不用意な操作でデータが変更されないよう，書き込み防止装置を用いるなどすべきである。

3 PCが使用されていたときの状態を復元して解析することについて

(1) 問題の所在

差し押さえたPCに保存されているデータを調べていくと，ユーザがPC内蔵HDDではない場所にデータを保存していることが分かることがあり，外部のメールサーバに保存されている受信メールや送信済みメールを確認したり，オンラインストレージサービスに保存されているデータを取得したりしたいと感じる場面があると思われる。

しかし，差し押さえたPCをインターネット回線に接続し，通常の操作をしてPCを起動し，外部のサーバ等にアクセスするような捜査は法的に可能だろうか。

(2) リモート差押えによることの可否

遠隔地に保存されているデータに対しては，リモート差押え（刑訴法99条2項，218条2項。(4参照)）によることができるのだから，改めてリモート差押え許可状の発付を受ければ，インターネットを介して接続されている外部の記録媒体からデータを複写して差し押さえられるのではないか，とも思われる。

ただ，リモート差押えは，あくまでも「差押え」の一手法であって，PCを差し押さえるに当たってとることができる処分にすぎない。

既に差し押さえられている証拠物を重ねて差し押さえる必要性のないことが通常であり（特に被疑事実が同一であれば），PCの押収後にリモート差押えを執行することは避けるべきであろう。

(3) 検証によることの可否

それでは，押収したPCを検証（刑訴法218条1項）することで，遠隔地に保存されているデータを閲覧・取得できないか。検証とは捜査官の五官の作用によって，証拠物の性状を可読性の証拠にする処分である。警察官が実際にPCの電源を入れて起動させ，動作の状況を確認することもできるといえよう。

ただし，検証の対象は，あくまで「そこにあるPC」であり，たとえインターネット回線に接続してあったとしても，PC外にある別の機器に保存されているデータの閲覧ができるものではない（検証許可状により，ある者が所有する離れ内部を検証したところ，地下道で別の敷地上にある第三者の居宅とつながっていたからといって，その居宅内部を見分できないことは明らかだろう。）。

この点，横浜地判平28.3.17公刊物未登載は，警察が検証許可状に基づき，押収したPCを操作してGoogleが管理するクラウドサービスにアクセスしサーバからデータをダウンロードして押収した行為について，捜査に必要な司法審査を得ておらず，違法であるとして，これによって取得した証拠を排除する判断をしている。

なお，この判決では，PCに保存されていた被告人のアカウント情報を利用してクラウドサービスにログインした点が不正アクセス禁止法上問題となり得る旨，そして，海外に存在するサーバへアクセスした点についても問題である旨が指摘されている（4参照）。

本判決の指摘する点については，今後PCの解析を実施するに際しては十分留意しておく必要がある。

具体的な事例で検討しよう！

違法 ←――――――――→ 適法

✕ 違法 差押物の解析に係る捜査が違法となる場合

1 具体的事例 被疑者A方から差し押さえたA使用のPCを解析した結果、米国の企業が管理するクラウドサーバ（ただし所在地は非公開）にデータを保存していることが判明した。

PC内にクラウドサービスのアカウントIDとパスワードが保存されていたので、警察官は、Aに承諾を得ることなく、このIDとパスワードを入力してサーバにアクセスし、保存されていたデータをダウンロードして押収した。

2 解説と実務上の留意点 本件では、アクセス先が海外に存在すると考えられるサーバである点、そしてAのクラウドサービスのアカウントを、Aの承諾なく警察官が入力してクラウドサービスにログインしている点が問題である。

利用に際してID・パスワードを要求するサービスは、これによって利用権者を識別し、利用権者以外の者の利用を拒むために用いられているもので、不正アクセス禁止法の識別符号に該当し、クラウドサービスのアクセスを管理するサーバは同法の特定電子計算機に該当する。

そのため、利用権者Aの承諾を得ないログインは不正アクセスに該当する（不正アクセス禁止法は不正アクセス行為から捜査目的のログインを除外していない以上、警察官による捜査目的の行為であっても問題となる。なお、解説で紹介した横浜地裁判決でも、利用権者の承諾なく実行すると不正アクセス禁止法上も問題になる旨指摘されている。）。

また、海外に存在するサーバへ日本の警察官が捜査目的でアクセスしてデータを取得する行為は、外国の主権を侵害するおそれがあるので、違法と評価される可能性が高い。

たとえ正確な所在地が不明であっても、管理者が海外に存在すればサーバも日本国外に存在する蓋然性があるため、安易なアクセスは避けるのがよい。

令状を取得して強制処分として行えば適法となるかが一応問題となるが、解説で指したとおり、リモート差押許可状や検証許可状を取得したとしても、いずれも違法であると評価されることは避けられないといえる（この場合の対応については4 2参照）。

差押物の解析に係る捜査が適法とされる場合 　適法　

1　具体的事例　　被疑者Bが自宅で使用するPCを差し押さえた後，内蔵HDDのデータを解析した結果，Bが警察の把握していなかったメールアドレスを使用していたことがメーラに設定されたアカウント情報から判明した。

　メーラには送受信メールが保存されていなかったため，警察官はメールサーバに保存されていると考え，メールサーバの管理者に対して差押許可状を執行して差し押さえることを検討したが，メールサービスの運営会社がアメリカ合衆国に所在すると判明したため，警察官は差押許可状を請求せず，日米刑事共助条約に基づき，Bが使用していたメールの送受信記録等のデータを取得した。

2　解説と実務上の留意点　　本件では，差し押さえたPCの解析から新たにメールアドレスが発見されたので，このメールアドレスに関するデータを更に押収する必要を認め，追加捜査が検討されている。

　最も簡易な方法としては，PCのユーザである被疑者Bの承諾を得て，B自身がメールサーバにアクセスして，データをダウンロードする方法であるが，本件は，新たにメールサーバからデータを差し押さえる方法を選択しており，これ自体は，差し押さえるべきデータを特定すれば，新たな令状に基づく差押えとして許容される。

　しかし，サーバが海外に所在する蓋然性が高まったため，アメリカ合衆国との刑事共助条約に基づき，米国内のサーバからデータを取得している。

　条約に基づく捜査共助によって得られた証拠は，日本国内の刑事司法手続で証拠能力を有するので，このような捜査手法によってデータを取得する捜査は適法である。

　ただし，刑事共助条約は国際捜査の一環であるため，実際にデータが我が国に送付されるまで相当の期間を要することが通常であることから，捜査スケジュールとの兼ね合いで留意が必要である。

違法と適法の分水嶺における留意点

　差し押さえたPCの解析の一環として，インターネット回線を通じて他の場所にあるコンピュータ等にアクセスしてデータを取得することについては，たとえリモート差押許可状等の発付を受けたとしても，違法と評価される可能性が高いので，控えるべきである。また，PCの解析によって被疑者の利用していたID・パスワードが判明しても，PCユーザである被疑者の承諾（又はアクセス管理権者の承諾）を得ることなく，警察官がこれを入力してログインすると，不正アクセス行為と評価されるおそれが大である。

　解説3(3)で紹介した横浜地裁判決は，差し押さえたPCに関し，検証の処分としてリモートアクセスが行われた場合であっても違法と認定されることを明らかにしたリーディングケースである。

　今後は，押収物について強制処分としてのリモートアクセスをすることは回避すべきで，他の手段によってデータを取得することを考えなければならない。

　差し押さえたPCのユーザを説得し，任意の承諾を得た上で，クラウドサービスのサーバから目的のデータをダウンロードするのが最も穏当な手法であるが，協力が得られない状況であれば，適法事例のように，新たに差押えの対象をクラウドサービス等，遠隔地にあるコンピュータに記録されている電磁的記録とする差押許可状を得て，これによって押収するのが妥当である。

　さらに，対象のコンピュータが海外にある場合，安易にそのコンピュータにアクセスして情報を取得する行為は，外国の主権を侵害し違法と指摘される可能性があるので，どのような捜査手法によるべきかは，各県警サイバー犯罪対策課・室等に問い合わせるなどして対処すべきであろう。

8　差し押さえたスマートフォン等の解析

> 差し押さえたスマートフォン等の携帯電話機を解析するに当たっての留意点は何か？

1　問題の所在

　近時，以前から使用されていた携帯電話機（フィーチャーフォン。以下，ガラケーという。）に代わり，個人間の連絡手段としてはスマートフォン（以下スマホともいう。）が一般的に使用されるようになり，犯罪捜査の一環として被疑者や関係者が利用していたスマホを押収して，そこに記録されている情報を分析することが多くなってきた。
　ガラケーであれば，端末で可能なことも多くなく，基本的には通話の履歴，携帯メール（キャリアメール）やショートメール（電話番号を宛先として送信するもの）の送受信履歴，テキストファイルや画像ファイルといったものが保存されていて，あるメーカーのガラケーであれば，データを抽出する方法も定型であったといえる。
　しかし，スマホは，いわば電話もできるミニ PC であり，その解析にはいくつか注意すべき点がある。

2　スマートフォンの特徴

　スマホを携帯電話機として利用する場合，通信事業者と契約して SIM を入手する必要がある（一部のガラケーも SIM を使用している）。
　SIM には契約者に関する情報，割り当てられた電話番号等が登録されており，SIM を別のスマホに差し替えても，同じ電話番号を使うことが可能である。
　通信事業者は SIM が挿入されたスマホを識別するため，各スマホが持つユニークな文字列を把握し，これによって契約者がどの端末から通信をしているかを認識することが可能となっている。

そして，スマホは，PCのようにOSの上で様々なアプリが動作することによって，いろいろな機能を実現している。日本国内で利用されているスマホのOSは，Apple社のiPhoneが搭載するiOSとGoogle社のAndroidが搭載するAndroidOSの2種類でほぼ占有されていると言ってよい状況である。iPhoneはApple社のみが製造・販売しているが，Androidは，Google社が基本構造を設計するものの，その仕様は公開されているので，Google社のみならず，ほかの企業もAndroidのスマホを製造・販売している。

これらスマホで利用されるアプリケーションソフトについては，ソフトウェア開発会社が，iOSやAndroidOSで動作するアプリケーションソフトを開発し（両OSに互換性がないので，OSごとに開発する必要がある），それをユーザに提供し，ユーザは自分が必要とするアプリケーションソフトをダウンロードしてスマホにインストールし，実行させる。

このときユーザにアプリケーションソフトを配布・販売するには，iPhoneであればApp Store，AndroidであればGoogle Playというシステムを通じて行うのが一般的である。

また，iPhoneやAndroidでは，基本的な機能として，クラウドサービスが提供されており，ユーザは，iPhoneではAppleID，AndroidではGoogleアカウントをそれぞれ取得して，それを端末に登録することによって，iPhoneはiCloud，AndroidはGoogle Driveを始めとするクラウドサービスを利用することが可能となり，端末の内蔵メモリやSDカードスロットに挿入されたSDカード（iPhoneはカードスロットがない）ではなく，外部サーバにデータを保管・管理することが容易になっている。

3　携帯電話機を解析する場合の留意点

差し押さえた携帯電話機がいわゆるガラケーの場合，機能も限られ，技術としても「枯れた」ものが多いので，内部に保存されているデータを読み取る手法も研究が進み，市販ソフトレベルで十分な情報が取得できるはずであり，そうでなかったとしても，端末のメーカーは日本であることがほとんどなので，メーカーに解析を依頼して結果を入手することも容易である。

8 差し押さえたスマートフォン等の解析

一方，解析対象がスマホの場合，詳細な内部構造が公開されていないこともあり，通常の方法では保存されているデータを完全な形で抽出し，解析することが非常に困難である。

専門の機器を利用すれば，ある程度の抽出はできるものの，実際に押収したスマホ自体を操作せざるを得ないケースが多くなる。

そこで注意しなければならないのは，スマホは，電源が入っていれば，勝手に基地局と通信し（ガラケーも同様），情報を更新する動作をする。

そのため，押収後に内部の情報を確認する際には，スマホが無線通信をしないよう，機内モード（キャリア基地局との通信，Wi-Fi通信，Bluetooth等，全ての無線通信をしないモード）に設定しておかなければならないし，機内モードの設定が困難であれば，電波暗室内での操作を検討しなければならない。

スマホを起動させる際，パスコードによるロックがかかっている場合がある。

誤ったパスコードを繰り返し入力すると，端末自体にロックがかかり，いかなる作業もできなくなるおそれがある。

ほかに押収した証拠物からパスコードを推測することが可能であればともかく，そうでないと端末の使用者から聞き出してロックを解除することとなり，使用者が捜査に非協力であるときは，内部に記録されているデータの解析が困難になるおそれがあるので，可能な限りパスコードロックが解除されている状態で差し押さえるようにすべきである。

その他，差押え後の端末の解析に関する留意点については，PCを解析する場合に準じるものであるので，7（差し押さえたPCの解析）も参照されたい。

❌ 違法 スマホの解析に係る行為が違法となる場合

1 具体的事例　①差し押さえたスマートフォンを解析するため電源を入れると，パスコードロックの設定がされておらず，ホーム画面が表示された。

甲というクラウドサービスを利用するためのアプリがインストールされていたので，このアプリを起動させたところ，スマホから登録された写真や書類の下書きと思われるテキストファイル等30個のファイルが確認できたので，これをスマホにダウンロードして保存した。

2 解説と実務上の留意点　スマホを解析するには，まず外部との通信を遮断する措置を講じておかないと，外部から当該スマホに指令が送信され，データが消去されたり，暗号化されて解読不能になったりするなどの危険も想定される。

そうでなくとも，外部と通信することによって，記録されているログ等が書き換えられることは十分あり得るのだから，解説で指摘したとおり，確実に機内モードに変更する，あるいは電波暗室を利用するといった方法をとるべきであり，本事例はこれが考慮されていない点が（違法となるかはさておくとしても）問題である。

次に，アプリを起動してクラウドサービスのサーバに接続し，サーバに保存されているデータを保存している点については，リモート差押えを実施していることから問題となる。

⑦（差し押さえたPCの解析）と同様の点が指摘できるので，参照されたい。

なお，スマホで利用されるアプリによっては，アカウント登録をし，登録されたアカウントのユーザがログインすることでサービスが利用可能になるものがある。

そのようなアプリにつき，端末自体に保存されているデータをチェックするだけならば問題ないが，インターネット接続された状態でサービスを提供するサーバにアクセスしデータを取得する行為は，ユーザの承諾を得ていないと不正アクセスになる危険があることにも留意すべきで，やはり解析時には通信を遮断する措置を講じておくべきである。

スマホの解析に係る行為が適法とされる場合　適法

1　具体的事例　被疑者から差し押さえたスマートフォンを解析するため，ロックを解除して機内モードに設定し，インストールされているアプリを確認したところ，メッセージ交換アプリで共犯者と会話していることが判明した。

端末に残されていた会話の履歴は，差し押さえる2週間前のものが一番古く，それ以前のものは削除されていると思われた。

そこで，このアプリを利用する際に用いる被疑者のIDを被疑者から聴取し，その情報に基づきメッセージ交換サービスを管理するアプリの開発・運営会社に対し，同社の管理するサーバに保存されている被疑者のIDで送受信したメッセージの3か月間のデータを差押許可状により差し押さえた。

2　解説と実務上の留意点　差し押さえたスマホの解析とは，差押えの対象である「スマホそのもの」を解析することであることは常に念頭に置いておく必要がある。

そのためにもPCの解析と同様，まずスマホを外部と通信しない設定にしておくことが，不用意なリモートアクセスを防止し，解析活動を適法化する第一歩といえよう。

その上で，スマホで利用されているアプリの情報を元に，外部のサーバ等に更に取得すべきデータが存在することが判明した場合には，そのデータを確認・取得することは，差し押さえてあるスマホ等とは無関係な場所に存在しているのである。

したがって，このデータを適法に取得，解析するためには，本事例のように，新たな証拠物であるデータの押収のため，差し押さえるべき物の範囲，その所在地を確定させて差押許可状の発付を受けてから，データを差し押さえることになるのである。

違法と適法の分水嶺における留意点

　いわゆるガラケーはともかく，スマホについては基本的にPCと類似の証拠物である点に注意が必要であり，特にインターネット接続機能が付随していることが通常であるため，解析時に意図せずにリモートアクセスする危険性のあることが，一般的なPCと異なるので，より慎重に準備しておく必要がある。

　また，スマホで利用しているクラウドサービスについて，クラウドサーバに保存されているデータを取得しなければならない際には，スマホ利用者の任意の承諾を得て警察官がアクセスするか，あるいは，（クラウドサービスの運営主体が外国にある場合等）スマホ利用者自身にサービスにログインさせてデータをダウンロードさせてこれの提出を受ける等しないと，違法捜査となるおそれがある。

　なお，特にAndroidの場合，スマホのユーザがGoogleアカウントを利用していると，かなりの確率でそのユーザはPCでも同一のGoogleアカウントを利用しているといえる。

　そのような場合，スマホにインストールされたブラウザ（GoogleChrome）のブックマークや閲覧履歴と，PCのそれらとが統合され，PCのChromeで閲覧したWebサイトがスマホで閲覧したように見える場合もあるので，解析時には注意が必要である。

　逆に言えば，何らかの理由でスマホ内部のデータにアクセスできない場合であっても，スマホユーザが利用していたPCが押収されている場合，PC内のデータを分析することで，スマホの利用状況がある程度判明する場合もある。

　ユーザが管理・利用しているデバイスを広く押収して解析することが有益である。

9 通信傍受・会話傍受に関する問題

> 通信傍受はどのような場合に実施できるのか，また，通信傍受を実施するに当たっての留意点は何か？

1 はじめに

　かつては，犯罪に関するやりとりが電話によってなされていたとしても，捜査機関がその電話での会話内容を確認し，証拠とすることができる明文上の規定がなかった。

　通信事業者としても，電話による会話内容は通信の秘密に該当することから，これを通信当事者以外の第三者である捜査機関に開示することは憲法違反（憲法21条2項，電気通信事業法4条参照）だとして拒否する扱いになっていた。

　そこで，かつては，電気通信回線による音声通話の傍受を，捜査官が五官の作用によってする検証に類するもので通信当事者のプライバシーを侵害することから，検証許可状を取得して実施するという実務上の取扱いがされた時期もあった（甲府地判平3.9.3判時1401・127，最決平11.12.16刑集53・9・1327）。

　その後，この種捜査類型を明文化する「犯罪捜査のための通信傍受に関する法律」（平成11年法律第137号。以下「通信傍受法」という。）が制定され，さらに，「刑事訴訟法等の一部を改正する法律」（平成28年法律第54号。以下「改正法」という。）により，通信傍受法が改正され，通信傍受の対象犯罪の拡大，通信傍受方法の効率化等がなされるに至った。

　なお，同法による改正通信傍受法の施行は，対象犯罪の拡大については平成28年12月1日，それ以外の傍受方法の効率化等については，改正法の公布日（平成28年6月3日）から起算して3年を超えない範囲内において政令で定める日から施行される。なお，改正法による通信傍受法改正の詳細については，「刑事訴訟法等の一部を改正する法律の規定による通信傍受法の改正について」（鷦鷯昌二・警学69・8・93）を参照されたい。

2　通信傍受対象犯罪の拡大について

　改正前の通信傍受法が規定する通信傍受令状発付の実体的要件は，①通信傍受法3条1項各号のいずれかに該当する場合であること（犯罪の嫌疑），②①の犯罪（同項2号及び3号にあっては，その一連の犯罪をいう。）の実行，準備又は証拠隠滅等の事後措置に関する謀議，指示その他の相互連絡その他当該犯罪の実行に関連する事項を内容とする通信（犯罪関連通信）が行われると疑うに足りる状況があること，③他の方法によっては，犯人を特定し，又は犯行の状況若しくは内容を明らかにすることが著しく困難であること（補充性），④傍受の実施の対象とすべき通信手段が，被疑者が通信事業者等との間の契約に基づいて使用しているもの（犯人による犯罪関連通信に用いられる疑いがないと認められるものを除く。）又は犯人による犯罪関連通信に用いられると疑うに足りるものであること，である。対象犯罪は，通信傍受法3条1項各号別表に定める9つの類型の罪となっているが，大別すれば，薬物関連犯罪，銃器関連犯罪，集団密航の罪，組織的な殺人である。

　なお，改正法による改正後の通信傍受法は，上記の別表を別表第一とし，新たに別表第二に掲げる罪も対象犯罪とした。ただし，別表第二に掲げられた犯罪が犯されたと疑うに足りる十分な理由がある場合に通信傍受が認められるには，これらの罪に当たる行為が，「あらかじめ定められた役割の分担に従って行動する人の結合体により行われるものに限る」との要件が付加される（改正後の通信傍受法3条1項1号括弧書）。改正後の通信傍受法に追加された対象犯罪に基づいて通信傍受令状の発付を請求する場合には，付加された要件を充足しなければ通信傍受が認められないのであるから，この要件を具備していることを疎明して，明記する必要がある。

3　傍受方法の合理化・効率化

(1)　通信傍受の手続について

　通信傍受を実施するに当たっては，通信傍受法3条1項が定める要件を充足し，同4条以下の規定により通信傍受令状の発付を受ける必要がある。

そして，改正前の通信傍受法では，通信傍受令状を執行する方法としては，通信傍受を実施する場所の管理者（通信事業者の管理役職等）に令状を呈示し，その場所を管理する者又はこれに代わるべき者を立ち会わせる必要があり，これらの者を立ち会わせることができないときは，地方公共団体の職員を立ち会わせなければならない（法12条1項）ほか，検察官又は司法警察員は，通信事業者等に対して，傍受の実施に関し，傍受のための機器の接続その他の必要な協力を求めることができ，通信事業者等は，正当な理由なく，協力を拒んではならない（法11条）とされており，実際上，通信傍受を実施する際には，実施している一定の時間，通信事業者の管理者等を立ち会わせて協力を求めるなど，処分を受ける事業者にも相当の負担を強いる状態であった。

(2) 改正後の通信傍受法による執行方法の効率化等

改正法による改正後の通信傍受法では，上記の傍受方法に加えて，暗号化技術を用いた通信傍受の方法を追加した。

具体的には，①一時的保存を命じて行う通信傍受，②特定電子計算機を用いる通信傍受，という新たな傍受方法に関する手続が新設された。

どちらの通信傍受についても，音声による通話が現実に行われている時間に実際に検察官や司法警察員が，事業者の管理者等を立ち会わせて聴取するものではなく，暗号化（通信内容を伝達する信号を，コンピュータと信号を暗号化するための変換符号を使い信号を変換して，この変換符号と対応する変換符号（対応変換符号）を用いなければ復元できないようにすること。暗号化された信号を対応変換符号を用いて変換処理を行うことで元の信号に復元することを復号という（改正後の通信傍受法2条4項））によって人員を傍受の期間中立ち会わせなくてもよいこととし，通信事業者の負担軽減にもなるというものである。

✕ 違法 通信傍受が違法となる場合

1 具体的事例（改正通信傍受法が全て施行後の事例とする）
警察は、A暴力団がB暴力団の組長甲の殺害を企てているとの情報を得て内偵捜査に着手したところ、B暴力団の組事務所に入ろうとしていた同暴力団の組員が拳銃で撃たれて重傷を負う事件が発生した。

同発砲事件はA暴力団の若頭乙と、その舎弟である丙が中心となり、配下組員を実行役にして実行したこと、同じメンバーで組長甲の殺害計画が進められているとの情報提供がA暴力団の幹部構成員からあった。

そこで警察官は、具体的な甲殺害の計画を特定するため、乙、丙の使用する携帯電話及び固定電話、計4回線における会話を傍受することとして、これら電話回線に対する通信傍受令状の請求をした。

2 解説と実務上の留意点
まず、殺人（刑法199条）は通信傍受法別表第二の2号ロに掲げられており、通信傍受の対象となる犯罪である。

そして、本件では既に拳銃使用の殺人未遂事件が発生しており、その流れで新たな殺人事件が実行されるおそれがある状況となっているので、通信傍受法3条1項2号の「……別表第二に掲げる罪が犯され、かつ、引き続き次に掲げる罪が犯されると疑うに足りる十分な理由がある場合において、これらの犯罪が数人の共謀によるものであると疑うに足りる状況があるとき」で、次に掲げる罪のうち、イの「当該犯罪と同様の態様で犯されるこれと同一又は同種の別表第一又は別表第二に掲げる罪」に該当するといえる。

ただし、対象犯罪が別表第二に掲げられているものであるときは、「あらかじめ定められた役割の分担に従って行動する人の結合体により行われるもの」との要件が加重されているが、本事例では、A暴力団の若頭とその舎弟、そして配下組員の共謀がうかがわれることしか明らかとされておらず、①事前の役割分担、②それに従う行動、③人の結合体、との点について疎明がないので、要件を充足せず違法として令状が発付されない可能性がある。

通信傍受が適法とされる場合

> 1 具体的事例（改正通信傍受法が全て施行後の事例とする）

警察は，外国人甲を筆頭とする同国人による覚醒剤密売グループが市内で多数の顧客に覚醒剤を譲渡していることを突き止め，覚醒剤を購入・使用していた客を検挙して，密売グループが使用している携帯電話回線が3つあることを確認した。

そして，密売組織の全容を解明し，密売人らを一斉に検挙するため，上記3つの携帯電話回線につき，通信傍受を実施した。

傍受実施中，客から注文を受けた丙が乙に受渡しの日時・場所，注文された覚醒剤の量を連絡し，乙が甲に覚醒剤を準備するよう連絡する会話を確認し，記録したが，某日深夜，通信傍受を実施中，甲と乙が，隣接する地域で薬物密売をしているAを拉致して倉庫に監禁し，密売の売上金と覚醒剤を奪う計画を話し合っている会話を確認したので，この会話についても記録した。

> 2 解説と実務上の留意点

覚醒剤の営利目的譲渡である密売グループの全容解明は，その密行性に鑑み，通信傍受による証拠収集の補充性（「他の方法によっては，犯人を特定し，又は犯行の状況若しくは内容を明らかにすることが著しく困難であるとき」，通信傍受法3条1項柱書）も認められることから，通信傍受令状に基づき傍受が実施されるケースが多い。前提としての覚せい剤取締法違反（営利目的譲渡）に関する通信傍受は適法といえる。

そして，本事例では密売に関する会話を傍受する目的で通信傍受を実施中に，別個の犯罪に関する会話が確認され，これも記録しているところ，逮捕・監禁，強盗は，いずれも通信傍受法別表第二に掲げられた罪である。

したがって，通信傍受法14条によって，これら犯罪に関する会話を傍受することも適法である。

特に薬物密売事案については，その密行性ゆえ，通信傍受は有効な捜査手法であって，これまでの実施事例も参考に傍受を実施するのが良いだろう。

違法と適法の分水嶺における留意点

　通信傍受法は，従前から主として薬物密売事案の真相解明のための捜査手法として利用されており，それなりに事例も蓄積され，活用されてきたものといえよう。

　今般の通信傍受法の改正については，対象犯罪を拡大するとともに，通信傍受の実施に当たって，捜査官にも，また傍受に協力する通信事業者に対しても相当の負担があったことから，そうした負担をある程度減らすことによって，より一層有効な捜査手法として利用できるようにするものであると評価できる。

　改正法による改正点の一つである対象犯罪の拡大は，平成28年12月に施行されているが，傍受手続に関する改正については，平成28年6月3日から起算して3年を超えない範囲内で政令で定める日に施行され，段階を経ての施行となっていることから，改正法により新設された方法で傍受を実行する場合の問題点，手続的な留意点等については，今後検討が進められるものと思われる。

　まずは，通信傍受の対象犯罪が拡大され，今後通信傍受を実施すべき場面も増加すると考えられるので，改正法に関する情報収集を怠らず，法が要求する要件を適切に充足するように捜査を進め，令状の発付を受けられるようにしなければならない。実際には，法の別表第二に掲げられた罪に基づいて通信傍受を実施する際に，通信傍受令状を請求するに当たり，どこまでの事実について疎明が必要なのかについて，十分検討しておく必要がある。

　通信傍受は，密行性の高い犯罪について真相を究明するのに有益な捜査手法であるので，通信傍受法の規定をよく理解し，適切に通信傍受を実施できるよう，様々なケースに応じた準備をしてもらいたい。

第2章

職務質問
自動車検問
所持品検査

10 職務質問の要件

> 警察官はどのような場合に職務質問をすることができるか？

1 問題の所在と根拠規定

　職務質問は，犯罪の予防・鎮圧を目的とする行政警察活動であり，根拠規定は警職法2条1項である。

警職法2条1項
　警察官は，異常な挙動その他周囲の事情から合理的に判断して何らかの犯罪を犯し，若しくは犯そうとしていると疑うに足りる相当な理由のある者又は既に行われた犯罪について，若しくは犯罪が行われようとしていることについて知つていると認められる者を停止させて質問することができる。

　職務質問は犯罪を対象としているという性質上，捜査の端緒として非常に重要な役割を果たしている。
　警職法2条1項によれば，職務質問は将来の犯罪の予防も目的としているが，既に行われた特定の犯罪の解明のために行われるものもある。
　刑訴法では，警察官が司法警察職員として職務を行い，捜査のために必要な取調べを行うことができるとしているため（刑訴法189条，197条等），警職法上の職務質問と刑訴法上の任意捜査が重なり合う場合も存する。

2 解　説

(1) 職務質問の要件

　警察官は，職務質問に際し，相手方が不審者に該当するか否かについて，「異常な挙動その他周囲の事情から合理的に判断」しなければならない。

ア 「異常な挙動」

「異常な挙動」とは，不自然な，奇妙な，又は通常でない言動，服装・持ち物の不自然さを指し，「その他周囲の事情」とは，時間，場所，環境を指す。

「異常な挙動その他周囲の事情」を判断する際には，現場における相手方の服装，年齢，人数，言動等の挙動自体及びその当時の周囲の状況のほかに警察官側が持っている事前の知識や情報等を総合的に考慮することができる（大阪地判昭63.3.9判タ671・260）。

イ 「合理的に判断」

「合理的に判断して」とは，警察官の主観的な判断だけではなく，客観的に社会通念上その判断が合理的であることを要するが，警察官の職務質問の要件の判断が客観的・合理的であればよく，判断の合理性は，職務質問を行う時点における具体的な状況によって現場の警察官が通常判断可能な程度で足りる（大コメ警職法94，95頁）。

ウ 「何らかの犯罪」

職務質問のためには，「何らかの犯罪」に関係すると認められれば足り，犯罪の軽重を問わない上，いかなる犯罪であるか具体的に特定している必要はない。

「何らかの犯罪を犯していると疑うに足りる相当な理由がある者」には，現に何らかの犯罪を犯していると疑うに足りる相当な理由がある者のみならず，既に終了した犯罪を犯したと疑うに足りる相当な理由があるものも含まれる。

「相当な理由」とは，職務質問を必要とするような，犯罪との関わりをかなりの程度に示すような客観的状況の存在があることをいう（大コメ警職法88頁）。

エ 参考人的立場にある者

職務質問は，参考人的立場にある者にも行うことができる。

「既に行われた犯罪について,若しくは犯罪が行われようとしていることについて知っていると認められる者」には「異常な挙動その他周囲の事情から合理的に判断して」との要件は不要である。

(2)　職務質問の際の留意点

職務質問はその性質上犯罪捜査に結び付くことが多く,職務質問によって得られた資料を犯罪捜査に用いることも可能である。

そのため,職務質問は犯罪捜査を念頭において行わなければならないが,職務質問は飽くまでも行政警察作用であることに留意し,その要件を満たし,その目的を達するために行わなければならない。

また,職務質問の要件を満たしているかどうかについては,主観的な判断に陥ることなく,客観的に判断を行えるように注意する必要がある。

具体的な事例で検討しよう！

違法　　　　　　　　　　　　　　　　適法

✗ 違法 警察官の職務質問が違法となる場合

1 具体的事例　私服で警ら中の警察官は、被告人が繁華街にある劇場前でそこに掲げられた表看板を眺めており、その際、被告人が粗末なジャンパーとズボンをまとい、天気が良いのに泥のついたように白く汚れた古い半長のゴム靴を履き、古新聞を折って入れた紙袋を提げているのを認めた。

警察官は、午前10時頃の時刻に劇場の看板を眺めているのは不自然であるし、その服装等から観察して、他で犯罪を犯した者ではないかとの疑念を抱いた。

そこで、警察官は、挙動不審者として被告人に職務質問をして派出所までの任意同行を求めたが、被告人はこれに応じないでその場を立ち去ろうとし、警察官がさらに追いかけて被告人に同行を求めると、被告人は、「交番に行く必要はない」と怒鳴りながら、隠し持っていた折りたたみ式ナイフで警察官の横腹を突くなどした。

2 解説と実務上の留意点　上記事例と同様の事案において、警察官の職務質問が違法であると判断された（京都地判昭43.7.22判タ225・245）。

本判決では、①被告人が午前10時頃、劇場の表看板を眺めていたとしても、そのこと自体決して不自然な挙動と認めることはできない、②被告人の服装・履物・所持品等による様相は、一般労働者のそれと多く異なるところがなく、不審を抱かせるものではない、③被告人は、警察官が私服警察官であると知らなかったので、警察官の前から逃げなければならない事情は認められず、被告人が歩きかけたことを不自然な挙動と見るのは相当ではないとし、警察官は、「その当時における具体的諸状況に照して、何ら犯罪を疑わせる等の客観的・合理的な理由が存しないにもかかわらず、その主観的な観察のみに頼って、被告人に対しいわゆる職務質問を敢てしたことに帰着し、その行為は適法な職務の執行と認めることはできない」と判示した。

本事例では、被告人が警察官と目が合うやその場から歩きかけたことが警察官に不審を抱かせるに至った原因の一つであったが、私服警察官であったため、警察官であると認識していない被告人のこうした挙動が不審であるとの判断が客観的に合理的であるとは認められず、その他の被告人の挙動が不審であるとも認められない（制服警察官をあえて避ける挙動が認められれば、職務質問の要件を満たすと思われる。）。

警察官の職務質問が適法とされる場合　適法

1　具体的事例　被告人の吐いたつばが、路上において制服姿で交通整理等をしていた警察官にかかったことから、被告人が故意につばを吐きかけてきたと認識した警察官が被告人に職務質問をするため、その胸元をつかみ歩道上に押し上げようとしたところ、被告人が警察官に殴る蹴るの暴行を加えた。

2　解説と実務上の留意点　上記事例と同様の事案において、警察官の職務質問が適法と判断された（最決平元.9.26判時1357・147）。

本判決は、「当時の相互の距離関係等の具体的な状況を考えれば、通行人から突然つばを吐きかけられた者としては、一般私人の立場であっても、その理由を問い質すのは当然であって、まして前記のような職務に従事していた制服の警察官に対してかかる行為に出た以上、同警察官としては何らかの意図で更に暴行あるいは公務執行妨害等の犯罪行為に出るのではないかと考えることは無理からぬところである。そうであれば、同警察官として被告人に対し職務質問を行うことができることは当然であり、そのために右の程度の行動をとることは、職務質問に付随する有形力の行使として当然許される。」と判断した。

本事例では、被告人が交通整理中の制服警察官に対し故意につばを吐いたことまでは認定されていないため、被告人が吐いたつばが警察官にかかったことを踏まえて、職務質問の要件を充足するとの警察官の判断が客観的、合理的なものであったかが問題となる。

この点に関し、本事例では、被告人と警察官との距離関係や突然つばを吐きかけられたという具体的状況を考慮して何らかの犯罪を犯そうとしていると疑うに足りる相当な理由のある者として警察官が被告人に職務質問したことが適法と判断された。

違法と適法の分水嶺における留意点

　職務質問の要件が存するかどうかの判断は主観的なものではなく，客観的になされることが重要であり，違法事例は，具体的な事情を踏まえて，客観的に判断が合理的なものであったかを慎重に検討したものであると思われる。

　警察官は，職務質問を実施するか否かを現場で速やかに判断する必要があることから，警察官が職務質問の要件を充足すると主観的に判断してしまう危険がある。

　しかし，職務質問は捜査の端緒となることも多く，実務上極めて重要な意義を有しているので，職務質問に当たっては，冷静になって，相手方の言動，挙動，服装，所持品，時間・場所等の周辺の状況，職務質問の現場付近で発生した事件の有無及びその内容等を踏まえた上，職務質問の要件の有無についての判断を客観的・合理的に行えるように努める必要があろう。

11 職務質問のための実力行使①

> 警察官は職務質問のために相手方を停止させる際，どの限度の実力行使が許されるのか？

1 問題の所在とリーディングケース

(1) はじめに

警職法2条
1項 警察官は，異常な挙動その他周囲の事情から合理的に判断して何らかの犯罪を犯し，若しくは犯そうとしていると疑うに足りる相当な理由のある者又は既に行われた犯罪について，若しくは犯罪が行われようとしていることについて知つていると認められる者を停止させて質問することができる。
2項 〈略〉
3項 前二項に規定する者は，刑事訴訟に関する法律の規定によらない限り，身柄を拘束され，又はその意に反して警察署，派出所若しくは駐在所に連行され，若しくは答弁を強要されることはない。
4項 〈略〉

警職法2条1項は，職務質問の要件が認められる場合，警察官は「停止させて」職務質問をすることができると規定している。

同条3項は，「刑事訴訟に関する法律の規定によらない限り，身柄を拘束され，又はその意に反して警察署，派出所若しくは駐在所に連行され，若しくは答弁を強要されることはない。」と規定しているとおり，職務質問は任意の手段として認められている。

しかし，警職法2条1項は，職務質問の相手方に対する停止措置を認めていることから，質問の前提として何らかの措置をとることが可能であるといえる。

また、相手方が職務質問を拒否すれば、それ以上、一切質問を行うことができないというのでは、犯罪の予防、鎮圧等の行政警察上の目的を達成することができない。

そこで、職務質問の際にどの程度の実力の行使が認められるのかが問題となる。

(2) リーディングケース紹介

本事例は、深夜、自転車に乗った被告人が晴天にもかかわらず雨靴を履き、着用していたズボンが破れていたことなどに不審を抱いた警ら中の警察官が、被告人に職務質問を行い、駐在所に任意同行して質問を継続していたところ、被告人が隙をみて逃走したため、質問を継続しようとした警察官が約130メートル離れた路上で被告人に追いつき、「どうして逃げるのか。」と言いながら、被告人を引き止めるためにその腕に手をかけた行為の適法性が問題となったものである。

原判決は、警察官が被告人の腕に手をかけた行為について、「任意に停止をしない被告人を停止させるためにはこの程度の実力行為に出でることは真にやむを得ないことであって正当な職務執行手段方法である」とした上、「停止のための一時的行為」である本件行為を適法と判断し、最高裁も原判決が正当であるとした（最決昭29.7.15刑集8・7・1137）。

2　解　説

(1) 警職法2条1項の「停止」の意義

職務質問のための「停止」は、相手方の任意の停止を促すにとどまらず、ある程度、相手の意思に反しても停止させることが、警職法2条1項の条文上予定していると認められる（大コメ警職法116頁）。

そして、職務質問を開始するためのほか、継続するための停止行為も認められる。

もちろん、警察官が職務質問のために相手方を停止させる場合、警察比例の原則に従ったものでなければならない。

そして，職務質問が端緒となって捜査が開始されることが少なくなく，その場合，職務質問の過程で発見された資料等が，刑事裁判の証拠として利用されることが多いことなどからすると，職務質問の際の有形力の行使の限界についても，任意捜査の場合と同様に考えられている。
　すなわち，職務質問のための停止行為については，強制捜査手続によらなければ許されないような強制手段に至らない程度の有形力の行使は，強制にわたらない限り，職務質問及びこれを行うための停止行為の必要性，緊急性，これによって害される個人の法益と保護されるべき公共の利益との権衡などを考慮し，具体的状況の下で相当と認められる限度において許容されると解するのが相当である（堀籠幸男・最判解刑事篇昭53・412）。
　停止の際の実力行使の限界について，明確な基準を示すことは困難であるが，警察比例の原則に従い，事案の重大性，容疑の濃淡，相手方の態度（職務質問しようとした際や職務質問の途中で逃走を図るなど），職務質問の必要性，緊急性，相手方及び警察官の人数，場所，時間等の周囲の状況などを個別の事案ごとに具体的に検討する必要がある。

(2) 事例検討

　本事例では，警察官が被告人の服装，態度，所持品等から強盗事件の嫌疑を抱いていた上，被告人は職務質問の途中で突然逃走したことから，職務質問の必要性，緊急性が認められる。
　また，警察官が行使した有形力についても，腕に手を掛けたことにとどまっていることなどの事情が存したことから，適法であると判断されたものと思われる。

❌ 違法 警察官の職務質問が違法となる場合

1 具体的事例　　警察官からの職務質問中，被告人がその場から立ち去ろうとしたのに対し，警察官が数分間にわたって被告人のズボンの後ろをベルトと一緒に持ち，更に被告人の首筋をつかんで警察車両に乗車させようとした。

2 解説と実務上の留意点　　上記事例と同様の事案において，警察官の被告人に対する有形力の行使が違法であると判断された（大阪地判平2.11.9判タ759・268）。

本判決は，「本件職務質問の日時，場所，被告人の容貌，挙動等に照らし被告人には覚せい剤事犯の嫌疑があり，立去ろうとする被告人を警察官が制止する必要性，緊急性はあったものとみられるが，数分間に亘り，被告人のズボンの後ろをベルトと一緒に持ち，被告人の首筋をつかんだりすることは，直接的な身柄の拘束に近く，法的に許容されるものとはいえず，本件警察官の行為は違法なもの」と判示した。

本事例では，職務質問を実施する必要性，緊急性は認められるものの，被告人が抵抗しているにもかかわらず，継続して被告人のズボンの後ろをベルトと一緒に持つなどしており，停止行為が飽くまでも職務質問を実施するための手段であることを考慮すると，停止行為として許される範囲を逸脱していると判断されたものと思われる。

本事例のほか，警察官が被告人に職務質問をして派出所に任意同行中，被告人が逃げ出したので，「逃げると撃つぞ。」などと威嚇しながら追跡し，塀にさえぎられて立ち止まった被告人に追いついて被告人の肩に手をかけた行為が「警察官の職務行為としては著しくその範囲を逸脱しており違法な職務行為」と判断されている（大阪地判昭43.9.20判タ228・229）。

警察官の職務質問が適法とされる場合 適法

1 具体的事例　被告人が侵入盗を家人に現認されて逃走中，犯人発見のために警ら中の警察官が被告人に声を掛けたところ，被告人が全速力で逃走したため，警察官が追跡し，背後から左肩か首の後ろ辺りのジャンパーをつかんだが，被告人は警察官の手を振り切って逃走した。警察官は，再度追跡して被告人の背後から両肩付近をつかみ，逃げようとする被告人ともみあいとなって被告人と警察官が向かい合う形となり，警察官が被告人のジャンパーの両襟首をつかんだ。

2 解説と実務上の留意点　上記事例と同様の事案において，警察官の被告人に対する有形力の行使が適法と判断された（東京高判昭60.9.5判タ585・78）。

本判決は，「犯罪を犯したと濃厚に疑うことのできる被告人が必死に逃走せんとして抵抗するのに対して，職務質問をする目的でこれを一時的に制止して逃走を防いでその場に停止させるためにとられたやむを得ない行動と見ることができる」と判示した。

本事例では，被告人が警察官を振り切って逃走を図っていることから，職務質問の必要性が高まっており，犯罪の嫌疑が濃厚である。

また，被告人の抵抗も強度であったことから，それに応じて停止のための有形力の行使もある程度強まることもやむを得ないと判断したものと思われる。

違法と適法の分水嶺における留意点

　職務質問のための停止の際に一定の有形力を行使することが認められる場合があるが，相手方の対応等を踏まえ，飽くまでも職務質問を実施するために必要な限度で認められたものであることに留意すべきである。

　また，裁判例を見ると，相手方が何らかの犯罪を犯したという嫌疑が濃厚であるか否かが適法か違法かの重要な判断要素の一つになっていると思われる。

　客観的な嫌疑がないのに，主観的に怪しいと思い込み，執拗な質問を継続しようとすることは，そもそも職務質問の要件を欠くものであり，客観的な嫌疑が存在し，それが深まるかどうかを冷静に判断する必要がある。

12 職務質問のための実力行使②

> 警察官は職務質問のために車両を停止させる際,どの限度の実力行使が許されるのか?

1 問題の所在とリーディングケース

(1) はじめに

> 警職法2条1項
> 　警察官は,異常な挙動その他周囲の事情から合理的に判断して何らかの犯罪を犯し,若しくは犯そうとしていると疑うに足りる相当な理由のある者又は既に行われた犯罪について,若しくは犯罪が行われようとしていることについて知つていると認められる者を停止させて質問することができる。

　警職法2条1項は,職務質問の要件が認められる場合,警察官は「停止させて」職務質問をすることができると規定している。自動車に停止を求めることも,同項の「停止」の一形態として認められるが(大コメ警職法145頁),相手が逃走しようとした場合,自動車のキーを抜いたりするなどの実力行使が認められるのかが問題となる。

(2) リーディングケース紹介

　職務質問のための車両停止行為が問題となるのは,次のような事例である。「交通違反取締中の警察官が信号無視の自動車を現認して同車を停止させると,下車した被告人が酒臭をさせており,酒気帯び運転の疑いが生じたため,警察官が酒気の検知をする旨告げた。すると,被告人は,警察官の持っていた運転免許証を奪い取り,エンジンのかかっている同車運転席に乗り込んで発進しようとしたことから,警察官が運転席の窓から手を差し入れてエンジンキーを回転してスイッチを切り運転を制止した。」

本決定（最決昭53.9.22刑集32・6・1774）は，警察官が「窓から手を差し入れ，エンジンキーを回転してスイッチを切った行為は，警職法2条1項の規定に基づく職務質問を行うため停止させる方法として必要かつ相当な行為であるのみならず，道路交通法67条3項（現：67条4項）の規定に基づき，自動車の運転者が酒気帯び運転をするおそれがあるときに，交通の危険を防止するためにとった，必要な応急の措置にあたる」旨判示した。

2 解 説

(1) 職務質問のための車両の停止行為

職務質問のための車両の停止行為についても，他の停止行為と同様に，強制手段に至らない程度の有形力の行使は，強制にわたらない限り，職務質問及びこれを行うための停止行為の必要性，緊急性，これによって害される個人の法益と保護されるべき公共の利益との権衡などを考慮し，具体的状況のもとで相当と認められる限度において許容されると解される。

車両の停止行為については，自動車の逃走のおそれという点から，停止を求める必要性，緊急性は高く，他方，直接相手方の身体に対する有形力の行使がされているわけではないという点に照らせば，この種行為の適法性は肯定されやすい側面がある（令状基本（上）73頁）。

ただし，職務質問のため，車両を停止させた行為が適法であっても，その後，運転者等を現場に留め置いておくことは別の問題なので注意が必要である。

(2) 事例検討

本事例において，被告人は，自動車に乗り込んで発進しようとしていたため，このまま放置しておけば信号無視や酒気帯び運転の疑いで職務質問を続行することが不可能となる状況であったと認められる。警察官がエンジンキーを回転してスイッチを切った行為は，職務質問を続行するため，停止させる方法として必要な行為であるし，被告人の身体に対して直接有形力が行使されたわけではなく，具体的状況のもとで相当と認められる行為であると考えられる。

(3) そ の 他

　自動車を停止させるための実力行使をどの限度で認めるかは，緊急配備検問と無差別に車両の停止を求める交通検問によって異なると思われる（14参照）。

　緊急配備検問の場合，職務質問の目的，必要性，緊急性が相当高度に認められる場合が多く，具体的状況に応じて相当とされる有形力を行使した停止方法が許容される余地が大きいが，不特定の一般車両を対象とする交通検問においては，このような実力行使を認めることはできないと思われる。

　警戒検問にあっても，無差別に自動車の停止を求めるものである限り，交通検問と同様であると考えられるが，犯罪の重要性等具体的状況によっては，緊急配備検問と同様，強制にわたらない程度の停止方法が認められる場合があると解される。

具体的な事例で検討しよう！

違法　　　　　　　　　　　　　　　　適法

✕ 違法 警察官の車両の停止行為が違法となる場合

1 具体的事例　積載重量違反の疑いで停止を命じられた場所から一旦逃走後，再停止させられた車両の運転者に対し，警察官が職務質問のため運転者の両腕をつかんで車外に引き下ろそうとした。

2 解説と実務上の留意点　上記事例と同様の事案において，警察官の職務質問のための実力行使が違法と判断された（東京簡判昭49.9.20刑裁月報6・9・971）。

本判決は，警察官が「その両手で被告人の両腕をつかみ，車両の交通ひんぱんな道路上の中央線近くに停止しているその自動車から，その意思に反して，無理矢理に，被告人を車外に引きおろそうとした行為は……警察官の適法な職務執行行為としての域を越え，社会的にもその妥当性ないし要保護性を肯定し難い……，また，本件における具体的状況に徴し，職務質問を実効的なものとするための附随的な実力行使として許容しなければならないほどの緊急性も認められない。」と判示した。

運転者に職務質問を行うためには，自動車を停止させれば足りるのであって，車内から運転手を車外に引き出すことは停止行為として当然に認められるものではない。

なお，民事判例であるが，警察官がエンジンキーを取り上げた上，運転者を車外に出し，さらに，うつ伏せ状態のまま押さえ付けた事案において，警察官の実力行使が違法であると判断されている（千葉地判平16.11.29）。

警察官の車両の停止行為が適法とされる場合 　適法　

1　具体的事例　　ホテル1階駐車場に駐車しているナンバープレートの登録番号と車両の車種が一致しない不審車両（被告人車両）の関係者に職務質問を行うため，警察官が張り込み中，被告人が同車に乗り込んだことから，捜査用車両3台が一斉に被告人車両に近付き，そのうち2台が被告人車両の左右を挟む形で停止し，もう1台が前方を塞ぐ位置に停止した。

2　解説と実務上の留意点　　上記事例と同様の事案において，警察官の職務質問のための実力行使が適法と判断された（大阪高判平11.12.15判タ1063・269）。

　本判決は，道路運送車両法違反やナンバープレートの変造の疑いがあったことから職務質問の必要性を肯定した上，運転者特定のため被告人が運転席に乗り込むのを待って職務質問を開始しようとしたのも相当な措置であるとした。

　そして，運転者が職務質問のための停止に応じずに車両を発進させることが想定され，「職務質問の実施を確実なものとする一方，逃走に伴う事故を防止し，道路運送車両法違反の状態にある被告人車が運行に供される事態を回避する交通行政警察上の必要も存したのであるから，本件において，職務質問を行うための停止の措置として捜査用車両で被告人車の進路を塞ぐ措置を講じることは許容されるというべきであり，現にとられた方法も相当である。」と判示した。

　本事例は，道路運送車両法違反の嫌疑が認められ職務質問の必要性が肯定される事案であった。

　また，警察官は被告人車両を囲んでいるが，被告人の身体に対する直接の有形力が存するわけではなく，被告人が車両を発進させる危険性を考慮すれば，停止行為として相当であると解される。

違法と適法の分水嶺における留意点

　職務質問の相手方が自動車を発進させようとした場合などに，自動車のエンジンを切る又はハンドルに手をかけるなどして自動車を停車させることは，適法であると認められることが多いと思われる。

　前記のとおり，車両の停止行為は，適法性を肯定しやすい側面があるものの，警察官に停止行為が認められているのは，飽くまでも職務質問のためであって，職務質問の要件を満たさない場合や，その場で車内の運転者等に職務質問を実施することが可能であるのに，運転者等を車外に引きずり出すなどの行為に及んだ場合は，違法と評価されることになるので留意すべきである。

13 職務質問の継続のための実力行使

> 警察官は職務質問を継続するために，その場から立ち去ろうとする相手方をどの程度留め置くことができるのか？

1 問題の所在とリーディングケース

(1) はじめに

職務質問を端緒として相手方に対する薬物事犯等の嫌疑が生じたことから，警察官が強制採尿令状等を請求してその発付を受けるまでの間，相手方を職務質問の現場等に留め置く場合がある。

令状の発付を受けるまでの間に相手方が立ち去ってしまえば執行が困難となる一方，長時間にわたり留め置くことは相手方の自由を侵害するものであり，その限界が問題となる。

(2) リーディングケース紹介

本事例は，警察官が職務質問のために，自動車の窓から手を差し入れてエンジンキーを抜き取った後，被告人に職務質問を継続しつつ任意同行を求めて約6時間半以上にわたり職務質問の現場に留め置いた，というものであり，この間，警察官は，被告人の車両・身体への捜索差押許可状及び強制採尿令状を請求して発付され，被告人を病院に連行して尿を採取したところ，覚醒剤成分が検出された。

本決定（最決平6.9.16刑集48・6・420）は，被告人を留め置いた点について，「被告人に対する任意同行を求めるための説得行為としてはその限度を超え，被告人の移動の自由を長時間にわたり奪った点において，任意捜査として許容される範囲を逸脱したものとして違法といわざるを得ない。」と判示した（ただし，尿の鑑定書の証拠能力は肯定された。）。

2 解　　説

(1) はじめに

本決定は，本件留め置きが職務質問の段階から任意捜査に至っていることを前提としている。

任意捜査における有形力の行使について，判例は，「強制手段，すなわち，個人の意思を制圧し，身体，住居，財産等に制約を加えて強制的に捜査目的を実現する行為など，特別の根拠規定がなければ許容することが相当でない手段にわたらない限り，必要性，緊急性などをも考慮した上，具体的状況の下で相当と認められる限度において許容される」（最決昭51.3.16刑集30・2・187）旨判示しており，留め置きの適否についても，基本的にこの基準に照らして判断されるものと解される（㉖，㉞参照）。

(2) 事例検討

本決定は，当初のエンジンキーの抜取り行為を適法と判断した上，警察官が行使した有形力が被告人に運転させないため必要最小限度の範囲にとどまること，路面が積雪により滑りやすいなどの事情から交通危険の防止という交通警察の面からも運転を阻止する必要性が高かったこと，被告人が自ら運転することに固執し，他の方法による任意同行を頑なに拒否するという態度をとり続けたことから，結果的に警察官による説得が長時間に及んだのもやむを得なかったことを指摘し，また，警察官に当初から違法な留め置きをする意図があったとは認められないと判断している。

本決定は，これらの事情を考慮しても，留め置きの時間的な限界を超えたものと判断しており，「任意捜査として許容される範囲」の判断において，時間的要素，すなわち，法益侵害の状態が一定時間継続した事実を一つの重要な要素としているとの指摘がある（刑訴法百選〔第9版〕7頁）。

本事例では，長時間にわたり被告人を職務質問の現場に留め置いており，任意捜査から強制捜査に早期に移行すべきであったと思われる。

(3) 裁判例

　留め置きを違法とした上，強制採尿で得られた尿の鑑定書を違法収集証拠として排除した事例として，大阪高判平4.2.5高刑集45・1・28（複数の警察官及びパトカーで被告人を取り囲んだ上，鉄柵にしがみついた被告人を引き離してパトカーに約3時間半留め置いた事案）があり，同判決は，明確な実力行使を伴い，被告人の任意同行拒否の意向が強固であったとした上，重大犯罪の嫌疑が濃厚である又は緊急逮捕の要件が備わっていた場合にも該当しない旨判示した。

　また，東京高判平19.9.18判タ1273・338（複数の警察官が多数回にわたり懐中電灯で被告人車両内や被告人らの顔面を照らすなどし，また，同車の窓を拳等で小刻みに叩きつけるなどして約3時間半留め置いた事案）は，被告人らの所持品検査を拒否の意思が明確で任意に所持品検査に応じる見込みはなく，被告人らを留め置き職務質問を継続する必要性は乏しかったことを指摘し，さらに，「格別強い嫌疑があったわけではなく，むしろ，令状請求に耐えられるようなものでなかった」と判示した。

✕ 違法 警察官の留め置きが違法となる事例

1 具体的事例　警察官が被告人及び同人運転車両の同乗者に職務質問を行い，被告人らの覚醒剤使用の嫌疑を深め，任意同行と尿の提出を求めたが，被告人らはこれを拒否した。

そこで，警察官は，強制採尿手続に移行するために令状請求の準備を行う一方，応援警察官10名以上が現場に臨場した。

その後，被告人は車に乗り込みエンジンを始動し，窓を閉めてドアをロックしたが，警察官は窓ガラスをノックし呼びかけるなどして説得を続けた。

また，被告人車両の周囲にはパトカーが停車し，警察官数人が被告人車両を取り囲むように立っていた。

警察官はその後も説得を続けたが，被告人らはそれに応じなかった。

令状が発付されて最終的に強制採尿手続が行われたが，被告人を本件現場に約3時間留め置いて職務質問を継続した上，行われた。

2 解説と実務上の留意点　上記事例と同様の事案において，警察官が職務質問の現場で被告人を留め置いた行為が違法であるとされた（東京高判平20.9.25東高時報59・1＝12・83）。

本判決は，職務質問のための停止行為は適法であること，被告人の覚醒剤使用の嫌疑は濃厚になっていたこと，交通危険の防止という面からも自動車の運転を阻止する必要性があったことを認めながらも，被告人が任意同行に応じない態度を示していたこと，留め置きから被告人に対する身体検査令状の執行が開始されるまでの間に約3時間経過していることから，本事例の留め置き措置について，「任意捜査として許容される範囲を逸脱した」と判示している。

本事例では，より早期に強制捜査に移行することが検討されるべきであったと思われる。

警察官の職務質問が適法とされる場合 　適法　

[1　具体的事例]　警察官は，午後3時50分頃，被告人車両を停止させて職務質問を行い，薬物事犯の嫌疑を強めて尿の任意提出を求めたが，被告人はこれを拒否した。

警察官は，午後4時30分頃，被告人に強制採尿令状を請求するので待つように伝えた。

警察官は，午後7時頃に令状請求して，午後7時35分頃，令状が発付され，午後7時51分頃，留め置き現場で被告人に令状を示して執行を開始した。

この間の留め置きの態様は，警察官が，被告人と約4.5メートル距離を置いて，取り巻きにし，被告人が車に乗り込んだ後は，1.2メートル離れて同車の周囲に位置し，さらに，同車の約2.5メートル手前に警察車両を駐車させ，午後5時35分頃からは，被告人車両の約10メートル後方にも別の警察車両を停めるというものであった。

[2　解説と実務上の留意点]　上記事例と同様の事案において，警察官が職務質問の現場で被告人を留め置いた行為が適法であるとされた（東京高判平22.11.8判タ1374・248）。

本判決では，職務質問開始から約40分後に令状請求手続へ移行しており，この時間的な要素が留め置きの適否の判断に当たって大きな影響を及ぼしたものと思われる。

そして，警察官が被告人に職務質問を開始して強制採尿令状の請求に取りかかった約40分間の留め置きは被告人が任意に現場に留まったと見るべきであるとした上，令状請求の準備から執行までに要した時間が「特に著しく長いとまで認められない」と指摘し，また，留め置きの態様は必要最小限度内であると判断し，本件留め置きは適法であるとした。

違法と適法の分水嶺における留意点

　留め置きの適否を総合的に判断するに当たっては，留め置きの時間の長短は重要な判断要素として考慮されており，警察官の有形力の行使が必要最小限度であっても，留め置きが長時間にわたれば任意捜査として許されないと判断される可能性が高いことに留意すべきである。

　また，例えば薬物事犯で，任意採尿の見込みがないような場合には，速やかに任意捜査から強制捜査に移行することを検討すべきである。

　その前提として，「嫌疑の程度」が重要である。

　それほど嫌疑が認められないにもかかわらず，相手方の立ち去りを拒否して執拗に説得行為を継続することは避けるべきであり，強制捜査に移行するか解放するかの判断も，迅速かつ適切に行うべきである。

14 自動車検問の適法性

> 自動車検問は許容されるのか？

1 問題の所在とリーディングケース

(1) はじめに

自動車検問とは，犯罪の予防，検挙のため，警察官が走行中の自動車を停止させて，自動車の見分，運転者等に対し必要な質問を行うことをいう。

自動車検問は，その目的に応じて，

> ①特定の犯罪が発生した際に，犯人の検挙捕捉と捜査情報の収集を主な目的とする緊急配備検問
> ②不特定の一般犯罪の予防，検挙を主な目的とする警戒検問
> ③交通違反の予防，検挙を主な目的とする交通検問

に分類することができる。

自動車検問の態様には不審車両を対象とする検問と一斉検問があるが，走行中の自動車の外観等から，運転者又はその同乗者に警職法2条1項の職務質問の要件が存在すれば，自動車に停止を求めて検問を実施することができる。

これに対し，無差別に一斉に自動車を停止させて見分や質問を実施する一斉検問が許容されるのかが問題となる。

(2) リーディングケース紹介

本事例は，飲酒運転の多発地点において，飲酒運転などの交通違反取締りを目的として，通過車両の全てに赤色燈を回しながら無差別に停車させる方法で交通検問を実施して，被告人を酒気帯び運転で検挙したという事案であり，自動車の一斉交通検問の法的根拠・適法要件に関して初めて最高裁が判断したものである（最決昭55.9.22刑集34・5・272）。

最高裁は,「警察法2条1項が『交通の取締』を警察の責務として定めていることに照らすと,交通の安全及び交通秩序の維持などに必要な警察の諸活動は,強制力を伴わない任意手段による限り,一般的に許容されるべきものである。」とした上で「自動車の運転者は,公道において自動車を利用することを許されていることに伴う当然の負担として,合理的に必要な限度に行われる交通の取締りに協力すべきものであること,その他現時における交通違反,交通事故の状況などをも考慮すると,警察官が交通取締りの一環として交通違反の多発する地域等の適当な場所において,交通違反の予防,検挙のための自動車検問を実施し,同所を通過する自動車に対して走行の外観上の不審な点の有無にかかわりなく短時分の停止を求めて,運転者などに対し必要な事項についての質問などをすることは,それが相手方の任意の協力を求める形で行われ,自動車の利用者の自由を不当に制約することにならない方法,態様で行われる限り,適法なものと解すべきである。」旨判示した。

2 解 説

(1) 法的根拠

自動車の一斉検問の法的根拠についての見解としては,①警職法2条1項を根拠とするもの,②警察法2条1項を根拠とするもの,③憲法31条を根拠とするもの等が存するが,本決定は,警察法2条1項という形式上の根拠に加えて,公道で自動車を利用することを許されていることに伴う当然の負担や交通違反,交通事故の状況などに照らすと,一定の範囲で自動車の一斉交通検問を行う必要があると指摘しており,これらが全体として一斉交通検問の法的根拠であると判断したと解される。

> 警察法2条1項
>   警察は,個人の生命,身体及び財産の保護に任じ,犯罪の予防,鎮圧及び捜査,被疑者の逮捕,交通の取締その他公共の安全と秩序の維持に当ることをもつてその責務とする。

(2) 適法性の要件

本決定は，自動車の一斉交通検問が適法とされるためには，①交通違反の多発する地域等の適当な場所において，②相手方の任意の協力を求める形で，③自動車の利用者の自由を不当に制約することにならない方法，態様で行われることが必要であるとしている。

本決定は交通検問に関するものであるが，①の要件に関して，警戒検問においては，自動車を利用する犯罪の発生が見込まれる一定地域においてなすこと，緊急配備検問においては，犯人が自動車を利用して逃走したことがうかがわれる状況下で逃走可能な地域においてなすこと等が必要とされると思われる。

②の要件については，任意手段である以上，強制的に停車させることができないのは当然である。

③の要件については，迅速にして適切な検問ができるよう警察官の数及び配置の場所等について配慮すること，常に通行する全車両についての一斉検問をするというのではなく，検問の目的によって車種等による選別を行うことなどの配慮が必要であると思われる（令状基本（上）78頁参照）。

✕ 違法 警察官の自動車検問が違法となる場合

1 具体的事例　革マル派等が主催する集会の警備に伴い，ヘルメット，サングラス及びマスク等を着用した集会参加者の乗車する車両に対する検問を実施した。検問の際，警察官が停止旗を差し出し，進行方向に立ち塞がって，車両を停止させ，10数人の警察官で取り囲んで，車内をのぞき込んだり，トランクを開けさせたり，運転者に免許証を提示させたというもので，国家賠償法上の違法性が争われた事案である。

2 解説と実務上の留意点　上記事例と同様の事案において，自動車検問が違法であると判断された（大阪高判平成12.3.23治安7巻6号66，67頁，同9号66〜70頁）。

　本判決は，集会参加者がマスク等を着用しているのは警察官から容貌等を撮影されることを避けるためであり，警職法2条1項の要件があったとは認められないとした。また，警察官による検問は飽くまで相手方の任意の協力を求める形で行われ，かつ自動車の利用者の自由を不当に制約することにならない方法，態様で行われなければならないとした上，あらかじめ検問について拒絶の意思を明確に表示し，検問の現場でも任意に検問に応じる用意はない旨繰り返し表明していたことや，本件検問の態様から，本件検問がおよそ任意になされたものとは評価できず，その方法・態様も，自動車の利用者の自由を不当に制約するものであったとして違法であると判断した。

　本判決は，最決昭55.9.22を踏まえ，自動車検問が任意に行われる必要があることを指摘した上，本件検問の態様等から任意手段であるとは認め難いと判断したものであるが，本事例では明確に検問を拒否する申入れがなされていたという事情があり，このことが違法判断に影響を与えたと解される。

警察官の自動車検問が適法とされる場合 適法

1 具体的事例　自動車強盗が頻発していたという状況の下，タクシー強盗の予防，検挙を図る目的で自動車検問を実施した。

2 解説と実務上の留意点　上記事例と同様の事案において，自動車検問が適法であると判断された（大阪高判昭38.9.6高刑集16・7・526）。

本判決は，①自動車を停める手段は任意でなければならない，②犯罪を犯し又は犯そうとしている者が自動車を利用しているという蓋然性がある場合でなければならない，ある種の自動車を利用する重要犯罪が続発し，将来においてもそれが発生する蓋然性が高い場合などに検問が許される，③自動車の停止を求めることによる自動車利用者の自由の制限が公共の安全と秩序の維持のためやむを得ないものとして是認される場合であることなどの要件を満たしているという理由で上記事案の検問を適法と認めた。

本事例では，最決昭55.9.22よりも前に判決がなされているが，自動車を利用する犯罪の発生が見込まれる地域において，任意の手段で適切な方法により検問が実施されていることから，同決定が示した要件に照らしても適法であると考えられる。

違法と適法の分水嶺における留意点

　交通違反の予防・検挙以外の目的の場合には，任意の協力に関して最決昭55.9.22が指摘する自動車利用に伴う当然の負担という事情が存しないため，交通検問とそれ以外の検問とが許される要件を同様に考えることは相当ではなく，検問の必要性や手段・態様の相当性を個別の事案に応じて適切に判断すべきである。

　また，検問が飽くまで任意処分であることを念頭に置いた上，自動車の停止を求める時間を必要最小限にするとともに，検問内容も車両の外観検査，必要事項の質問などに限定され，車両内の検査は許されないと解すべきである。

15 所持品検査の限界①

職務質問に伴う所持品検査の限界をどのように考えるべきか？

1 問題の所在とリーディングケース

(1) はじめに

> 警職法2条1項
> 　警察官は，異常な挙動その他周囲の事情から合理的に判断して何らかの犯罪を犯し，若しくは犯そうとしていると疑うに足りる相当な理由のある者又は既に行われた犯罪について，若しくは犯罪が行われようとしていることについて知つていると認められる者を停止させて質問することができる。

　職務質問の際，覚醒剤等所持の疑いがあるため，相手方の携帯品や着衣を調べることがあり，これが職務質問に伴う所持品検査である。
　所持品検査の態様は

> ①所持品を外部から観察
> ②所持品の任意の提示を求め，提示された所持品を検査
> ③相手方の承諾なしに携帯品や着衣の外部から手を触れて所持品を検査
> ④相手方の承諾のないまま，着衣に手を差し入れ，又は，携帯品を開披するなどして所持品を検査

に大別できる。
　このうち①及び②は，職務質問の範囲に含まれると解されるが，③や④を明示的に許容した規定はなく，職務質問に付随する処分として許容されるかが問題となる。

(2) リーディングケース紹介

職務質問に伴う所持品検査の適法性について，問題となったのは，次の事例である。

「猟銃及びナイフを所持した銀行強盗犯人が現金を強奪して逃走中であるとして緊急配備についた警察官が不審な2人連れを発見し，職務質問を開始したが，2人は黙秘を続け，所持品（ボーリングバッグ及びアタッシュケース）の開披も拒否したことから，警察官において施錠のないボーリングバッグのチャックを開けて大量の紙幣が入っているのを発見した。」

本判決（最判昭53.6.20刑集32・4・670（米子銀行強盗事件））は，所持品検査の根拠について，「所持品の検査は，口頭による質問と密接に関連し，かつ，職務質問の効果をあげるうえで必要性，有効性の認められる行為である」ことから，警職法2条1項による職務質問に付随して行うことができる場合があるとした上，「所持品検査は，任意手段である職務質問の附随行為として許容されるのであるから，所持人の承諾を得て，その限度においてこれを行うのが原則である」とした。

さらに，「所持人の承諾のない限り所持品検査は一切許容されないと解するのが相当でなく，捜索に至らない程度の行為は，強制にわたらない限り，所持品検査においても許容される場合があると解すべきである」として，所持人の承諾がない場合でも所持品検査が許容されることがあるとした。

そして，「所持品検査の必要性，緊急性，これによって害される個人の法益と保護されるべき公共の利益との権衡などを考慮し，具体的状況のもとで相当と認められる限度においてのみ，許容されるものと解すべきである。」として，所持品検査の許容限度を示した。

2 解　説

(1) 所持品検査の適法性の要件

本判決は，所持品検査について，職務質問に付随して行うことができる場合がある，とした上で，所持品検査の適否の基準を示した大変重要な判決である。

本判決を踏まえ，所持品検査には，次の要件が必要であると解される。

① 職務質問が適法に行われ，また，その効果をあげる上で必要性，有効性が認められることが必要であり，容疑の対象となった犯罪事実が相手方の所持品と全く関係がないのに，いたずらに所持品検査をすることは許されない（岡次郎・最判解刑事篇昭53・214）。

② 「所持人の承諾を得て，その限度においてこれを行うのが原則である」とされているので，まずは相手方の承諾を求めることが必要である。
　　承諾は任意になされたことが必要である。
　　黙示の承諾も含むと解される。

③ 「捜索に至らない程度の行為」であって「強制にわたらない」ことが必要である。
　　「捜索に至らない程度の行為」は「証拠物の発見を目的としてするような態様のものであってはならず，所持品が何であるかを確認するにとどまるような行為と考えてよいのではないか」と指摘されている（岡・前掲216）。

④ 所持品検査が「具体的状況のもとで相当と認められる限度」にとどまることが必要であり，警察比例の原則が適用されたものと解される。

(2) 本判決の判断

本事例の容疑は，猟銃等の凶器が使用された銀行強盗であり重大事犯である上，容疑が濃厚であったこと，深夜で令状を得る時間的な余裕がなく早期に犯人を検挙する必要があったことなどから所持品検査の必要性，緊急性が認められ，また，態様は，無施錠のバッグのチャックを開披して内部を一べつしたにすぎず，法益侵害はさほど大きくなかったため，相当性も認められたと解される。

✗ 違法 職務質問に伴う所持品検査が違法となる場合

1 具体的事例 器物損壊ないし窃盗未遂等の犯罪の嫌疑があった被告人に対して警察官が職務質問を行っていたところ，被告人のズボンの右ポケットに膨らみがあることに気付いたことから，同ポケットの中身を見せるように被告人に言ったものの，被告人は応じなかった。

その後，警察官は，被告人のズボンの右ポケットを外側から触り，同ポケットの内容物を下からつかんで押し上げて落下させたところ，煙草2箱が出てきた上，そのうち1箱から，その外装フィルムに挟まれたチャック付きポリ袋入りの白色結晶が発見された。これを簡易鑑定した結果，覚醒剤の陽性反応を示したことから，被告人は覚醒剤所持の現行犯人として逮捕された。

2 解説と実務上の留意点 上記事例と同様の事案において，職務質問に付随して実施された所持品検査が違法であると判断された（大阪地判平18.6.29）。

本判決は，被告人に対し職務質問を継続し，これに付随して所持品検査を行う必要性，緊急性は肯定しながらも，「殊更ポケットの内容物を押し出す意図で，下からつかみ触ることは，所持品検査として承諾なく許される着衣外部からの接触を装って，ポケットの内容物を取り出すのと同じ効果を狙ったものといえ，プライバシー侵害の程度において実質的にポケットに手を差し入れる行為と変わるところはなく，捜索に類する行為であって，所持品検査の限界を超え，違法なものである。」旨判断した。

本事例では，警察官が被告人のポケット内に手を差し入れたわけではないが，実質的には同じ効果をもたらす態様で所持品検査が行われていることから，プライバシー侵害の程度が大きいと言わざるを得ず，ポケットの外側から内容物の形状を確認する程度にとどめるべきであったと思われる。

職務質問に伴う所持品検査が適法とされる場合　適法

1　具体的事例　　いわゆるラブホテルの責任者から，料金の不払や薬物使用の疑いがある被告人を退去させてほしい旨の要請を受けた警察官が被告人に職務質問を行ったが，被告人がドアを急に閉めたので，警察官がドアを押し開けて足を踏み入れた。

これに対し，被告人が警察官に殴りかかったので，警察官が被告人の腕をつかみ室内のソファに座らせて，さらに，その後も暴れる被告人を押さえ付けた。

警察官は，床上の財布や注射筒，注射針をテーブル上に置き，財布を確認していいか尋ねると，被告人は返答しなかったが，頭が下がったのを見て，二つ折りの財布を開き，ファスナーの開いていた小銭入れの部分からビニール袋入りの白色結晶を発見して抜き出した。

2　解説と実務上の留意点　　上記事例と同様の事案において，職務質問に伴う所持品検査が適法とされた（最決平15.5.26刑集57・5・620）。

本決定は，覚醒剤事犯の嫌疑が「飛躍的に高まっていた」こと，覚醒剤が散逸するおそれも高かったと考えられること，被告人が明確に所持品検査に対して拒否の意思を示さなかったことを指摘し，所持品検査の態様を踏まえ適法とした。

本事例では，被告人に対する嫌疑が高く，所持品検査の必要性，緊急性は認められる上，所持品検査の態様も，既にファスナーの開いていた小銭入れ部分からビニール袋入りの白色結晶を抜き出したというものでプライバシー侵害の程度が大きいとまでは言えず，最判昭53.6.20刑集32・4・670の基準に照らしても適法であると解される。

違法と適法の分水嶺における留意点

　所持品検査は承諾を得て行うのが原則であり，承諾を得ることに努めるべきであるが，警察官が安易に承諾の存在を肯定するのではなく，任意の承諾が存するかどうか慎重に検討する必要がある。

　最判昭53.6.20は，所持品検査の必要性，緊急性について，容疑犯罪の軽重，容疑の濃淡，凶器所持の疑いの有無，所持品検査の態様等によって判断していると解される。

　承諾なき所持品検査を行う際に，こうした点を考慮して必要性，緊急性を冷静に判断すべきであるが，必要性，緊急性を過大視することは避けるべきである。

　所持品検査の違法・適法には，プライバシー侵害の程度も大きく影響していると思われるので，この点についても考慮した上，具体的状況の下で相当性が認められるかを個別かつ冷静に判断することが重要である。

16 所持品検査の限界②

職務質問に伴う所持品検査の限界をどのように考えるべきか？

1 問題の所在とリーディングケース

(1) はじめに
15（所持品検査の限界①）のとおり，判例は一定の要件の下で，相手方の承諾が存しなくても職務質問に伴う所持品検査を認めているが，具体的にいかなる点に配慮すべきかが問題となる。

警職法2条1項
　警察官は，異常な挙動その他周囲の事情から合理的に判断して何らかの犯罪を犯し，若しくは犯そうとしていると疑うに足りる相当な理由のある者又は既に行われた犯罪について，若しくは犯罪が行われようとしていることについて知つていると認められる者を停止させて質問することができる。

---

(2) リーディングケース紹介
最高裁は，次の事例において，所持品検査が違法であると判断した（最判昭53.9.7刑集32・6・1672）。

「警察官は，職務質問をしていた被告人に所持品の提示を求めたが拒否された。警察官は，被告人の上衣とズボンのポケットを外から触ると，上衣内ポケットに『刃物ではないが何か堅い物』が入っている感じで膨らんでいたので，その提示を要求したが，被告人は黙ったままであり，警察官は『いいかげんに出してくれ』と強く言ったが，それにも答えないので，『それなら出してみるぞ』と言うと，被告人は何かぶつぶつ言って不服らしい態度を示していた。警察官が被告人の上衣左側内ポケット内に手を入れて取り出してみると『ちり紙の包，プラスチックケース入りの注射器1本』であり『ち

り紙の包』を開披してみると『ビニール袋入りの覚醒剤様の粉末』が入っていた。」

本判決は，職務質問に伴う所持品検査の根拠及び適法要件について，最判昭53.6.20刑集32・4・670（15参照）を引用し，本事例で所持品検査の必要性，緊急性を肯定した上，「被告人の承諾がないのに，その上衣左側内ポケットに手を差し入れて所持品を取り出したうえ検査した同巡査の行為は，一般にプライバシー侵害の程度の高い行為であり，かつ，その態様において捜索に類するものであるから，上記のような本件の具体的な状況のもとにおいては，相当な行為とは認めがたいところであって，職務質問に附随する所持品検査の許容限度を逸脱したものと解するのが相当である。」旨判示した。

2 解　　説

(1) 所持品検査の相当性の考慮要素

所持品検査の相当性判断に当たり，考慮すべき要素として，①相手が罪を犯し又は犯そうとしている者か，それらについて知っているにすぎない者か，②容疑犯罪の種類・性質（重大性，危険性の程度），③容疑の強弱，④物件所持の疑いの有無，程度，⑤当該物件の危険性の有無，程度（凶器，危険物か否か。警察官，その他の者に対する攻撃のおそれの有無，程度），⑥所持品検査の箇所と態様，⑦被質問者の人数，性別と警察官側の体制，⑧質問開始後当該実力検査行為に至るまでの具体的な経過（警察官の言動，態度とこれに対する相手の対応状況，警察官のとった手順等）が指摘されている（令状基本（下）300頁）。

(2) 本判決の判断

本判決が所持品検査を違法としたのは，警察官の行為がプライバシー侵害の高いもので態様が捜索に類するものであり，所持品検査の必要性，緊急性は認められるものの，容疑犯罪の内容，容疑の程度，権利侵害の程度等を考慮して，相当な行為であるとは認められないと評価されたためであると解される。

最判昭53.6.20と判断が異なるのは所持品検査の態様の違いが主たる理由であると思われる。すなわち，最判昭53.6.20の所持品検査は，バッグのチャックを開披して内部を一べつしたという態様であり，中身を取り出して検査をするまでのことは行われていない。

　これに対し，本事例の所持品検査は，着衣の内ポケットに手を差し入れて所持品を取り出して検査をするというもので，一層プライバシー侵害の程度の高い行為であると認められる。

(3) おわりに

　本事例のように相手方の承諾なく着衣の中に手を差し入れて所持品を探ることは，プライバシー侵害の程度が高く，こうした所持品検査が認められるには高度な必要性，緊急性が要求される。

　相当性が肯定されるのは，「嫌疑の濃厚な重大・危険な犯罪に関する兇器，危険物が適法な外表検査等の結果によりそこに隠されていると推測できる場合あるいは警察官に対する攻撃が加えられる蓋然性が高い場合等極めて限られた場合」であると思われる（令状基本（下）307頁）。

具体的な事例で検討しよう！
違法　　　　　　　　　　　　　適法

✕ 違法 職務質問に伴う所持品検査が違法となる場合

1 具体的事例 警ら中の警察官が、覚醒剤使用の疑いで被告人に職務質問をしようとして声を掛けたところ、被告人が逃げ出したので追跡して取り押さえた。

警察官は、被告人の意思に反してパトカーに乗せて最寄りの警察署に連行し、ふてくされている被告人の所持品検査を行い、被告人の左足首付近の靴下の膨らんだ部分から覚醒剤様のものや注射器等を発見した。

また、被告人がパトカーに乗車する際に落とした紙包みの中から覚醒剤様のものが発見された。

これらについて予試験をした結果、覚醒剤であることが判明したため、被告人を覚せい剤取締法違反の現行犯人として逮捕した。

2 解説と実務上の留意点 上記事例と同様の事案において、所持品検査が違法であると判断された（最決昭63.9.16刑集42・7・1051、所持品検査により得られた証拠の証拠能力は否定されないとしたが、反対意見がある。）。

本決定は、「本件所持品検査は、被告人の承諾なく、かつ、違法な連行の影響下でそれを直接利用してなされたものであり、しかもその態様が被告人の左足首付近の靴下の膨らんだ部分から当該物件を取り出したものであることからすれば、違法な所持品検査といわざるを得ない。」と判示した（所持品検査の承諾の有無について、「被告人がふてくされた態度で上衣を脱いで投げ出したからといって、被告人がその意思に反して警察署に連行されたことなどを考えれば、黙示の承諾があったものとは認められない。」としている。）。

本決定は、職務質問の要件が存在し、所持品検査の必要性、緊急性が認められるとしながらも、違法な連行の直接利用と被告人の左足首付近の靴下の膨らんだ部分から所持品を取り出したという態様を考慮して、所持品検査を違法と判断したものであり、最判昭53.9.7と同様に、着衣に手を差し入れて所持品を取り出すという態様が所持品検査を違法とした大きな理由の一つとされている。

職務質問に伴う所持品検査が適法とされる場合 　適法

1　具体的事例　　被告人らが鉄パイプを所持している蓋然性が高い状況下で，所持人に対する質問では不審点が解消されなかったという事情が存した事案である。

　警察官は，蓋をめくるとすぐ在中物が見える構造のバッグの外側に手を触れるなどした結果，鉄パイプが入っている疑いをますます強め，「バッグの底は何ですか，見せてください。」と言うと，相手方は上の方に入れていた物を少し手でのけ，明確に拒否する態度を示さなかったので，「触っていいですね」と言いながら，バッグの中に手を入れ，底の方に触れてみた。

2　解説と実務上の留意点　　上記事例と同様の事案において，所持品検査が適法であると判断された（東京高判昭51.2.9東高時報27・2・14）。

　本判決は，「許容される限度を超えているとみられる余地がないではない」としつつも，その前に段階的手順が踏まれていること，底に鉄パイプが入っている蓋然性が強まっていたこと，バッグの構造，相手が明確に拒否する態度を示さなかったこと等の点を挙げて，所持品検査を適法と判断した（令状基本（下）304頁）。

　本事例では，凶器準備集合罪の具体的な嫌疑が濃厚であったこと，凶器となる鉄パイプがバッグ内に在中している蓋然性が高かったことから，結論としては適法との判断に至ったものと考えられる。

違法と適法の分水嶺における留意点

　所持品検査の違法・適法については，そのプライバシー侵害の程度に関わる所持品検査の態様ごとに，個別に判断されることになる。
　所持品検査のうち，相手方の携帯品や着衣の外部から手を触れて所持品を確認することは，プライバシー侵害の程度が比較的小さく適法とされることが多いと思われる。
　携帯品を開披して所持品を検査する行為は，容疑犯罪の重大性・危険性，容疑の濃厚性，凶器・危険物所持の蓋然性等を踏まえて必要性，緊急性が存することが相当性を肯定するために必要であり，携帯品の中に手を差し入れる行為は，より一層高度な必要性，緊急性が要求されると思われる。
　そして，相手の着衣に手を差し入れて調べたり，所持品を取り出したりする行為は，プライバシー侵害の大きい行為であり，極めて限られた場合を除いて相当性が否定されるものと考えられる。

17 所持品検査における実力行使

> 所持品の隠匿行為を制止する際の有形力の行使はどこまで許容されるのか?

1 問題の所在とリーディングケース

(1) はじめに

職務質問に伴う所持品検査の限界については,15・16(所持品検査の限界①・②)において指摘したが,所持品検査の際,被質問者が所持品を口に入れて飲み込もうとすることがあり,これを阻止するためには,ポケット内を確認するなどの所持品検査行為と比較して性質上強度な有形力を行使する必要性が高いことから,こうした場面における有形力の行使の程度が問題となる。

(2) リーディングケース紹介

職務質問の相手方が所持品を飲み込もうとした場合の有形力の行使の程度が問題となったのが以下の事例である(東京高判昭61.1.29刑裁月報18・1=2・7)。

「職務質問に伴う所持品検査の際,被告人は,ビニール袋様のものを取り出して口中に入れた。警察官は,被告人が口中に入れたものは覚醒剤であり,被告人はこれを嚥下しようとしているのではないかと考え,これを制止するため,被告人の両腕及び両足を押さえ,鼻をつまんで口を開かせようとするなどして上記ビニール袋様のものを吐き出させた。」

本判決は,「本件所持品検査の必要性,緊急性,容疑事実の軽重,濃淡,かかる一連の制止行為により得られる公共の利益とこれによって失われる被告人の利益(プライバシー)との権衡,被告人自身の生命,健康の保護の必要性などを総合的に考察するかぎり,右の制止行為は,被告人の所持品隠匿行為を制止するために必要にして最小限度の有形力の行使であって,社会的にもその妥当性を是認しうるものであり,いまだ実質的な捜索と目すべき強制の程度にはいたっていないと認めるのが相当であり,何ら違法とはいえない。」旨判示した。

2 解　説

(1) 所持品検査における有形力の行使の適否を判断するための考慮要素

本判決は、職務質問に伴う所持品検査について最高裁判例（最判昭53.6.20刑集32・4・670, 最判昭53.9.7刑集32・6・1672。15, 16参照）が示した枠組みに沿ったものであり、所持品検査の必要性、緊急性が認められる状況下において、当該具体的状況のもとで、警察官による当該行為により侵害される法益の程度とそれによって得られる利益との比較衡量等を検討したものと解される。

また、本事例では、職務質問に伴う所持品検査の際の有形力の行使の限界が問題となっており、最決昭51.3.16刑集30・2・187（13参照）が「任意捜査における有形力の行使は、強制手段、すなわち、個人の意思を制圧し、身体、住居、財産等に制約を加えて強制的に捜査目的を実現する行為など、特別の根拠規定がなければ許容することが相当でない手段にわたらない限り、必要性、緊急性などをも考慮した上、具体的状況の下で相当と認められる限度において許容される」旨判示した内容も踏まえて、警察官の有形力の行使の適否を判断したものと解される。

(2) 適法性の根拠

本事例では、被告人が、口の中に入れた物が覚醒剤である疑いは、かなり濃厚なものであり、これを放置したのでは、これを嚥下されて、所持品検査、ひいては職務質問の実をあげられなくなるおそれが大であり、緊急性が認められる。

また、被告人が覚醒剤であると思われるものを口中に入れたため、飲み込んだ場合の生命・健康への危険があったという事情があり、これらが所持品の隠匿行為を制止する際の有形力の行使が適法と認められた大きな根拠であると解される。

(3) 本判決の判断

警察官の本件有形力の行使について，本判決は，「被告人の所持品隠匿行為を制止するために必要にして最小限度の有形力の行使」であると判断し，一審判決も，「警察官らがした実力行使の目的は，被告人が行った所持品隠滅行為を制止することに尽きていた」として，被告人の所持品隠滅行為を制止するために必要かつ相当な限度内にとどまっていたと判断しているが，こうした判断の前提として，本事例では，所持品検査自体ではなく，被告人が所持品を積極的に隠匿しようとしたためそれを制止しようとする行為が問題となっていることや，飲み込んだ場合の生命・健康への危険等の事情が存することに留意すべきである。

具体的な事例で検討しよう！

違法 ──────────── 適法

❌ 違法 所持品検査の際の有形力の行使が違法となる場合

1 具体的事例　警察官は，職務質問に伴う所持品検査の際，被告人がパチンコをしていた台の前に置かれていた煙草の箱の方へ手を出そうとした。

これに対し，被告人は，いきなり煙草の箱を握りしめたため，警察官は被告人の腕をつかんで押さえ，煙草の箱を提示するよう説得するうち，被告人がブラウスの胸の内側に煙草の箱を入れようとしたことから，被告人の動作を制止し，提示を求めたが被告人が応じなかったので，被告人の腕と手首を握り，被告人が左手指で握りしめてその手指から3分の1くらい外に出ていた煙草の箱をつかんで上に引っ張るようにして取り上げたところ，中に覚醒剤が入っていた。

2 解説と実務上の留意点　上記事例と同様の事案において，所持品検査の際の警察官の有形力の行使が違法と判断された（東京高判昭56.9.29判タ455・155)。

本事例は，被告人が所持品の隠匿行為と思われる行為に及んだ際，警察官が制止したというものであるが，本判決は，被告人が握りしめていた煙草の箱を取り上げた行為について，「有形力行使の態様及び程度において所持品検査として許容される程度を超え行き過ぎがあった」と判断した。

もっとも，その程度については，「職務質問に伴う所持品検査の必要性・緊急性，これによって害される被告人個人の法益と保護されるべき公共の利益との均衡などを考慮すれば，所持品検査として許容される限度を著しく逸脱したものとは解されない」と判断した（覚醒剤の証拠能力は肯定した）。

本判決で警察官が行使した有形力は，客観的には前掲東京高判昭61.1.29の事例における有形力よりも程度が低いものであるが，同事例は，相手方の積極的な所持品隠匿行為を制止するとともに，飲み込んだ場合の生命・健康への危険等の事情が存する場面での有形力行使の程度が問題となっているという点で本事例とは性質が異なることに留意すべきである。

所持品検査の際の有形力の行使が適法とされる場合 　適法　

1　具体的事例　警察官が被告人に対し職務質問に伴う所持品検査を実施していたところ，突然，被告人が右手をズボンの右ポケットから出して何かを口の中に入れて歩き出そうとした。

そのため，警察官は被告人が薬物を飲み込もうとしていると考え，被告人の口の中から薬物を取り出そうとした際，被告人の歯牙が抜けるなどした。

2　解説と実務上の留意点　上記事例と同様の事案において，所持品検査の際の警察官の有形力の行使が適法と判断された（東京高判平10.7.14東高時報49・1＝12・38）。

本判決は，被告人の歯牙が抜けるなどしたことについて，「相当強い力が生じたことには，被告人が首を激しく振って抵抗したことも少なからず寄与したことが窺われる」，「被告人の口の中から薬物を取り出すべき緊急性，必要性が高度であったことも考慮すると，右行為により保護される利益と害される利益との間で権衡を失するともいえない」として，警察官の行為を職務質問に付随する行為として相当と認め得る範囲内であると判断した。

本事例は，前掲東京高判昭61.1.29の事例と同様に，被告人の積極的な所持品隠匿行為を制止する場面での有形力の行使が問題となったものであり，被告人の生命，健康への危険を防止する必要もあることから，警察官が制止することの必要性，緊急性が高度であったと認められる。

また，歯牙が抜けるなどした点は軽微なものとは言えないが，被告人の力も加わったことからやむを得ない面もあり，相当性も認められると解される。

違法と適法の分水嶺における留意点

　東京高判昭61.1.29が警察官の有形力の行使を適法と判断したのは，相手方の積極的な所持品隠匿行為を制止する場面での有形力の行使が問題となった事例であって，他の場面において同様の有形力の行使が適法と判断されるわけではないことに留意すべきである。

　また，同事例では，所持品隠匿のために飲み込んだ場合の生命・健康への危険性が適法性判断の根拠とされていることから，生命・健康への危険が及ばない所持品を相手方が飲み込もうとしただけで，同様の有形力の行使が認められるわけではないと思われるため，この点にも留意した上，相手方に適切に対応することが求められる。

第3章

保　　　　　護
避難等の措置
犯罪の予防及び制止
立　　　　　入
武器の使用

18 保護措置の適法性（泥酔・中毒）

> 精神錯乱者や泥酔者に対して保護措置が許される要件は何か？

1 問題の所在

精神錯乱者，泥酔者等に対し，一定の要件の下で，必要な保護措置を講じるのは，警察官の権限であるとともに義務でもある。

ただし，保護措置は，対象者に対して有形力を行使し，その身体を拘束する措置を含むことから，特に，保護措置に引き続いて，対象者に対する犯罪捜査が行われた場合などには，手続の適法性を争われることが少なくなく，注意が必要である。

2 根拠規定等

泥酔者，精神錯乱者等に対する保護措置は，警職法3条1項1号に規定されている。

> 警職法3条1項
> 　警察官は，異常な挙動その他周囲の事情から合理的に判断して次の各号のいずれかに該当することが明らかであり，かつ，応急の救護を要すると信ずるに足りる相当な理由のある者を発見したときは，取りあえず警察署，病院，救護施設等の適当な場所において，これを保護しなければならない。
> 一　精神錯乱又は泥酔のため，自己又は他人の生命，身体又は財産に危害を及ぼすおそれのある者

同条の「保護」とは，対象者の身体を場所的に移動させることや，一定時間の身柄拘束を予定しており，強制力を行使することも許される（大コメ警職法239頁）。

3 解　説

　精神錯乱者，泥酔者に対する保護措置の要件は，①その者が，精神錯乱，泥酔の状態にあること，②精神錯乱，泥酔のため，自己又は他人の生命・身体・財産に危険を及ぼすおそれがあること，③その者が，応急の救護を必要としていることである。

(1)　「①について」

　①の「精神錯乱」とは，医学上の精神病者のほか，強度のヒステリー患者，強度の興奮状態にある者など，社会通念上その精神が明らかに正常でない状態にある者（浦和地判平3.9.26等），を言い，薬物中毒により精神錯乱に至った者も含まれる。

　また，「泥酔」とは，一般に，アルコールの影響により意識が混濁した状態を言うとされるが，いずれについても，刑法上の心神喪失・心神耗弱に達している必要はない。

(2)　「②について」

　②の，自己又は他人に対する危険を及ぼすおそれについては，危険な行為等が，精神錯乱，泥酔に起因するものでなければならず，例えば，警察官に対する反感等により，粗暴行為に出るような場合は含まれない。

(3)　「③について」

　③の「応急の救護」とは，対象者本人を直ちに救護すべき状況のことである。

(4)　要件の存否の判断

　これら要件の存否については，異常な挙動その他周囲の事情から合理的に判断するものとされ，この判断は，社会通念上の判断で足りるが，警察官の主観的なものであってはならない。また，その手段は，警察比例の原則に則り，必要性，緊急性に応じて，必要最小限度のものでなければならない。

場合によっては，手錠などの拘束具を用いることも許されるが，それが真に必要であり，最小限度の措置であるか否かを特に慎重に検討する必要がある（大コメ警職法257〜258頁）。

4 留意点

保護措置に当たっては，その要件を慎重に判断すべきであるが，最も重要なのは，これらの要件を即時に判断して，対象者に適切な保護措置を行うことである。

警察官が，要件の微妙な判断に迷い，必要な保護措置を採らなかった結果，その対象者が危害を被るようなことがあっては本末転倒であり，警察官としての義務を怠ったものとして，逆に違法のそしりを受けることも考え得る。

警察官が現場においてした上記①②③の要件判断が，後日の調査によって，客観的に誤りであったことが判明したとしても，これをもって，直ちに違法とされるわけではないことは付言しておきたい。

具体的な事例で検討しよう！

違法　　　　　　　　　　　　　　　　　　　　適法

❌ 違法 保護措置が違法となる場合

1 具体的事例　Aは，深夜の路上で，初対面のBに対し，Bの運転する車で自宅まで送ってほしい旨執拗に頼み，Bはこれを了承した。

しかしAは，車内で，意味不明の言動に終始したので，Bは通りかかった警察官に助けを求めた。そこで警察官がAに対し職務質問を行ったところ，Aは，氏名と住所を答えた。警察官は，このAの氏名等からAが覚醒剤事犯の前科を有することを知り，Aに対し，所持品を見せるよう要求したが，Aはこれを拒否し，大声を出すなどした。

さらに，警察官は，Aをパトカーに乗せようとしたが，Aがこれに抵抗して大声を出し，その場にかがみ込むなどしたため，保護措置として，Aに後手錠をかけてパトカーに乗せ，警察署まで同行した。

その後，Aは，尿を任意提出し，その尿から覚醒剤成分が検出された。

2 解説と実務上の留意点　上記事例と同様の事案において，警察官が採った措置は，保護措置の要件を満たさず違法であり，任意提出された尿に関する鑑定書の証拠能力も認められなかった（大阪地判昭61.5.8判夕617・180）。

同事例では，①Aは，精神不安定な状態にはあったが，氏名・住所を正確に答えたことなどを考慮すれば，精神錯乱とまでは言えない，②職務質問後のAの粗暴な言動は，警察官に対する反発，対抗措置であって精神錯乱に起因するものではない，③警察官は，Aの家族に連絡を取ろうともしておらず，Aに対しその場での所持品検査を求めるなどしているし，Aを警察署に連行した後には，すぐに保護措置を解除して取調べを開始するなど，Aに対する「応急の救護」が必要だと考えていたふしがないなどの各事情により，本件保護措置は，その要件を具備しておらず，加えて，後手錠を用いたことについても，手段の相当性の程度を超え，違法であるとされた。

本裁判例で，鑑定書の証拠能力までもが否定された大きな原因は，③で示された警察官の対応である。本件措置は，Aに対する「保護」が目的ではなく，覚醒剤事犯の捜査が目的であったとされたのである。

もちろん，保護措置と捜査活動は併行して行い得るものであるが，この場合，警察官としては，後に保護措置が捜査活動に利用されたと疑われることがないよう，保護措置の要件判断，手続の正確性などに，特に意を用いるべきである。

保護措置が適法とされる場合

1　具体的事例　　ホテル施設内に覚醒剤中毒と思われる者ありとの通報を受けて現場に駆け付けた警察官が，ロビーでAに声をかけたところ，Aは逃げ出し，ドアに何度も激しく体当たりをした。

警察官は，暴れるAを抱きかかえて車両に乗せたが，Aは，走行中の車内から身を乗り出して転落しそうになったため，警察官は，Aを押さえ付け，警察署に同行した。

警察署において，警察官は，Aに氏名を尋ねるなどしたが，Aは応答しなかった。

約10分後，Aは氏名を名乗り，警察官の求めに応じて尿を提出した。

この尿からは覚醒剤成分が検出された。

2　解説と実務上の留意点　　上記事例と同様の事案において，警察官の措置は適法であると判断された（札幌高判平4.7.21判タ805・238）。

同事例において，Aの行動は，主に警察官から逃走するためのものとも思われるが，それにしても異常性が際立っていること，Aが，後にその行動を健忘していたことなどから，精神錯乱に起因する危険な行為であり，警察官の行為は，これに対応するものとして相当であったと認められた。

そして，特徴的なのは，保護措置後の手続が正確に履行されていないなど，警察官らが，一連の措置が保護措置であるとの法的認識を欠いていたのではないかと思われることであるが，上記判決は，警察官が，①保護措置を必要とする具体的状況を認識し，②これに応急的に対処するため，③客観的にも保護として是認し得る措置を講じたとして，適法とした。

本事例では，Aの異常行動に対して警察官の採った措置が客観的に見て適切であったこと，警察署に同行後の警察官らの対応からも，保護措置を捜査活動に利用しようとする意図が認められないことなどから，適法と判断された。

しかし，本来は，保護措置の要件を認識して行動し，正確な手続を履行すべきであったのは当然である。

違法と適法の分水嶺における留意点

　精神錯乱者，泥酔者への対応は，警察官にとって，日常的な任務であるが，時には，緊迫した状況に至り，一瞬の判断を迫られることも少なくないと思われる。

　そういった状況のとき，常に法的要件を意識して行動するということは，容易ではないであろう。

　しかし，少なくとも，保護措置の目的が「要保護者の保護」であり，これを利用する形で，犯罪捜査など，他の目的を達することがあってはならないことは，明確に意識しておかなければならない。

19 避難等の措置の不行使に関する適法性

> 避難等の措置に関する権限不行使が違法となるのはどのような場合か?

1 警職法4条の概要及び問題の所在

(1) 本条は、災害や事故等、危険な事態が発生した場合において、その場に居合わせた者や事物の管理者その他関係者に警告を発することができ、また、特に急を要する場合には、危害を受けるおそれのある者に対し、危害を避けしめるために、警察官がその者を引き留め、避難させ、又は、その場に居合わせた者等の関係者に対し、危害防止の措置を命じ、又は自ら執ることができる旨を定める。

　一般に、関係者の承諾があれば、人の行動を規制したり、障害物を除去したりするなどの避難・救助措置は、任意活動として行うことができる。

　しかし、本条は、承諾がない場合、例えば、避難を拒む人がいた場合や、その場にいない第三者の所有物を破壊しなければ危害を避けられない場合などにおいても、人の生命、身体等に危険が及ぶおそれがある場合には、警察官が関係者に必要な措置を命じ、又は自ら講じることができると定めたものである。

(2) 「警告」は、口頭によるのが一般的であるが、文書を掲示すること、警笛やサイレンを鳴らすこと、ロープを張ることなどによっても行うことができる。

　「急を要する場合」とは、危険が切迫して、単に警告を発するだけでは不十分である場合、又は、警告を発していたのでは間に合わず、何らかの具体的な実力的措置を講じなければ危害を避けられないような場合を指す。

　このような場合には、警察官は、引き留めや避難等のほか、必要な措置を命じ、又は自ら講じることができるが、危険な事態における応急的な対処として、現実の危害を防止する上で必要最小限度のものに限られる。

(3) 本条は，危険な事態が発生した場合の警察官の権限を規定したものであるが，警察官がこの権限を行使するのが職務上の義務となる場合はあるのか。

　警察官の権限不行使が，違法となる場合については，いかなる場合なのかが問題となる。

2　解　　説

(1)　一般に，行政権の行使は原則的に裁量に委ねられるものではあるが，行政の裁量権不行使が著しく合理性を欠く場合には違法となると解されている。

　つまり，一定の状況の下では，行政に権限を付与した法令の趣旨や目的，権限の性質に鑑み，権限を行使することが職務上の義務とされる場合があるといえるから，行政が，この義務に反して権限を行使しないことは，職務上の義務違背があるものとして違法となる。

　どのような場合に，裁量権の不行使が違法となるかについては，

---
①国民に対する危険の切迫性
②当該危険の予見（又は認識）可能性
③権限行使による危険回避の可能性，容易性
④他の方法による危険回避の困難性（補充性）
⑤権限行使に対する国民の期待

等の要素が認められれば，当該権限を行使することが職務上の義務と解されて，かかる権限の不行使は職務上の義務違背として違法であると判断されることになろう。

　近年の裁判例を見ると，特に，①，②，③の要素について重視される傾向があるとされる（古谷洋一編『注釈　警察官職務執行法〔四訂版〕』30頁等）。

(2) 本条についても、ここに規定される権限が警察官によって適切に行使されることが職務上の義務に該当する場合には、その権限不行使が違法となる。

具体的に見ると、①国民に対する危険が切迫しており、②警察官がその危険を予見又は認識でき、③警察官の権限行使によって容易にその危険を回避できる一方、④他の方法では回避が困難であり、⑤国民も警察官の権限行使を期待することがやむを得ないといえる場合には、権限不行使が、職務上の義務違反として、違法と評価される場合があるのであろう。

(3) なお、本条に関する判例ではないが、警察官の職務懈怠が違法とされた判例として、最判昭57.1.19判タ460・91がある。

飲食店でナイフを振り回した男の引渡しを受けた警察官が、ナイフを一時保管せず男に返却して帰宅させたところ、男が同飲食店付近に戻って、このナイフによる傷害事件を起こしたという事案について、最高裁は、男に「本件ナイフを携帯したまま帰宅することを許せば、帰宅途中右ナイフで他人の生命又は身体に危害を及ぼすおそれが著しい状況にあったというべきであるから、同人に帰宅を許す以上少なくとも」「本件ナイフを提出させて一時保管の措置をとるべき義務があった」として、「警察官が、かかる措置をとらなかったことは、その職務上の義務に違背し違法である」と判示した。

実務上、頻繁に起こり得る事態と思われるため、注意が必要である。

具体的な事例で検討しよう！

違法　　　　　　　　　　　　　　　　　　　　適法

✕ 違法　避難等の措置に関する権限不行使が違法となる場合

1 具体的事例　A島では，終戦後に海中投棄された砲弾類が，毎年，海水浴場となっている海岸に漂着するようになった。

所轄の甲警察署では，島民に対し，砲弾が漂着しているのを発見した場合は届け出るように呼びかけるなどしていたが，島民がたき火に投入した砲弾が爆発して，島民数名が死傷した。

2 解説と実務上の留意点　新島漂着砲弾爆発事件判決（最判昭59.3.23判タ524・99）を基にした事案である。

同判決では，「島民等が砲弾類の危険性についての知識の欠如から不用意に取り扱うことによってこれが爆発して人身事故等の発生する危険があ」る一方（①危険の切迫性），「島民等としてはこの危険を通常の手段では除去することができない」（④国民自身による結果回避の困難性，⑤警察による権限行使への国民の期待）ため，「これを放置するときは，島民等の生命，身体の安全が確保されないことが相当の蓋然性をもって予測されうる状況」にあった（②危険の予見性）から，警察官は，「単に島民等に対して砲弾類の危険性についての警告や砲弾類を発見した場合における届出の催告等の措置をとるだけでは足りず，更に進んで自ら又は他の機関に依頼して砲弾類を積極的に回収するなどの措置を講ずべき職務上の義務があったものと解するのが相当であ」るのに，「かかる措置をとらなかったことは，その職務上の義務に違背し，違法である」とし，警察官が積極的に砲弾類の回収に当たる職務上の義務があったと認定して，その義務違背による違法を認定した。

本事案においては，警察が，砲弾類を発見した場合の届出を島民に催告していたのみならず，台風により打ち上げられた砲弾の回収をしたり，海水浴の時期には海岸をパトロールしたりし，一応危険防止に努めていた事実も認められ，警察は一定の義務を果たしていたようにも思われる。

しかし，本件において予測される危険が，砲弾類の爆発による人身事故という，甚大な結果をもたらすと想定できるものであった一方で，島民自身で砲弾類を処理し結果発生を回避することができず，危険を抜本的に除去するには，警察や国の力に頼るよりほかになかったという事案の特殊性に鑑み，警察の義務の範囲をやや拡大して，砲弾類を回収する義務まで認めたものといえよう。

避難等の措置に関する権限不行使が適法となる場合　適法

1　具体的事例　　Xは，土佐犬を十数匹飼育しており，散歩中にしばしば付近の住民や飼い犬に噛みついていた。

そのため，付近住民は，所轄の乙警察署に対し，Xに適切な処置をとってほしいと要望していた。

ある日，Xが口輪をせずに散歩させていた土佐犬が，たまたま通りかかった子供に噛みついて失血死させてしまった。

2　解説と実務上の留意点　　大阪地判昭53.9.28判タ371・115を基にした事例である（実際の事例においては，Xの使用人が無断で土佐犬を散歩させていた経緯があり，Xの使用者責任が問題となったが，本問では省略した。）。

同判決では，まず，本件の発生した大阪府の条例上，飼い犬の飼育，管理について措置命令を発する権限を与えられているのは保健所長であり，警察官に何らかの措置をとる権限を与えた法令や条例はないところ，Xの飼育する土佐犬に関する要望を受けた所轄署では，その都度，担当の保健所長への申告を教示したり，保健所に通報したりし，同保健所においても，調査，注意，誓約書徴収，措置命令等の措置をとっていたことを認めた。

さらに，警職法4条1項を根拠とした警察の作為義務の有無に関しては，「以前から土佐犬の咬傷事故が続発する可能性は予想されたものの，住民の生命，身体等に対し危険が切迫した状況であったとはいえない」とし，危険の切迫性（前記①）がなく警職法4条1項に基づく作為義務は認められないほか，警職法2条1項や，刑訴法，道路交通法他の法令に基づく作為義務も認められないとして，本件における警察官の作為義務を否定した。

違法と適法の分水嶺における留意点

　前記2つの事例においては、警察官の作為義務を発生させる根拠となる、危険の切迫性の判断が異なっている。

　適法事例では、以前から土佐犬による付近住民等への咬傷事故が起きていたものの、危険の切迫性はなかったと認定された一方、違法事例では、毎年漂着していた砲弾類の爆発事故は起きていなかったにもかかわらず、危険の切迫性があったとされた。

　適法事例では、土佐犬が噛みついて人を死傷させる危険を排除すべき第一義的な責任者は飼い主であり、警察が住民の要望を受けて保健所に通報し、保健所において飼い主に対する適切な措置をとることにより、その都度、一応、危険の切迫性が消滅あるいは減少したといえよう。

　しかし、違法事例では、打ち上げられるもののほかにも未だ多数の砲弾類が海中に存在することが目視でも確認できた（海に潜って砲弾類を拾い鉄屑として転売する者すらいた）状況において、これらが爆発し人が死傷する危険を除去するためには、警察又は国が抜本的な処理対策を講じるほかなかったが、これがとられていなかったために、危険が常に切迫した状況のままであったといえよう。

　なお、違法事例は、所轄の警察署が自衛隊に砲弾類の処理を依頼するため、警視庁に上申中で実際の依頼には至っていない段階で本件死傷事故が発生した事例であった。

　仮に、自衛隊への処理依頼が迅速に行われていれば、上記のような一定の危険防止措置を講じていたことも併せて、異なる判断がなされた可能性もあろう。予想される結果が甚大である場合、回避措置を他機関に依頼する手続を速やかに行うことも、実務においては重要と思われる。

20 制止行為の限界

> 警職法5条による「制止」が許容されるのはいかなる場合か？

1 警職法5条の概観と問題の所在

(1) 同条の概観

同条は、前段において、任意活動としての「警告」について規定し、後段において、即時強制としての「制止」を規定する。

前段の「警告」は、事実上の通知行為であり、具体的方法として、口頭によるもののほか、文書を示すこと、警笛等を吹鳴すること、身振りによること等が含まれる。

この警告は、本来、個別の法律の根拠がなくても行うことができるものの、本条所定の要件を満たせば、任意活動において一般的に要求される公益性（公益上の必要性が対象者の不利益を上回ること）があるものとして、警告を発することができる旨を明らかにしたものである。対象となる犯罪に限定は設けられていない。

一方、後段の「制止」は、犯罪が行われようとするのを「事実上の行動により抑制し停止すること」であり、「行為の一部乃至全部をその必要な限度……において実力を以て排除することをも包含する」（福岡高判昭28.10.14判時13・27）。

すなわち、「制止」とは、義務を命じて対象者の自発的行為を促す手段を経ることなく、実力の行使によって直ちに行為を中止させることを含むものであるから、前段と違って、どのような犯罪についても行うことができるわけではない。

実力行使による「制止」が、単なる事実上の通知である「警告」に比して、対象者に与える影響力が大きいことに鑑み、「人の生命若しくは身体に危険が及び、又は財産に重大な損害を受ける虞」があり、「急を要する」場合にのみ制止を行うことができると限定し、要件を厳格化したものといえる。

(2) 制止行為の限界

　上記のとおり，同条後段にいう「制止」は，対象者に対する実力の行使を含み，具体的方法として，身体を一時的に拘束することや，凶器を取り上げること等がある。

　ここで，憲法33条及び35条は，令状主義を定めており，既に発生した犯罪捜査における身体拘束や所持品の押収については原則として事前の司法審査を受けなければならない。

　そこで，警職法5条後段の「制止」を根拠とした身体の拘束等につき，令状主義との関係が問題となり得るようにも思われる。

　しかし，同条後段は，「犯罪がまさに行われようとする」場合について規定するものであり，未だ犯罪は発生していないのであるから，そもそも司法審査を求めるべき対象となる犯罪が存在しない。

　よって，本来の令状主義が適用される場面ではない（田上穣治『警察法新版』152頁）。

　ただ，既発生の犯罪捜査に関しては令状主義による限界があるのに，未発生の犯罪防止のためであれば無制限に実力の行使が許されるということにはならない。

　むしろ，警職法5条後段に基づく実力の行使は，既に行われた犯罪の嫌疑がある場合に比して，より慎重であるべきといえよう（渡辺咲子『任意捜査の限界101問〔五訂〕』66頁）。

　この点，同条後段所定の要件である，警察官が「犯罪がまさに行われようとするのを認めたとき」の解釈として，警察官の判断は，主観的・恣意的なものであってはならず，客観的に合理性が認められるものでなければならないとされる一方，この判断が社会通念上合理的なものであれば，事後に，犯罪が行われようとしている場合でなかったことが判明しても，直ちに当該措置が違法になるものではないとされている。

　そうすると，事後的に見れば，そもそも犯罪が行われようとする状況ではなかった場合をも包摂した，警察官が「犯罪がまさに行われようとするのを認めたとき」に許容される実力の行使は，既発生の犯罪捜査よりも慎重に行われるべきであり，一定の限界があると考えるべきである。

そこで，同条後段にいう「制止」行為として許容される実力行使の限界につき，その判断基準が問題となる。

2 解　　説

(1) 警職法5条後段の「制止」は，警察比例の原則から，犯罪が行われようとするのを防止するために必要な限度内でなければならず，かつ，社会通念上相当と認められるものでなければならない。

そのため，この制止行為は，一時的なものでなければならず，犯罪発生のおそれがなくなったといえる場合には，制止のための実力行使を終了しなければならない。

(2) なお，本条が，犯罪を行おうとする者に対して実力行使による制止を許容することにより，被害者となり得る者の生命，身体及び財産を保護することを目的とすることを考えれば，本条に基づく制止権限が適切に行使されることが重要であり，警察官の権限不行使が著しく合理性を欠くような場合（例えば，目の前で重大犯罪が行われようとしているのに，見て見ぬふりをするような場合）には，違法と評価される余地もあることは 19 （避難等の措置の不行使に関する適法性）に見た警職法4条の場合と同様であるため注意されたい。

具体的な事例で検討しよう！

違法 ⬅――――――➡ 適法

❌ 違法 制止行為が違法となる場合

1 具体的事例 　警察官甲は，飲食店における支払をめぐって店員と客がもめているという通報を受けて臨場したところ，客Ｘが，店員に対して怒鳴りながら腕を振り上げていた。

そのため，甲は，Ｘの腕をねじ上げて，店外に連れ出した。

甲は，職務質問を行うために，約10メートル離れたパトカーまで同行するようＸに求めたが，拒まれたため，Ｘの腕をねじ上げたままパトカーまで連行して乗車させた。

2 解説と実務上の留意点　　広島地判昭50.12.9判タ349・284を基にした事例である。

本事例では，甲の制止行為につき２段階で検討する必要がある。つまり，①甲が店内でＸの腕をねじ上げて店外に連れ出した行為と，②パトカーまでの任意同行を拒んだＸの腕をねじ上げたままパトカーまで連行し乗車させた行為である。

同判決は，同様の事例について，前半の①の行為については，狭い店内において関係者に危害が及ぶおそれがあった状況から，これを防ぐために制止した行為は適法であったとしつつ，後半の②の行為については，店外に出た時点で，店の関係者に対して暴行を振るう機会も失われていたこと，Ｘが店内に戻ろうとしたり，甲に暴行を加えようとしたりする言動があったとも認められないことを理由に，警職法５条後段の要件を具備しないとして違法と判示した。

つまり，Ｘを店外に連れ出した時点で，客観的状況に変化が生じているのであるから，Ｘの腕をねじ上げるという実力行使を継続することの可否について，より慎重な判断が必要であったものといえる。

なお，②の行為について，甲の職務質問に伴う有形力の行使として許容される余地がないかについては，腕をねじ上げて連行するという，対象者の身体に対する直接の有形力が行使されており，その程度が大きいといえること，Ｘが現場から逃走する気配を見せていたなどの事情がなく，店外で職務質問することも可能であったことなどから，やはり，警職法２条を根拠としても適法と解するのは困難であろう（職務質問に伴う有形力行使の限界については，11～13参照）。

制止行為が適法とされる場合　適法 ○

1　具体的事例　Yは，小学校駐車場の利用方法に関して再三にわたり苦情を申し立てていた者であり，警察官乙は，Yが，同駐車場に立ち入って駐車車両の発進妨害に及んでいるとの通報を受けた。

乙は，現場に臨場し，駐車場から退去するようYを説得したが拒否されたので，Yの身体を持ち上げてパトカーに乗せ，駐車場から退去させた上，そのまま警察署までパトカーで連行した。

2　解説と実務上の留意点　東京高判平18.10.11判タ1242・147を基にした事例である。

この事案においても，乙の行為を段階的に検討する必要がある。

つまり，①乙がYの身体を持ち上げてパトカーに乗せた行為，②そのままパトカーを走行させて駐車場から退去させた行為，③そのままパトカーに乗せてYを警察署に連行した行為，に大きく分けられる。

同判決は，①，②につき問題なく適法とした上で，③についても，Yを駐車場敷地外に連れ出す程度では，直ちに現場に舞い戻り，不退去罪等の犯罪に及ぶ蓋然性が極めて高かったとし，乙の措置を適法とした。

これは，Yが，小学校駐車場の利用方法に関して再三にわたり苦情を申し立てていたという経緯から，駐車場に居座って駐車車両の発進妨害等に及ぶことについての強固な犯意を有しているものと考えられたために，駐車場外にYを連れ出すのみならず，現場から離れた場所までYを連行して，完全に犯罪発生の蓋然性を断つ必要性があった事案であると認められたものといえる。

逆に，こうした経緯が認められず，単発の事案としてYが駐車場内に居座って迷惑行為に及んでいた場合であれば，Yをパトカーで警察署まで連行する行為は違法と解される可能性が高いものと思われる。

違法と適法の分水嶺における留意点

　制止行為の適法性が争われた裁判例を見ると，警察官が現場に臨場して直ちに行った制止行為の態様が適法性を決したというよりも，当該実力行使の継続によって，徐々に犯罪発生の危険が減少又は消滅し，警職法5条後段の要件具備の有無が段階的に変化していった場合においても，なおその実力行使が適法といえるかが問題となっていることが分かる。

　そこで，臨場当初のみならず，警察官が措置を講じた後も，なお犯罪発生のおそれが残存しているかどうか，その時点での客観的状況に基づいて慎重に判断し，漫然と実力行使を継続することのないよう注意する必要がある。

　その際には，偶発的な事態（前記違法事例）か，同様の迷惑行為が繰り返されてきた場合（前記適法事例）かが，対象者の犯意継続の有無やその強弱の判断に結び付き，犯罪発生のおそれが残存しているか否かの評価を左右するため，事案の性質をも見極めることが肝要である。

21 立入行為の限界

> 警職法6条による立入が許されるのはいかなる場合か？

1 警職法6条の概観と問題の所在

(1) 本条1項は，災害・事故等（同法4条に規定する場合）や，犯罪（同法5条に規定する場合）による危険な事態が発生し，人の生命・身体又は財産に対する危害が切迫した場合の立入権限を定めている。

　これは即時強制であり，鍵の破壊等の実力を行使することも許されるが，条文上明記されているとおり，危害の予防，損害の拡大防止又は被害者の救助のため，やむを得ないときに限られる。

(2) 一方，本条2項は，多数の客が来集する場所につき，その公開時間中においては警察官が管理者等に対して立入を要求できる権限があり，管理者等は正当な理由がない限り応諾義務があると定めている。

　これは，公開性のある場所においては，不特定多数の者が出入りすることにより犯罪等が生じる可能性が一般に高いことに鑑み，危険な事態の発生や危害の切迫性がなくとも，犯罪発生等を予防するため立入の必要性があることから規定されたものである。

　しかし，管理者等が正当な理由なく立入を拒んでも，警察官は強制的に立入をすることはできず，応諾義務違反には罰則もない。

　では，この正当な理由とはどのようなものか。また，正当な理由なく管理者等が立入要求に応諾しないが，立入の必要性がなお認められると判断される場合，警察官としてはどのようにすればよいか。

2 解　説

(1) 正当な理由の内容

立入を要求する場所が入場料の支払を求める場所でも，警察官は，犯罪等

の予防のために立ち入るのであって役務の提供を受けることを目的としているのではないから，役務の対価たる入場料を支払っていないことは，管理者等が警察官からの立入要求を拒む正当な理由にはならない。

また，上記のとおり，立入要求に際しては，犯罪等が発生する具体的危険の存在は要件とされていないから，犯罪発生の可能性がないことは，正当な理由にはならない。

そもそも，公開性とは不特定多数の者が自由に出入りできることを意味するから，警察官のみ立入を拒む正当な理由は考えられない。つまり，管理者が主張できる正当な理由とは，公開性がないことに限られる。これは，条文上，「多数の客の来集する場所」に該当しないか，又は，「公開時間中」に該当しないことがその内容となるから，管理者等が立入要求を拒むには，その場所又は時間のいずれかに公開性がないことを主張することとなる。

(2) 公開性の内容

では，公開性がない場合として，具体的にはどのような場面があるか。

まず，場所の公開性とは，不特定多数の外来者が出入りできることを指すため，多数の者が来集しても，特定の者に限られれば公開性は認められない。また，多数の客が来集する場所でも，特定の者しか立ち入ることができない部分（例えば，駅の事務室等）については，公開性がないこととなる。

(3) 実務上の問題点

ア 上記に見たとおり，本条2項を根拠とする立入に際しては，当該場所の公開性にかかる判断が重要となるところ，公開の程度が微妙な場合や，警察官の立入により大学の自治や集会・結社の自由，表現の自由等の憲法上の権利と緊張関係が生じるおそれのある場合には，慎重な判断を要する。

イ また，公開性がある場所につき管理者等の応諾が得られない場合，一般規定である警職法2条1項に基づく任意活動として立入が許容され得る。

同法6条2項に基づく立入との違いは，以下のとおりに整理できる。まず，同法6条2項は，管理者の応諾に基づく立入を規定する一方，同法2条1項の任意活動に基づく立入は，管理者の諾否にかかわらず認められ得る。

また，同法6条2項の立入においては，警察官の身分を示す証票を呈示しなければならない（同法条4項）一方，同法2条1項の任意活動に基づく立入においては，かかる制約は一般的には設けられていない。

そこで，立入を要求したものの断られた経緯がある場合や，入場券を購入して一般の客を装い，内密に立入を行う必要がある場合などは，同法6条2項に基づく立入――すなわち，警察官からの立入要求であることを管理者が認識した上で，これを応諾した場合――としての適法性を認め難くなるため，同法2条1項の任意活動として捉える必要が生じる。

この公開性と応諾の要件を満たした上で，犯罪等に対する危害を予防する目的の立入であれば同法6条2項に基づく警察活動となるが，一般的な情報収集を目的とするのであれば同法2条1項の任意活動となる。

その場合でも，対象者の権利制限ないし不利益との利益調整の観点から，任意活動として許容される限度を超えないものである必要がある。

同法2条1項に基づく任意活動としての立入により制限され得る権利ないし利益は，一時的には管理者等の当該場所の管理権であるところ，公開の場所であれば，警察官の立入を拒む正当な理由はなく，管理者等の管理権の保護要請はある程度後退するものということができる。

そこで，この場合も，同法6条2項による立入と同様に，当該場所の公開性の有無及びその程度が重要な判断要素となる。

さらに，当該場所で政治的活動が行われているような場合にあっては，警察官が一般的情報収集を行うことにより自由な思想表明や表現活動ができなくなるおそれがあるなどと判断されれば，表現の自由等の憲法上の権利の重要性に鑑み，立入の態様等その他の事情ともあいまって，任意活動の限界を超え，証拠法上，又は国賠法上，違法な活動と評価されることがあり得るため，十分な注意が必要である。

✕ 違法 立入行為が違法となる場合

1 具体的事例　警察官甲は，X政党の躍進を祝って，講演やリクリエーションが催される集会が開かれるとの情報に接した。

甲は，この集会にどのような参加者が来るのか把握したいと考え，X党員，X党員支持者及びその家族を対象に発売されていた入場券を入手して会場内に立ち入り，大会の状況を視察した。

2 解説と実務上の留意点　大阪高判昭51.9.20公刊物未登載を基にした事例である。

同判決は，警察官の行った視察は，特定政党の集会における，特定地域からの参加者の顔ぶれや人数を知り，できれば，参加者の写真を撮影することなどを目的とした一般情報収集活動であったと認定した上で，かかる一般情報収集活動は，具体的事案発生のおそれはない（すなわち，警職法6条1項及び2項いずれにも該当しない）場合でも，一般的に，将来に備えた公安維持・犯罪予防鎮圧のために警職法2条1項に基づいて，他人の権利を不当に侵害しない限り，認められるとした。

しかし，当該事案においては，大会の入場券が，党の組織又は関係のある団体を通じて，党員，支持者及びその家族に限って発売されたものであったことなどから，これを半公開の集会であったとした。

また，同大会においては，講演のほか，運動会，福引き，演芸会等，参加者が楽しく過ごすためのリクリエーションが催される平穏な集会であったことも挙げ，かかる平穏な半公開の集会について実質的な立入を行うことは，集会を警察官の監視下に置くに等しく，「大会参加者各自の思想，表現の自由が保持されず，集会の自由が侵害される」として，違法な視察活動であったと結論づけた。

立入行為が適法とされる場合

1　具体的事例　警察官乙は、某国と密接な関係にある団体Yが主催する演劇公演に際し、同公演の阻止や妨害を呼びかける活動を行っている対立団体Zの関係者が、Y主催の公演会場内外に押しかけて暴力事犯が発生するおそれがあると判断した。

しかし、甲は、Yから立入を事前に拒まれていたため、私服で入場料を払って公演会場に立ち入った。

2　解説と実務上の留意点　いわゆる「劇団はぐるま座事件」判決（大阪高判昭52.2.7判時863・120）を基にした事例である。

同判決は、当該公演自体は入場料を支払えば誰でも会場に立ち入って観劇できる、公開の集会の性質を有するものであったと認定した上で、本件当時、対立組織が公開会場である当該劇場に立ち入って不法事犯が発生するおそれがあったために、「犯罪の予防又は人の生命、身体若しくは財産に対する危害の予防のため前記劇場内外において警備活動をする必要のある客観的情勢に立ち至っていた」と認定した。

このような事実認定に基づくと、警察官の立入の目的は、このような不法事犯が発生した場合に、場外に待機した別の警察官に連絡するためであったと認められ、情報収集を目的としたものではないと認定し、警職法2条1項に基づく適法な活動であったと結論づけた。

違法と適法の分水嶺における留意点

　前記2つの事例は，いずれも，警察官の立入につき，警職法2条1項の任意活動として適否を判断したものであるが，公開性（の程度）と，犯罪発生の蓋然性（平穏性）の程度及びこれに起因する立入の目的が重要な判断要素となっており，同法6条2項に基づく立入の要件と類似の要素が検討対象となっている。

　犯罪発生の蓋然性が高ければ，当該立入行為は犯罪予防を目的とするものと認められやすく，警察活動の必要性が高いとして適法性が認められやすい。

　犯罪発生の蓋然性が低い場合は，単なる情報収集のための立入であると認定されやすく，特に政治的活動が行われる可能性のある集会では，政治的思想等を警察官に把握されることを恐れて自由な思想表明や表現活動が萎縮し，憲法上の表現の自由，集会・結社の自由や思想・良心の自由等との間で緊張関係が生じることから，適法性の判断が慎重に行われることとなりやすい。

　このように，公開性のほか，当該集会における犯罪発生の蓋然性の程度が重要な分水嶺となるが，その判断に当たっては，適法事例にもあるとおり，当該場所における集会等の当日に犯罪が発生する蓋然性を高めるような従前の経緯があったか否かも重要な判断要素となる。

22 警察官の武器使用の要件等

> 警察官はどのような場合に武器を使用することができるか？

1 問題の所在と根拠規定

　治安維持の最前線に立つ現場の警察官においては，時として，生命・身体の危険に直面し，とっさに武器の使用に及ぶ事態も想定される。
　では，具体的な状況下で，どのような場合に武器を使用することが許されるのであろうか。
　適切な武器の使用は，警察官の生命・身体を守り，治安を維持するために必要な場合があるところ，他方で，不適切ないし違法な武器の使用により国民に危害を加えることは許されないし，ひいては，警察活動全体への信頼を損ねることになりかねない。
　そこで，武器の使用の根拠・要件の正確な理解が不可欠である。

(1) 警察官の武器の所持の根拠規定

　警察官の武器の所持の根拠規定は，警察法67条である。

警職法67条
　警察官は，その職務の遂行のため小型武器を所持することができる。

　同条で所持することができるとされる「小型武器」とは，拳銃・ライフル銃等の，警察官が個人装備として携帯できる程度の武器をいう，と解されている。

(2) 警察官の武器使用の根拠規定

武器の使用については，警職法7条がその根拠規定である。

> 警職法7条
> 警察官は，犯人の逮捕若しくは逃走の防止，自己若しくは他人に対する防護又は公務執行に対する抵抗の抑止のため必要であると認める相当な理由のある場合においては，その事態に応じ合理的に必要と判断される限度において，武器を使用することができる。

同条の「武器」とは，人を殺傷する性能を有する機械・器具・装置で，主として人を殺傷するために使用する目的で製造されたものをいう。

すなわち，警察官が通常所持していない刀や剣等も同条の武器に該当し，たまたまその場にあった刀や剣等の武器を使用することも，警職法7条の要件の下で許される。

その意味では，警察法67条で所持が認められている「小型武器」よりも警職法7条で使用が許される「武器」の方が広い概念である。

2 解　説

武器の「使用」とは，その有する殺傷機能を発揮させるため武器を本来の用法に従って用いることをいい，人に向かって拳銃を発射する等の人を殺傷する行為そのものに限らず，拳銃を人に向けて構える行為や上空に向けて威嚇発射する行為も「使用」に当たる。

では，どのような場合に武器使用が許されるのか。警職法7条本文では，(I)使用の目的（①犯人の逮捕若しくは逃走の防止，②自己若しくは他人に対する防護，③公務執行に対する抵抗の抑止の目的が必要），(II)武器使用が必要であると認める相当な理由，(III)その事態に応じ合理的に必要と判断される限度の使用の要件をいずれも満たす必要がある。

そして，この要件の中で，実務上，適法・違法を分ける重要なポイントとなるのは，(Ⅲ)である。

同要件は，武器の使用については，個別具体的な状況下において，合理的に必要な限度内で許されるという趣旨であり，武器の使用が，警察比例の原則を踏まえた上で，必要最小限度のものでなければならないことを意味している。

そして，「合理的に必要と判断される限度」内か否かは，犯罪の性質，態様，相手方及び警察官の数，危険の急迫性の程度，凶器の所持の有無，凶器の性質，時間・場所，使用する武器の種類，その使用方法等の要素（※）を総合的に考慮して決せられる（※については，138頁にて解説）。

(1) 武器使用の方法の留意点

武器使用の要件を定める警職法7条の条文構造上，同条が許している「使用」とは，人に危害を与えないような方法で使用することが原則であり，人に危害を加える使用方法は，同条但書の例外的な事由に限定されていることに留意すべきである。

(2) 部隊における武器使用の場合の留意点

警察官は，上官の指揮監督を受けて，その職務を行うのであり（警察法63条参照），部隊行動をしている場合の武器使用の必要性の判断については，指揮官の判断によるのが原則である（警察官等けん銃使用及び取扱い規範9条1項参照）。

ただし，個々の警察官の置かれた状況により，当該警察官が個別に武器使用の必要性等を判断することが否定されるものではない。

❌ 違法 警察官の武器使用が違法となる場合

1 具体的事例　かねて不審者として情報が寄せられていたAに対し職務質問を開始したところ、Aは果物ナイフ（刃体約7.4cm）を持って逃走した。

警察官は、Aを銃刀法違反等の現行犯人として逮捕しようと追跡したところ、Aがナイフを振ったり、その場にあったはで杭（長さ約170cm、重量約500g）1本を振り回して殴りかかったりなどしたため、警察官はその場に積んであったはで杭の山に追い詰められた（はで杭の山の左右に転進は可能だった）。

そこで、警察官は、Aの大腿部を狙って拳銃を1発発射したところ、その弾丸がAの左胸部に命中してAを死亡させた。

2 解説と実務上の留意点　上記事例に類似する事例で、警察官の拳銃使用が違法と判断された（最決平11.2.17刑集53・2・64）。

同事例では、武器使用の要件の(I)使用の目的（犯人の逮捕・自己の防護）は認められたものの、(II)「必要であると認める相当な理由のある場合」及び(III)「合理的に必要と判断される限度」の該当性が問題となり、これらが否定されて警察官の拳銃使用が違法とされた。

同事例判断のポイントとなった要素は、①Aのナイフが比較的小型であったこと（凶器の性質）、②Aの抵抗の態様が、警察官の接近を阻もうとするにとどまり、積極的加害行為に出たり住民に危害を加えたりするなど他の犯罪行為に出ることをうかがわせる客観的状況がなかったこと（犯罪の性質・態様）、③警察官が性急にAを逮捕しようとしなければ、抵抗に遭うことはなかったものと認められたこと（急迫性の程度）、④相勤の警察官を待って逮捕行為に出るなど他の手段を採ることも十分可能であったこと（警察官の数・他の手段）、⑤武器の使用方法が拳銃の発射であること（使用する武器の種類、その使用方法）である。

同事例においては、武器の使用により人に危害を加えたこと以前の問題として、そもそも前提となる武器の使用自体が違法と判断されている。前記のとおり、「合理的に必要と判断される限度」内か否かは犯罪の性質、態様、相手方及び警察官の数、危険の急迫性の程度、凶器の所持の有無、凶器の性質、時間・場所、使用する武器の種類、その使用方法等の要素を総合考慮して判断されるところ、具体的事例において同要素がどのように認定・判断されるのかという点で極めて参考になることから、本事例を十分に念頭に置くことが重要である。

警察官の武器使用が適法とされる場合　適法

1　具体的事例　車両で警ら中の警察官が，前後のナンバープレートが異なっていた車に乗っていたAを，道路運送車両法違反の現行犯人として逮捕すべく，同車で逃走したAを車両で追跡した上，車を捨てて逃走したAを追いかけ，駅の改札口付近で，Aに対し，3～5メートルの距離で相対し，「手をあげろ」と叫びながら，銃口を上方斜前方に向けて構えて，Aを制止させて逮捕した。

2　解説と実務上の留意点　上記事例に類似する事例で，警察官の拳銃使用が適法と判断された（東京地判昭55.3.28）。

同事例判断のポイントとなった要素は，①Aが道路運送車両法違反の現行犯人であり執拗な逃走を続けたこと（犯罪の性質・態様），②早朝で周囲に通行人等の逮捕に協力を得られる人もいなかったこと（時間・場所），③相対時には，1対1で，警察官は拳銃のほかに逮捕に利用できるものを所持していなかったこと（相手方及び警察官の数），④武器の使用方法が拳銃を威嚇的に構えたに止まること（使用する武器の種類・使用方法）等であったと認められ，これら要素を総合的に考慮して，Aの逃走を防止し，これを逮捕するため，合理的に必要とされる限度においてなされたものと認められた。

武器使用における要件の学習に当たっては，違法事例のような限界事例を念頭に置くことが多く，本事例が適法であることについての問題意識を持たない向きもあろう。

しかし，**警職法7条**は，人に危害を与えないような方法で武器を使用することが原則であり，威嚇的に用いたに止まる本事例の使用方法においてすら，武器使用の適法・違法が問題となることに十分留意する必要がある。

違法と適法の分水嶺における留意点

　裁判において，前記「**2 解説**」の（※）の要素が事後的・法律的にどのように検討されるかというと，「客観的な事実関係の確定」→「警察官の主観的な認識」→「警察官の判断の合理性」という順番で認定判断されるのが一般である。

　したがって，武器の使用を決断するに当たっては，現場の状況等を冷静沈着に観察して，前記「**2 解説**」の（※）の諸要素を念頭に，具体的な現状が客観的にどのような状態にあるかを的確に把握・認識することが肝要である。

　その上で，適法・違法の事例における検討要素を念頭に，要件に照らした武器使用の当否を迅速・的確に判断する必要があろう。

23 警察官の武器使用の違法性

どのような場合に警察官が武器を使用して人に危害を加えることが許されるか？

1 問題の所在

前問（22）で，警察官が，武器を使用することができる場合について見たが，実務上は，その武器を使用することによって相手方に死傷等の結果を生じさせた場合に，その武器使用の適法・違法がより厳密に問われることとなる。

法は，武器の使用によって人に危害を加えることが許される場合については，武器を使用できる場合の他に，特段の規定を設けていることから，この点の正確な理解が不可欠である。

本問では，拳銃を使用する場合を念頭に解説する。

2 根拠規定等

警察官が武器を使用するに際し，人に危害を加えるような方法で武器を使用するには，警職法7条本文の武器使用要件（22）に加えて，同条但書の危害許容要件があることが必要である。

警職法7条但書
　但し，刑法第36条（正当防衛）若しくは同法第37条（緊急避難）に該当する場合又は左の各号の一に該当する場合を除いては，人に危害を与えてはならない。
一　死刑又は無期若しくは長期3年以上の懲役若しくは禁こにあたる兇悪な罪を現に犯し，若しくは既に犯したと疑うに足りる充分な理由のある者がその者に対する警察官の職務の執行に対して抵抗し，若しくは逃亡しようとするとき又

は第三者がその者を逃がそうとして警察官に抵抗するとき，これを防ぎ，又は逮捕するために他に手段がないと警察官において信ずるに足りる相当な理由のある場合
　二　逮捕状により逮捕する際又は勾引状若しくは勾留状を執行する際その本人がその者に対する警察官の職務の執行に対して抵抗し，若しくは逃亡しようとするとき又は第三者がその者を逃がそうとして警察官に抵抗するとき，これを防ぎ，又は逮捕するために他に手段がないと警察官において信ずるに足りる相当な理由のある場合

3　解説及び留意点

警職法7条但書の危害許容要件においては，

①刑法上の正当防衛又は緊急避難に該当する場合（7条但書）
②凶悪犯の現行犯逮捕等の場面（1号）又は逮捕状等による逮捕の場面（2号）

で，これらの者が逮捕等の職務の執行に抵抗したり逃亡しようとしたりするときなどに，これを防ぎ又は逮捕するのに他に手段がないと信ずるに足りる相当な理由のあることが要件とされており，武器使用よりも高度の比例性ないし均衡性又は補充性を要する。

この場合の「危害」とは，生命・身体に対する侵害をいい，結果として殺害することも含まれる。

ただし，警察官の職務は，違法行為の制止・抑止，逮捕，逃走の防止等を目的とするのであるから，抵抗力を奪うための必要最小限度の危害を与えることが許容されると解されている。

したがって，相手に致命傷を与えることを認識・認容して使用することが許容されるためには，自己又は第三者の生命に対する切迫した危険を避け又は防ぐために，他に手段がないことが高度に，厳格に要求されると解される。

他方で，腕を狙うなど危害を必要最小限度にとどめる方法で拳銃を使用したにもかかわらず，（相手の不意の動きなどによって）狙いが外れて銃弾が胸に当たり死亡させた場合のように，予期に反して重大な結果となったとしても，直ちに拳銃の使用が違法となるものではない。

この場合も，狙いや相手の動静等も含めた当時の状況全体を踏まえて，危害許容要件を満たす使用方法として適法かどうかの観点から判断がなされるのであり，使用方法として適法と認められれば，予期に反する重大な結果についての責任も問われない。

そして，本条但書の趣旨は，全ての法律関係で違法性が阻却されることを定めたものであり，危害許容要件を満たす適法な使用と認められれば，刑事責任のみならず民事・行政責任にも問われることはない。

なお，本条の1号と2号においては，「他に手段がないと警察官において信ずるに足りる相当な理由のある場合」とされており，補充性の要否の判断については警察官に委ねられているところ，その判断は，警察官が認識した当時の現場の状況や事情を基礎として合理的と認められる判断でなければならない。

また，例えば，相手の所持している物の殺傷能力を誤認したなど危害許容要件の判断の前提となる事実の認識に錯誤があった場合は，錯誤に過失があれば，警察官の判断の合理性が欠けるともなり得るが，過失がなければ，その当時の状況や事情等を踏まえて，警察官の判断が合理的と認められ得るであろう。

具体的な事例で検討しよう！

違法 ──────────── 適法

❌ 違法 警察官の武器使用が違法となる場合

1 具体的事例 警察官は、逃走した公務執行妨害の現行犯人Aを逮捕すべく追跡して1対1で対峙した際に、Aが重さ約3キログラムの岩石を両手で頭上に振り上げながら約2～3メートルの距離からじりじりと前進してきたため、その距離を保って後退しつつ、拳銃を構えて警告したものの、Aがなおも前進してきたことから、拳銃を1発発射して、Aの臍左部に命中させて死亡させた。

2 解説と実務上の留意点 上記事例に類似する国家賠償請求訴訟の事例で、警察官の拳銃使用が違法と判断されて損害賠償請求が認容された（東京高判平23.4.28判時2119・34）ものがある（ただ、これは、最判平26.1.16にて、左記高裁判決は破棄差戻しされ、その後の差戻控訴審、差戻上告審において、「適法」と判断された。）。同事例では、警職法7条但書1号の長期3年以上の懲役の「兇悪な罪」（凶器を示して行われる公務執行妨害）の現行犯人が逮捕に抵抗等するときの要件は満たすとしながらも、同号の「他に手段がないと警察官において信ずるに足りる相当な理由のある場合」の要件及び拳銃使用の必要性及び比例原則の要件（警職法7条本文）の該当性が問題となり、これらが否定されて違法とされた。

同事例判断のポイントは、①警棒を使用して制圧・逮捕を試みなかったのは相当でないこと、②Aは拳銃を奪取するなどの積極的な攻撃よりも逃走のために抵抗していたと認められ、殊更に接近しようとしない限りは積極的加害行為に出たり付近住民に危害を加えたりすることをうかがわせるような客観的状況になかったこと、③Aと相応の距離を置いて威嚇射撃を行えば抵抗をやめた可能性があるのに、威嚇射撃を試みることなく性急に発砲に及んだことである。

もとより、危害許容要件を満たす適法な発砲となるために、先立つ警棒の使用や威嚇射撃は不可欠ではない。「事態が急迫」しているときなどには、威嚇射撃を経なくても適法となり得る場合はあり、その旨は、警察官等けん銃使用及び取扱い規範とその改正の際の警察庁次長依命通達（平13.11.9）に示されているとおりである。しかし、人に向けた発砲は殺傷能力を伴う強度な制圧方法であるから、危害許容要件の「他に手段がないと信ずるに足りる相当な理由のある場合」の有無の問題として、人に向けた発砲以外に、警棒の使用や威嚇射撃等の手段で逮捕・制圧ができたか否かは判断の要素となる。

したがって、本事例の判断ポイントを念頭に置くことが重要である。

警察官の武器使用が適法とされる場合 適法

1 具体的事例 警察官が車で逃走中の自販機荒しの容疑者Ａをパトカーで追跡したところ，Ａは，赤信号を無視しながら時速100キロメートルで約5キロメートルにわたって逃走し，パトカーに進路を塞がれ，警察官が窓から手を入れてエンジンを切ろうとするや車を再発進させて激しく前進・後進させ，警棒で運転席側の窓ガラスを割られてもパトカーに何度も車を衝突させて突破しようとし続けたことから，警察官は，Ａの右肩を狙って拳銃を発砲して背中に命中させて重傷を負わせた。

2 解説と実務上の留意点 上記事例に類似する国家賠償請求訴訟の事例で，警察官の拳銃使用が適法と判断された（東京高判平21.12.16判時2071・54）ものは以下である。

同事例では，①Ａの車の操作により警察官の生命身体に危険が及んでおり正当防衛行為に当たること，②「兇悪な罪」の現行犯人の逮捕等に該当し，現場に至るＡの逃走態様等の経緯からは，拳銃を使用するほかないことが十分に認められ，拳銃使用上の注意義務に違反するところはないこと，③逮捕のために発砲もやむを得ない状況下で最も影響の少ない身体部位を狙って発砲したところ，たまたま，背中に命中して重傷という結果になったものであり，発砲の方法においても相当性を欠くとはいえないことなどの要素を考慮して危害許容要件を満たす適法な発砲とされた。

同様に逃走車両に対する発砲の適法性が認められた裁判例がある（大阪高判平24.3.16判時2151・17）ところ，いずれの事案も，それまでの被疑者の逃走態様の危険性の程度や，発砲現場における警察車両や警察官に向けられた危険な運転行為の状況等を踏まえて適法との判断がなされているところであり，これらの適法事例に見られる判断要素を十分に念頭に置く必要がある。

違法と適法の分水嶺における留意点

　各種の裁判例等を見ると，適法かつ適切に拳銃を使用するためには，現場の状況を的確に把握し，自分と相手が置かれている状況を踏まえて犯人を制圧・逮捕するには，どのような手段・方法の選択肢があるのかを冷静に検討し，その検討の延長線上で，必要性・相当性を判断して発砲という手段・方法を選択するというプロセスが肝要であろう。

　そのためには本稿の事例等を念頭に置いて状況判断の鍛錬に努めることが大切であると思われる。

第4章

任意捜査

24 任意同行の要件

> 任意同行が許されるのはどのような場合か？

1 問題の所在

　被疑者又は参考人を，その承諾のもとに，警察署等に同行する行為である任意同行には，犯罪予防等の行政警察活動である場合と，犯罪捜査の一環としての司法警察活動である場合の２つがあるが，この２つは，理論上，明確に区別され，その要件も異なる。
　実際の警察活動の現場においては，この２つの区別が困難な場合も多々あろうが，少なくとも，法律上は，２種類の任意同行があり，それぞれ異なった目的と要件を有することは認識しておく必要がある。

2 根拠規定等（リーディングケース）

(1) 行政警察活動としての任意同行

　まず，行政警察活動としての任意同行については，警職法２条２項に規定されている。

警職法２条２項
　その場で前項の質問（職務質問）をすることが本人に対して不利であり，又は交通の妨害になると認められる場合においては，質問するため，その者に附近の警察署，派出所又は駐在所に同行することを求めることができる。

　なお，この条項の要件に当たらない場合であっても，事案によって，行政警察活動として許されることがある（後述）。

(2) 司法警察活動としての任意同行

司法警察活動としての任意同行は、刑訴法198条1項又は223条1項に定められた出頭要求に応じた被疑者や参考人の出頭の一態様であり、任意捜査として認められる（大コメ刑訴法〔初版〕3巻145～146頁、大コメ警職法223頁）。

> 刑訴法198条1項
> 　検察官、検察事務官又は司法警察職員は、犯罪の捜査をするについて必要があるときは、被疑者の出頭を求め、これを取り調べることができる（後略）。

> 刑訴法223条1項
> 　検察官、検察事務官又は司法警察職員は、犯罪の捜査をするについて必要があるときは、被疑者以外の者の出頭を求め、これを取り調べ、又はこれに鑑定、通訳若しくは翻訳を嘱託することができる。

3 解　　説

(1) 行政警察活動としての任意同行

警職法上の任意同行は、①職務質問の要件があることが必要であり、その上で、②その場での職務質問が本人に不利又は交通妨害となることが要件である。

ここで、本人にとって不利とは、降雨や、寒暖などの気象条件により、屋外での職務質問が質問を受ける者にとって酷な場合、又は、公衆の面前での職務質問が、その者の名誉を害するおそれがある場合などが考えられる。

この要件は、対象者本人が不利益を受けないための要件であるから、警察官側の便宜を考慮することは許されない。

そして交通妨害については、狭い道路で、車両を停車させて職務質問を行うことが交通妨害になる場合や、繁華街における職務質問が人だかりなどの交通妨害を引き起こす場合などが考えられる（大コメ警職法195～196頁）。

ただ，これらの要件を欠く場合でも，必ずしも違法とは限らず，対象者の真の同意を前提として，適法と認められる場合もある（秋田地大館支判平17.7.19判タ1189・343）。

もっとも，この場合にも，警察比例の原則に則り，必要性，緊急性，相当性の要件を満たすことが必要である。

(2) 司法警察活動としての任意同行

犯罪捜査のための任意同行は，任意捜査として許されるが，その手段・方法については，強制にわたってはならないという限界があることは言うまでもない。

4 留意点

上記では，行政警察活動としての任意同行と，司法警察活動としての任意同行の要件をそれぞれ別個に解説したが，実務において両者は，初動捜査における一連の行為であることが多い。

この場合，行政警察活動としての任意同行における適法・違法が，後の刑事手続にも影響を及ぼし得ることを意識しておかなければならない（熊谷弘・捜査法大系Ⅰ51～52頁）。

違法 ← 具体的な事例で検討しよう！ → 適法

✕ 違法 任意同行が違法となる場合

1 具体的事例　深夜の人通りのない路上で，知人女性に対し暴行を加えた疑いのあるAに対し，通報を受けて駆け付けた警察官2名が職務質問を開始したところ，被害者と思われる知人女性は，Aの前では被害申告が困難である様子が見て取れた。

そこで警察官が，知人女性からの供述を得やすくする目的で，Aに対し付近の派出所までの同行を求めたところ，Aはこれを拒絶し，逃走を図った。

Aは酒酔いのために足がもつれてその場に転倒したが，飽くまでも同行を拒否し続けた。

これに対し，警察官2名はAを左右から抱きかかえるようにして引き起こし，そのまま派出所まで同行しようとしたが，Aは警察官から逃れようとして，同警察官の腹部を足蹴にするなどの暴行を加えた。

2 解説と実務上の留意点　上記事例と同様の事案において，警察官2名が，Aを派出所に任意同行しようとした行為は，警職法2条所定の要件を欠いた違法な職務執行であると判断された（岡山地倉敷支判昭46.4.2判タ265・292）。

同事例では，当初の職務質問は適法であると認められたが，その場所が，車の交通も人通りも全くない道路であり，その場で職務質問を行うことはAにとって何ら不利益でなく，交通の妨害にもならないことが明らかであることから，警職法2条2項の任意同行の要件を満たさないとされたのである。

ただし，同判決は，Aに対し，口頭で任意同行を求めた行為については，Aが任意に承諾するならば問題とならない旨判示しており，任意同行を明確に拒否するAに対し，有形力を行使してまで同行しようとした点を違法と評価している（ここでは有形力の程度は問題とされていない）。

本事例のように，警職法2条2項の要件を満たさない任意同行が違法とされた例は他にもある（東京高判昭49.9.30刑裁月報6・9・960等）が，そのほとんどは，警察官が対象者に任意同行を求める行為自体を違法と断じたものではなく，これを拒否した対象者に対する対応を違法とするものである。

任意同行が適法とされる場合　適法 ○

1　具体的事例　　銀行店舗内において，Aが，銀行員らの対応が悪いとして騒いだため，銀行員が警察に通報した。

これを受けて駆け付けた警察官が，Aに氏名などを尋ねたが，Aはこれに答えず，さらに大声を上げるなどした。

警察官は，Aが業務妨害等に及ぶことを懸念し，Aに対し警察署までの同行を求めた。

Aは警察官の説得により，駐車場まで移動したが，その後，再度興奮して任意同行を拒み，口頭で説得しようとした警察官に暴行を加えた。

2　解説と実務上の留意点　　上記事例と同様の事案において，警察官がAに対し，任意同行を求めることは，警職法2条2項の要件を満たさないが，警察法2条1項の趣旨に照らして適法であると判断された（秋田地大館支判平17.7.19判タ1189・343）。

本事例での任意同行は，警察法2条1項の「犯罪の予防・鎮圧」を目的としたものと考えられるところ，Aは，大声で騒ぎ，警察官の説得に対しても氏名すら述べずに興奮していたのであるから，Aが威力業務妨害罪などの犯罪行為に及ぶ可能性は高かったと言え，Aをいったんその場から引き離し，警察署等に同行することは，犯罪行為を防止する上で必要性があったと考えられる。

そして，警察官の説得行為は，口頭での説得のみであったため，警察法の趣旨を踏まえ，必要性，緊急性，相当性の要件を満たす適法な任意同行と認められた。

本事例では，警察官は，任意同行を拒否するAを説得しているものの，有形力は行使していない。

本事例で，警察官が有形力を行使した場合，どの程度まで適法と判断されるのかについては別途の考慮が必要である（25参照）。

違法と適法の分水嶺における留意点

　任意同行は，警職法により要件が定められているが，これを満たさない場合であっても，有効適切な職務質問を行うために，合理的な範囲内で適法とされる場合があり，また，それが捜査の一環である場合には，任意捜査として認められる場合もある。

　ただし，任意同行の際に行使された有形力がその限度を超えた場合や，警察官の言動・態度等によって，対象者の意思が制圧された場合などには，任意同行の適法・違法が問題となることが多く，留意が必要である。

25 任意同行における有形力行使の限界

> 任意同行の際，有形力行使はどの程度許されるのか？

1 問題の所在

被疑者又は参考人を警察署等まで同行する任意同行は，実務において日常的に行われるものであるが，同行を求められた被疑者らが，これに素直に応じないことも多く，その場合に行われる説得行為に有形力の行使を伴っていたなどとして，その適法・違法が問題になることがある。

任意同行の際の有形力行使が一切許されないというわけではないが，任意同行は，強制処分ではないという大前提と，警察比例の原則を踏まえ，どの程度の有形力行使が許されるのか，明確に意識しておく必要がある。

2 解 説

> 警職法2条2項
> その場で前項の質問（職務質問）をすることが本人に対して不利であり，又は交通の妨害になると認められる場合においては，質問するため，その者に附近の警察署，派出所又は駐在所に同行することを求めることができる。

> 刑訴法198条1項
> 検察官，検察事務官又は司法警察職員は，犯罪の捜査をするについて必要があるときは，被疑者の出頭を求め，これを取り調べることができる（後略）。

任意同行は，それが，犯罪予防などの行政警察活動である場合には，警職法2条2項に基づくものである。

司法警察活動、つまり犯罪捜査の一環である場合には、被疑者や参考人の出頭（刑訴法198条1項又は223条1項）の一態様であり、任意捜査の一つである。

この2種類の任意同行は、理論上、要件に明確な違いがあり、対象者を同行するに際して、警察官らが行使し得る有形力の限界について違いがあるとも考え得る。

しかし、具体的事案における任意同行が、このいずれに当たるのか判然としないこともあり、また、一連の行為として両者が連続又は競合する場合も多い。

そして、このように一連の行為として行われた任意同行の適法・違法は、結局、その後の刑事司法手続の適法性判断に影響を及ぼすということを考えると、実際の警察活動の現場において、そのとき行われている任意同行が、行政警察活動であるのか、司法警察活動であるのかを厳密に考えた上で、行使し得る有形力の限界を判断するというのは現実的でないように思われる（川口政明「任意同行と逮捕」ジュリスト増刊・刑事訴訟法の争点〔新版〕松尾・井上編）。

また、有形力行使の限界を考えるに当たっての、強制処分は許されないという大前提と、警察比例の原則に従うべきことは、両者に共通であり、実質的に、その有形力行使の限界に明確な差違はないであろう（大コメ警職法226頁）。

そこで、以下、特にこの両者を区別せず解説する。

まず、任意同行において、強制手段を用いることは許されない。

ここでいう強制手段とは、有形力行使を伴う手段を意味するのではなく、「個人の意思を制圧し、身体、住居、財産等に制約を加えて強制的に捜査目的を実現する行為など、特別の根拠規定がなければ許容することが相当でない手段」（最決昭51.3.16刑集30・2・187）を言うとされる。

ここから、任意同行に際して有形力を行使すれば、それが即、強制処分たる逮捕と同視されるものとして違法となるわけではなく、任意同行においても、上記のような強制手段に至らない程度の有形力を行使することは許容される場合があるということが分かる。

ただし，強制手段に至らない程度の有形力であれば，常に許されるというわけではなく，任意同行においてどの程度の有形力が許容されるのかは，個々の事案の状況に応じ，必要性（事件の重大性，嫌疑の強さ及び補充性を含む），緊急性，相当性等の各事情を総合的に考慮して決せられるものである。

そして，許される有形力の程度は，この必要性・相当性との相関関係により決せられ，必要性・緊急性が低い場合には，比較的軽微な有形力であっても違法とされることがあり得る（頃安健司・現代刑罰法大系5巻143，160，184頁）。

任意同行において許容される有形力の程度は，様々な要素の総合考慮が必要であり，その物理的な強弱のみから，一義的に決められるわけではないが，一般的にいって，複数の警察官が，物理力を用いて対象者の身体を強く拘束し，身動きできないようにしたり，対象者の身体を力ずくで，車両内に押し込んだりする行為は，対象者の意思を完全に制圧する有形力行使であり，任意捜査として許容される範囲を超えて違法であると評価される場合がほとんどであろう（大阪地判昭50.6.6判時810・109，仙台高判平6.7.21判時1520・145等）。

対象者に同行を求める行為が，既に行われた犯罪に関連するものではなく，犯罪を予防するためなど，明らかに行政警察活動である場合で，かつ，警職法2条2項の要件を満たさない場合であっても，同行を求めること自体が，一概に違法となるわけではない（24参照）。

しかし，このような任意同行においては，有形力行使の程度がさらに制限されるとの考えがあることに注意すべきである（東京地判平2.6.26判タ748・135参照）。

❌ 違法 任意同行に際しての有形力行使が違法となる場合

1 具体的事例 車両で警ら中の警察官2名が，路上で見かけたAに対し，その風貌等から覚醒剤使用の疑いを持ち，職務質問を開始した。

警察官Bは，Aの氏名を聞き，Aが覚醒剤に関係しているとの風聞があり，以前に職務質問を行った際，逃亡した者であることを思い出した。

警察官Bは，Aに対し，警察署まで同行するように求めたが，Aが拒否したため，警察官Cとともに，Aの頭，肩及びズボンのベルトをつかんでパトカーに押し入れようとした。

Aは，抵抗したものの，体の半分が車内に入った状態になり，その時点で，自ら乗車した。

その後Aは，警察署において尿を提出し，この尿から覚醒剤成分が検出された。

2 解説と実務上の留意点 上記事例と同様の事案において，Aをパトカーで警察署に連行した行為が，任意同行の限度を超えた違法なものであると判断された（大阪高判平4.1.30高刑集45・1・1）。

本事例では，職務質問に引き続き警察署への同行を求める必要性があったことは認められたものの，上記態様の有形力を用いてAをパトカーに乗車させた行為は，強制連行であり，これを正当化できる事情はないとされた。

同判断のポイントとなった要素は，①警察官は，Aの嫌疑を十分確認せず，また，任意同行を拒否するAに対してほとんど説得もせず，いきなりパトカーに押し込んでいること，②Aは，任意同行を拒否した際にも特に物理的抵抗はしておらず，これに対して警察官が有形力を行使する必要性に乏しかったこと，③警察官2名に，体が半分パトカーに入るほどに押し込められれば，Aが乗車を拒絶することはほぼ不可能であり，Aの意思を完全に制圧していると認められることである。

本事例では，警察官2人がかりで，Aの身体を車両に押し込めるという態様や有形力行使の必要性の乏しさもさることながら，その前段階である職務質問時の対応からして，同警察官らは，当初から，有無を言わさずAを警察署に連行した上で，採尿などの捜査活動を行う意図であったものと疑われたのであり，本件の経緯を見る限り，そのように疑われるのも致し方ないと思われる。

なお，本事例の違法は，極めて重大であるとされ，その後に得られたAの尿の鑑定書の証拠能力までも否定されたことに留意すべきである。

任意同行における有形力行使が適法とされる場合　適法

1　具体的事例　飲食店店内において，警察官3名が，窃盗犯人である疑いの濃いAに対し，任意同行を求めた。

これに対し，Aは，「帰る。」と言って，店舗出入口に向かったので，2名の警察官がAの両腕をつかみ，1名の警察官がAのベルトをつかんだ状態で，店舗外に停車中のパトカーまで移動した。

Aは終始，腕を振りほどこうと，体を左右に振るなどして抵抗していたが，自ら歩いて移動した。その後，警察官は，Aをパトカーに乗車させ，警察署に同行した。

2　解説と実務上の留意点　上記事例と同様の事案において，Aをパトカーに乗車させる前までの有形力行使は，任意捜査として許容できる範囲内であり適法と判断された（東京地判平25.1.31公刊物未登載）。

同事案では，①Aは一貫して自分の意思で歩いており，警察官はAの腕などをつかんでいたものの，Aを引きずるなどの行為は認められないこと，②Aは，体を左右に振るなどして抵抗しており，警察官の行為はこれに対応するものであったこと，③店舗内からパトカーに至るまでは，人通りが多かったこと等の要素を総合的に考慮して，本件での有形力行使には必要性，緊急性が認められ，かつ，その態様も相当であると認められたのである。

本事例では，Aが窃盗犯人であるという嫌疑が濃厚であったことも適法性（必要性）判断の一部となっているものと思われる。

しかし，ここで取り上げた場面の後，警察官らは，パトカーに乗ることを拒否していたAに対し，腰あたりを強く押すなどして乗車させており，この部分については，Aの意思に明確に反し，違法であると判断されたことに注意すべきである。

もっとも，パトカーに乗せるまでの行為は適法であること，必要性・緊急性は認められることから，その違法は重大ではないとされた。

違法と適法の分水嶺における留意点

　任意同行における有形力行使が，強制手段の程度にまで至った場合には，いかに必要性・緊急性があろうとも違法であり，有形力行使がこれに至らない場合に，加えて，必要性・緊急性などの要件が問題となるのである。

　また，事案の経緯全体から推認される警察官の主観的な「意図」が，適法・違法の判断要素となる場合があることにも注意すべきである。

26 任意同行後の退去の制止

> 警察署に任意同行し，取調べ中であった被疑者が，退去しようとした場合，これを制止する行為は，どの程度許されるのか？

1 問題の所在

被疑者又は参考人に対し，警察署等への任意同行を求め，その後，取調べを行っている際に，被疑者らが，帰宅を望むことはよくあるが，警察官としては，必要な取調べを了するまでは，その場にとどまるよう説得するのが常であろう。

しかし，任意同行後の取調べが任意捜査である以上，被疑者を強制的に留め置くことは許されないのであり，どの程度の説得・制止が許されるのかは明確に認識しておく必要がある。

2 解説とリーディングケース

(1) 条文の規定

被疑者又は参考人を，警察署などに任意同行し，その後，取調べを行うことは，刑訴法197条1項に規定される任意捜査の一つである。

刑訴法197条1項
　捜査については，その目的を達するため必要な取調をすることができる。但し，強制の処分は，この法律に特別の定のある場合でなければ，これをすることができない。

---

(2) リーディングケース

任意同行後に，警察署内の取調室を退去しようとした被疑者に対し，警察官が，有形力を用いてこれを制止した行為につき，適法性が問題となった最高裁判例（最決昭51.3.16刑集30・2・187）がある。

この判例は，酒酔い運転の疑いのあるAを警察署まで任意同行して呼気検査に応じるよう説得を続けていた警察官が，急に取調室から退室しようとしたAの前に立ちはだかり，両手で，その左手首をつかんで制止した行為につき，適法性が問題となった事例である。

もとより，任意同行後の取調べや呼気検査は任意捜査であり，強制手段を用いることは許されないが，同判例は，強制手段とは，有形力の行使を伴う手段を意味するものではなく，「個人の意思を制圧し，身体，住居，財産等に制約を加えて強制的に捜査目的を実現する行為など，特別の根拠規定がなければ許容することが相当でない手段」であるとし，このような強制手段に至らない有形力の行使は，任意捜査においても許容される場合がある旨を示した。

ただし，強制手段に当たらない有形力の行使であっても，常に許容されるというものではなく，必要性，緊急性などをも考慮したうえ，具体的状況のもとで相当と認められる限度において許容される旨の判断を示した（13, 34 参照）。

この判例は，有形力行使を伴う任意捜査があり得ることと，その有形力が許容される基準を示した点で有意義な判例であるが，特徴的なのは，捜査において行使される有形力につき，①強制手段にあたる有形力，②それには至らない有形力があるとした上で，さらに，任意捜査としては，②の有形力の中でも，具体的状況に応じて許される場合と許されない場合があることを示したことである（判夕335・330, 頃安健司・現代刑罰法大系5「任意同行と自由の制限」参照）。

つまり，この判例は，任意処分と区別される強制処分（強制手段）の意義を示した上で，その強制処分に至らない有形力行使であっても，当然に許されるわけではなく，任意処分として許される限度を超え，違法と評価される場合があるということを示している。

この判例の事例は，警察官がAの手首をつかんだ直後に，Aが警察官に対して暴行を加えたため，Aを公務執行妨害の現行犯で逮捕したものであり，警察官がAの手首をつかんだ瞬間的な行為が，任意処分の限度を超えない有形力であって，公務執行妨害罪の保護法益たる「適法な公務」であると判断された。
　しかし，同様の場面で，警察官が，一定の時間的幅をもってAの手首をつかんで制止した場合には，任意処分の限度を超えたものとして，違法と評価される可能性もあることには留意すべきである。

> **参考判例**
> 　警察官が，覚醒剤使用の嫌疑がある対象者について強制採尿令状の発付を得てその執行をするため，対象者が取調室から退出しようとするのを阻止し同室内に留め置いた行為は，任意捜査として許容される範囲をいまだ逸脱したものとまでは見られないとした事例がある（東京高判平21.7.1判タ1314・302。34の適法事例参照。）

❌ 違法 被疑者の退去を制止する行為が違法となる場合

1 具体的事例　Aは，変造有価証券行使被疑事件の参考人として，警察署への任意同行に応じ，取調室において取調べを受けていたものであるが，Aが所持していたセカンドバッグから注射器が発見されたことから，警察官は，Aに対する覚醒剤使用の疑いを持ち，所持品全てを見せるよう求めた。

すると，Aは退室しようとしたので，警察官がAの体を押さえて制止するなどした。

その後もAは，帰宅したい旨を申し出て，再度退室しようとしたが，取調室出口には2名の警察官が立ち，さらに別の警察官が足を使ってAの進路を妨害し，Aに体を押し当てて，押し戻すなどした。Aは退室することをあきらめ，所持品を提出したところ，その中から覚醒剤が発見された。Aの任意同行から現行犯逮捕までは約30分間であった。

2 解説と実務上の留意点　上記事例と同様の事案において，Aの退室を制止し，取調室に留め置いた警察官の行為は，任意捜査の限度を超えた違法なものであると判断された（東京地判平8.3.27公刊物未登載）。

その判断のポイントは，①Aは再三にわたり，退室したい意思を表示していたこと，②Aを制止した警察官の行為は，数分間にわたり，進路に立ち塞がり，Aを押し戻すなどの相当強度な有形力の行使であったこと，③取調室の出入口にも複数の警察官がおり，Aが退室するのは容易でなかったことであり，これらの事情からすれば，捜査の必要性・緊急性が認められることを考慮してもなお，違法と評価するほかないとされた。

ただし，④取調室のドアは終始開放されており，Aが強行に退室しようと思えば，可能であったこと，⑤警察官らに令状主義を潜脱する意図まではなかったと思われることなどから，違法の程度は重大ではないとされ，押収された覚醒剤の証拠能力は肯定された。

本事例は，Aを取調室内に留め置いた時間が約30分間と比較的短時間であり，警察官が行使した有形力も，押さえ付けるなどの強度なものでないという点で，違法との断定的評価はやや厳しいようにも思われる。

しかし，任意取調べ中の被疑者の制止については，特に注意を払わなければならないという意味で，参考になる事例である。

被疑者の退去を制止する行為が適法とされる場合　適法

1　具体的事例　放火及び覚醒剤使用の疑いで警察署に任意同行されたAが尿の提出を拒んだため、警察官は、捜索差押許可状（強制採尿令状）の請求手続をした。

しかし、Aは、令状発付前に、帰りたいと言い始め、取調室を出て行った。

警察官は、Aを追いかけ、その左腕に手をかけるなどし、警察署玄関では、複数の警察官がAを取り囲んだ。

その後、警察官が、玄関で、Aを説得していたところ、令状が発付された。

Aの任意同行から令状呈示までには約4時間を要した。

2　解説と実務上の留意点　上記事例と同様の事案において、警察官が、Aを制止するなどした行為は、適法と判断された（東京地判平20.2.29公刊物未登載）。

同事案では、約4時間の留め置き時間がやや長いとされたが、①取調室はいつでも退去できる状態にあったこと、②Aの腕に手をかけた警察官の行為は、容易に振り払える程度のものであったこと、③警察署玄関においても警察官はAを取り囲んだだけであったことなどからすれば、警察官の行為がAの意思を制圧する程度に至っていたとはいえず、さらに、④Aには、重大犯罪の嫌疑があった上、⑤A立会いによる実況見分や採尿などの捜査が必要であったこと、⑥Aの住居が不明であったことなどの各事情を考慮すれば、Aを制止する必要性・緊急性もあるとされた。

本事案では、上記に掲げた状況の他、警察官が、いったん警察署玄関まで至ったAを、取調室に戻すのではなく、玄関ロビーのソファで缶コーヒーを飲みながら説得したということであり、強制に至らぬよう、特に配慮しながら説得を続けた様子が感じられ、参考になる。

違法と適法の分水嶺における留意点

　退去の意思を表示する対象者を，有形力を用いて制止する行為は，常に，違法の判断を受ける可能性があることを念頭に置かなければならない。

　また，留め置き時間が長時間に及ぶ場合には，有形力を行使しなくても，さらには，対象者から退去の意思が明確には表示されなくても，周囲の状況等から違法と判断されることもあることを忘れてはならない。

　なお，違法事例では，収集された証拠の証拠能力自体は肯定されたが，さらに違法性が重大と判断された他事例（仙台高判平6.7.21判タ887・281〔違法事例類似の制止行為のほか，留め置きの時間が数時間に及び，その間弁護人選任の申出も無視するなどの事情があったもの。〕）では，被疑者の逮捕後に収集された証拠の証拠能力が否定されたことに注意すべきである。

27 任意同行と逮捕

> 被疑者の任意同行が実質的逮捕と評価されるのはどのような場合か？

1 問題の所在

　被疑者に対する犯罪捜査としての任意同行が，その実質において，強制処分である逮捕と同視される場合には，違法な連行，身柄拘束となり，その後の勾留請求が却下されたり，公判において，証拠の証拠能力が否定されたりする場合も少なくない。
　そこで，適法な任意同行と，実質的に逮捕と同視される違法な連行・身柄拘束の限界点を認識しておく必要がある。

2 解説とリーディングケース

(1) 解　説

　被疑者に対する犯罪捜査としての任意同行は，刑訴法198条1項により認められる。

刑訴法198条1項
　検察官，検察事務官又は司法警察職員は，犯罪の捜査をするについて必要があるときは，被疑者の出頭を求め，これを取り調べることができる。（後略）

　任意同行と逮捕の限界点は，個々の具体的事案に応じ，様々な要素を総合考慮の上，決せられるものである。

その要素として，具体的には，①同行を求めた時間・場所，②同行の方法・態様，③同行の必要性，④取調べの時間，場所，方法，その間の看視状況，⑤捜査官の主観的意図，⑥被疑者の対応状況，⑦逮捕状準備の有無等が挙げられる（川口政明「任意同行と逮捕」ジュリスト増刊・刑事訴訟法の争点〔新版〕松尾・井上編）。

(2) リーディングケース

被疑者を任意同行した後の長時間にわたる取調べ状況を重視し，これを実質的逮捕に当たり違法であるとした上，この違法はそれ自体重大であって，その後の勾留も許されないとした地裁決定（富山地決昭54.7.26判時946・137）がある。

この決定は，午前7時40分頃に警察署に任意同行した被疑者に対し，昼・夕食時など数回の休憩を挟んで翌日午前零時過ぎ頃まで断続的に続けられた取調べについて，①この間，被疑者は用便のとき以外は一度も取調室から出ることがなく，常に警察官が被疑者を看視していたこと，②夕食時である午後7時以降にも，警察官は被疑者に対し，帰宅の意思を確認していないこと，③被疑者に対し，自由に退室したり外部に連絡を取ったりする機会を与えていないことなどの各事情を考慮すれば，被疑者に対し，物理的な強制力が加えられたことはなく，また，被疑者から帰宅や退室についての明示の意思表示がなかったとしても，少なくとも夕食時である午後7時以降の取調べについては，実質的に逮捕であったと判示し，さらに，約5時間にも及ぶ逮捕状によらない逮捕は，令状主義に違反する重大な瑕疵であり，たとえ，実質的逮捕から起算して制限時間内に勾留請求がなされたとしても，同勾留請求は却下を免れないとした。

本決定は，任意同行の際や取調べ中に，被疑者に物理的有形力が加えられておらず，被疑者から帰宅を求める意思表示がなかったにもかかわらず，実質的逮捕と評価された点で重要な意義を持つ決定である。警察官としては，取調べがある程度の長時間に及んだり，夜間に及んだりする場合には，被疑者からの申出がなくとも，帰宅や，外部との連絡の意思などにつき，積極的に確認し，取調べに対する明示の同意を得るなどの措置が必要であろう。

なお，実務的には，任意同行やその後の取調べが実質的に逮捕と評価される場合であっても，その実質的逮捕の時点から制限時間以内に勾留請求があれば，勾留は認められるという例が多いと思われるが，本決定においては，制限時間内の勾留請求も却下された。

このように，実質的逮捕時点から制限時間内に行われた勾留請求を却下した例は本件以外にも見受けられるところであるから，安易に，制限時間さえ守ればよいと考えてはならず，特に，令状主義を潜脱する意図があったと疑われるような事態は厳に避けなければならない。

参考判例

警察官が，逮捕の実質的要件である「罪を犯したことを疑うに足りる相当な理由」が存在しないにもかかわらず，自転車窃盗につき自白を得る目的で，故意に実質的逮捕行為に当たる違法な任意同行を行い，これを利用して取調べをした結果得られた本件現金窃盗についての自白及びその後の緊急逮捕，勾留中に得られた当該窃盗についての自白の証拠能力は，これを否定すべきであるとした事例がある（仙台高秋田支判昭55.12.16判タ436・173）。

具体的な事例で検討しよう！

違法 ──────────────── 適法

❌ 違法 任意同行が実質的逮捕であって，違法となる場合

1 具体的事例　警察官は，被疑者Aに対し，窃盗被疑事件での逮捕状の発付を得ていたが，午前8時頃，3名の警察官がAの自宅アパートに赴き，Aに「用があるからちょっと警察まで来てくれ。」と言った。

これに対しAは，どこの警察署かと質問したが警察官らはこれに答えず，Aを取り囲んだ状態でアパートから出て，Aをタクシーに同乗させ，警察署に同行した。

その後，警察署においてAの取調べが行われ，午後3時40分に，前記逮捕状が執行された。

2 解説と実務上の留意点　上記事例と同様の事案において，警察官らが，Aをアパートから警察署に同行した時点で，既に実質的な逮捕行為が行われたものとされ，その後の勾留請求が48時間の時間制限を超えたとして却下された（神戸地決昭43.7.9下刑集10・7・801）。

その判断のポイントは，①逮捕状を得ているにもかかわらず，あえてこれを執行せずに同行を求めていること，②Aに行き先も告げずに，複数の警察官で取り囲み，自宅から連れ出し，タクシーに同乗させていること，③警察署への同行後にはAの取調べを行っていることなどである。

本事案では，同行時においても，警察署においても，Aに対する有形力は行使されておらず，Aが同行や取調べを拒否した事実も認められない。

しかし，同行時の態様や，その前後の状況から，Aの身体の自由が拘束されるに至ったと判断されたのであり，有形力の不行使と対象者の同意さえあればそれで良しとしてはならないことを示している。

また，逮捕状を事前に得ていたことも一つのポイントである。逮捕状を事前に得ている場合でも，被疑者を警察署に任意同行してから逮捕するということは，被疑者の名誉保護等のため，しばしば行われ，もちろん，これ自体が違法というわけではない。しかし，本件では，自宅アパート前で，複数の警察官が取り囲むという態様からして，Aの名誉保護に配慮したとは考えにくく，その他に合理的な理由も見当たらないことから，身柄拘束の時間制限を潜脱しようとしたものと捉えられても致し方ないであろう。事前に発付された逮捕状を執行せずに被疑者を警察署まで同行する場合には，同行の時点から起算して48時間以内に勾留請求を行うという配慮が常に必要である。

任意同行が実質的逮捕には至らない場合 　適法　

1　具体的事例　警察官は，午後4時20分頃，覚醒剤使用が疑われるAに警察署への任意同行を求めた。

しかし，Aがこれを拒否したので，複数の警察官が，Aが乗車していた車両のエンジンキーを抜き取り，車内に乗り込むなどして説得した。その後Aは，任意同行に応じて警察署に赴いたが，取調室内で，弁護士に電話をかけ，その助言により，「任意だから帰る。」と言って外へ出た。

警察官はAを追いかけAの肩に手をかけるなどしながら説得を続けたところ，Aは警察署に戻り，午後6時30分頃，尿を提出した。

2　解説と実務上の留意点　上記事例と同様の事案において，任意同行から尿の提出に至るまでの経緯は，任意捜査として適法と判断された（東京地判平25.3.26公刊物未登載）。

同事案では，①エンジンキーの抜取りは，交通の危険を防止する上で必要であり，かつ，エンジンキーは，短時間のうちに返されたこと，②車両に乗り込んだ行為は，Aの明示の意思に反したわけではなく，短時間であったこと，さらに，任意同行後の引き留め行為についても，③行使された有形力は強いものではなかったこと，④嫌疑は相当強かったこと，⑤任意同行から尿の任意提出に至るまでの時間は約2時間と長時間ではないことなどから，警察官によるこれらの行為は，任意捜査において許容される限度内であったとされた。

本件に類似する事例として，警察官が，酒気帯び運転の疑いのある者に職務質問した際，車の窓から手を入れてエンジンキーを回してスイッチを切った行為につき，適法とした判例（最決昭53.9.22刑集32・6・1774　12参照）がある。

ただし，エンジンキーの抜取りや，車両内に警察官が乗り込むなどの行為は，場合によっては，対象者の移動の自由を奪い，心理的圧迫を加える側面もあることから，注意が必要である。

違法と適法の分水嶺における留意点

　適法な任意同行と実質的逮捕の限界については，様々な要素の総合考慮が必要であるが，被疑者の移動の自由に対する制限度合いは大きな要素の一つであると思われる。

　特に，取調室内からの退去が事実上困難な状態においての長時間の取調べは，実質的逮捕であると評価される場合が多いであろう。

　なお，違法事例において，同行時にAに対して，行き先を告げていないという点については，同行について，対象者から真の承諾を得るのであれば，当然，用件と行き先を告げるべきであるとされた他の事例もあり（秋田地決昭44.5.14刑裁月報2・9資料編13参照），注意が必要である。

28 承諾による車両の捜索の限界

> 承諾による車両の捜索の問題点は何か？

1 問題の所在

職務質問の際に，警察官が，対象者が乗車している車両内を，くまなく検索するような行為は，行政警察活動としての所持品検査の限度を超え，原則として令状が必要な「捜索」である。

しかし，自動車は，容易にその場から移動できることから，捜索差押許可状の発付を待つ間に，対象者の逃走・証拠隠滅を許すおそれが高く，実務上，対象者からの承諾を得て，車内を捜索するという方法が採られることもある。

このような承諾捜索には様々な問題点があり，その適法性には十分留意すべきである。

2 解　　説

(1) 捜索における原則

捜索は，憲法35条に規定される「住居，書類及び所持品について，侵入，捜索及び押収を受けることのない権利」を侵すものであり，刑訴法218条に規定されているとおり，原則として令状が必要な強制処分である。

刑訴法218条1項
　検察官，検察事務官又は司法警察職員は，犯罪の捜査をするについて必要があるときは，裁判官の発する令状により，差押え，記録命令付差押え，捜索又は検証をすることができる。この場合において，身体の検査は，身体検査令状によらなければならない。

なお，憲法上は「住居」のみを挙げているが，車両内について捜索を行う場合についても，原則として令状が必要である（大コメ刑訴法〔初版〕3巻535頁）。

ただし，この憲法上の権利を放棄することは可能であり，処分を受ける者の同意・承諾があれば，令状がなくとも，任意捜査として捜索を行うことが許されると解されている。

この点，犯罪捜査規範は，住居に対する承諾捜索を禁止しており（犯罪捜査規範108条），実務的にも，住居に対する承諾捜索は，通常行われていない。

犯罪捜査規範108条
　人の住居又は人の看守する邸宅，建造物若しくは船舶につき捜索をする必要があるときは，住居主又は看守者の任意の承諾が得られると認められる場合においても，捜索許可状の発付を受けて捜索をしなければならない。

これは，承諾による捜索を理論的に否定するものではなく，人の生活の本拠である住居については，その捜索について，被処分者から真の同意を得られる見込みが少なく，またプライバシー侵害の度合いが大きいことなどの理由によるものである。

また，実務的には，住居の捜索について真の同意があったことを立証することが困難であるということも考えられよう。

(2) 車両に対する承諾捜索

これに対して，車両に対する承諾捜索は，職務質問に伴う所持品検査との限界が曖昧な部分はあるものの（15参照），被処分者の承諾を得て行う車内検索として，比較的用いられる捜査手法である。

これは，移動が容易で，所在不明になりやすい自動車の性質と，住居に比べれば，プライバシー侵害の度合いが小さいという理由による。

この承諾については，黙示では足りず，積極的又は明示の承諾を要するとの見解もあるが，黙示であってもそれが真意からのものであると認められる場合には違法とすべき理由はないであろう。

　ただ，相手方の承諾があれば，いかなる捜索もなし得るわけではなく，承諾は場所や物を限定して行うことが可能であると解されていることから，対象者が捜索に同意した場合には，承諾の範囲についてよく確認しておかなければならない（大コメ刑訴法〔初版〕3巻537頁）。

　さらに，外形的に承諾が得られたとしても，その承諾が真に任意のものであるか否かについては慎重な判断が必要である。

　この承諾の任意性は，対象者の実際の言葉だけではなく，捜索に至る経緯，対象者の態度，警察官の言動，周囲の状況等あらゆる事情を総合考慮して決定されるものであり，黙示の承諾が認められる場合もあるが，対象者の曖昧な一言を，都合良く拡大解釈して承諾とみなすようなことがあってはならない。

　実際の警察活動における現場においては，特に，車両内に法禁物などを隠匿している対象者の場合については，素直に車両の捜索を承諾することは期待できず，警察官による説得の末，渋々これに応じるというのが通常であろう。

　しかし，時間的な面においても，その態様においても，この説得行為が行き過ぎて，対象者の意思を制圧するに至ってはならないことについては，当然である。

具体的な事例で検討しよう！

違法 ◀━━━━━━━━━━━━━━▶ 適法

❌ 違法 車両の捜索が違法となる場合

1 具体的事例 警察官が，自動車内にいたAに対し職務質問を行った際，覚醒剤使用の疑いが浮上し，Aに，所持品検査や車内の検索を求めたが，Aは承諾しなかった。

警察官はAを捜査用車両に乗車させて，説得を続けたが，その間に，別の警察官が，Aの自動車内をのぞき込んだところ，車内に白い粉が散っているのが見えたので，Aにこれを確認したいと告げたところ，Aは「あれは砂糖ですよ。見てくださいよ。」と言った。

警察官は，車内に乗り込んで，白い粉を採取したが，覚醒剤ではなかった。その後，警察官はAに対し，「車を調べるぞ。これじゃあ，納得がいかない。」と告げ，他の警察官に，「相手は承諾しているから，車の中をもう一回よく見ろ。」などと指示した。そして，警察官4名が車内に乗り込んで，丹念に調べたところ，覚醒剤が発見された。Aはその様子を近くで見ていたが，何も言わなかった。

2 解説と実務上の留意点 上記事例と同様の事案において，警察官が行った車内検索は，所持品検査の限度を超え，これに対するAの承諾があったとは認められないから，違法と判断された（最決平7.5.30刑集49・5・703）。

本事例では，白い粉を採取した後の，警察官4名が車内に乗り込んで丹念に検索した行為が所持品検査の限度を超えていると判断された。もっとも，これが，強制処分としての「捜索」に当たるか否かについては，上記判例では触れられていない。いずれにしても，本事例では車内の検索についてのAの承諾の有無が問題である。本事例で，警察官は，Aの「あれは砂糖ですよ。見てくださいよ。」などの発言から，承諾があったと考えたようである。しかし，同発言に関しては，車外からも見えていた白い粉の採取に同意したのみであると考えられ，それ以上に車内をくまなく丹念に検索することまでをも承諾したとは言えないであろう（この点，本決定の原審である東京高判平6.7.28判夕864・281は，本件行為の直前まで被告人が警察官の要求を拒絶していたことを重視して，「任意の承諾があったとは到底認められない」と評価しており，本決定もこれを支持している。）。

実際の捜査活動において，承諾の有無は，対象者発言内容のみではなく，それまでの経緯や，周囲の状況等から真に対象者の任意の承諾と認められるか否かを総合的に判断することが必要である。

車両の捜索が適法とされる場合　適法 ○

1　具体的事例　警察官が，覚醒剤事犯の疑いがあるAに対し職務質問を行い，駐車中であったAの車両と，バッグに対する捜索を求めたが，Aはこれを拒否した。

その後，Aの交際相手Bが現場に到着し，Aに対し捜索に応じるよう説得した。するとAは，「車を見た後だったらバッグを見せる。」と言った。

警察官とBは，Aが車内捜索を承諾したと考え，警察官が，「じゃあ，開けるぞ。」などと言って，車内の捜索を始めた。捜索の間，Aは異議を述べることはなく，Bに謝罪したり，警察官に頼んで，車内にあった物を取り出したりするなどしていた。

その後，車内から大麻が発見された。

2　解説と実務上の留意点　上記事例と同様の事案において，本件車内捜索は，Aの承諾に基づくものであり，適法と判断された（東京高判平22.6.4東高時報61・1＝12・111）。

本事例では，Aの「車を見た後だったら，バッグを見せる。」という文言に加え，①その場にいたBも，この文言を，捜索を承諾したものと理解していたこと，②Aは当初捜索を拒否していたが，Bによる説得を受け入れた様子がうかがえること，③警察官が捜索を行っていた間，Aは異議を述べていないことなどが任意の承諾を認めるポイントとなった。

本事例でのAの発言は，外形的に見ると少々曖昧であるが，Bが，警察官と同様の解釈をしたということは，その場の状況・雰囲気から，客観的に見ても，同発言がAの承諾を示しており，その後のAの態度も，これを裏付けているとされた。

なお，本事例において，警察官がAに対し，実際には申請する意思のない捜索差押許可状を，申請するかのような態度を示していたことがあったが，このような説得は相当でなく，前記裁判例においても問題視されていたことに注意すべきである。

違法と適法の分水嶺における留意点

　車両に対する承諾捜索が違法となるのは，任意の承諾が認められない場合がほとんどであり対象者の発言や態度自体から承諾があったと認められない場合のほか，対象者が明示的に承諾したとしても，その承諾を得る過程で，警察官による威圧的言動や，虚偽の言動があった場合にも，任意の承諾とは認められないことがある。

　いずれにせよ，本来，強制処分である捜索についての承諾については，慎重かつ厳格に，判断すべきであることを忘れてはならない。

　なお，違法事例の解説における判例（最決平7.5.30刑集49・5・703）では，警察官らの行為は違法であるとされたものの，検査の必要性・緊急性が認められる状況下で被告人が警察官らの行為に対して明示的に異議を唱えるなどの言動を示していないことなどから，その違法の程度は，大きいとはいえないとされている。

29 尿の任意提出

> 尿の任意提出にはどのような問題点があるか？

1 問題の所在

薬物使用事犯等において，被疑者の尿の鑑定は，立証上不可欠であり，これら事犯の成否は，尿鑑定で決まるといっても過言ではない。

それだけに，尿鑑定に関わる手続が争われることも多く，警察官としては採尿から鑑定に至るまでの各段階において，手続の適法性に細心の注意を払わなければならない。

本項では，最も基本的な採尿手続である尿の任意提出について検討する。

2 解　　説

(1) 尿の任意提出

人が自然に排出した尿の，任意提出を受け，これを鑑定に付することについては刑訴法197条1項に規定される任意捜査として問題なく認められるものである。

> 刑訴法197条1項
> 　捜査については，その目的を達するため必要な取調をすることができる。但し，強制の処分は，この法律に特別の定のある場合でなければ，これをすることができない。

また，トイレ等で自然に排出された尿を領置する際には，排泄した者の同意を得る必要はない。

さらに，警察官が，尿を鑑定資料とする目的を秘して，被疑者等に排尿させて，これを採取して鑑定に付することについても，判例上，適法と認められている（最決昭49.12.3裁判集194・309，東京高判昭48.12.10高刑集26・5・586他）。

ただし，明らかに，被疑者がその鑑定目的を知っていれば，排尿しなかったと思われる場合や，捜査官が，単に鑑定に用いる旨を告げなかったというだけでなく，「鑑定には使わないから安心して排尿しろ。」などと積極的に虚偽の事実を申し向けた上で排尿させるなどをすれば，その任意性が疑われるのである。

そのような疑いを招かないためにも，原則としては，やはり，被疑者等に鑑定目的を告げた上で，任意提出を求めるべきである。

しかし，薬物等を使用した覚えのある者が，これから鑑定に付されると分かっていながら，警察官の求めに応じて，直ちに尿を提出することについては通常，期待できないことから，実際には，ある程度説得を重ねることが通常であろう。

ただ，被疑者への説得が行き過ぎれば，最終的に尿が提出されたとしても，任意の提出であったとは認められず，その尿の鑑定書の証拠能力が否定されることになり得る。

(2) 問題となりやすいケース

例えば，説得のために被疑者を長時間にわたって取調室等に留め置く場合が最も問題となりやすい。

この時間的限界に関しては，一律に何時間と決めることはできず，事案の性質，嫌疑の濃淡，被疑者の対応等，様々な要素の総合考慮により，個別具体的に決せられることとなる（この点の詳細については，13及び34を参照されたい）。

また，時間的な限界のみならず，説得の内容が威圧的で，被疑者に心理的強制を加える場合，排尿を制限して生理的苦痛を与える場合，捜査官の説得や説明に虚偽が含まれる場合も，尿の提出の任意性が否定される要因となり得る。

そして，被疑者が尿の任意提出を頑強に拒む場合などには，条件付捜索差押許可状（強制採尿令状）の発付を受けて強制採尿を行うことが判例上認められており（最決昭55.10.23刑集34・5・300参照），さらに，強制採尿令状の効力として，被疑者等を採尿に適する最寄りの場所まで連行することができる（最決平6.9.16判時1510・154参照）のであるから，捜査官としては，覚醒剤等摂取薬物が尿から検出される期間なども考慮に入れた上，どのタイミングで強制採尿に踏み切るのかを適切に判断しなければならない。

　ただ，留意しなければならないのは，強制採尿は，対象者の肉体的・精神的苦痛を伴う措置であることなどから，捜査上真にやむを得ないと認められる場合に最終的手段として許されるとされていることであり，いったん被疑者が尿の任意提出を拒否したからといって，安易にこの強制処分に頼るべきではなく，適切な説得行為はやはり必要である。

　もちろん，被疑者が意識不明や錯乱状態であるなど，明らかに，一定期間は，任意提出を期待できないという状況にある場合には，被疑者等に排尿の機会を与えないままに強制採尿に踏み切ることが認められる場合もあり（最決平3.7.16刑集45・6・201），事案に応じた適切な判断が求められることとなる。

参考判例

　強制採尿の前に被疑者が尿を任意提出する旨の申出をした場合において，捜査官側としては，強制採尿に至る経緯，尿の任意提出を申し出た時期，申出の真摯性等を勘案して，強制採尿を実際に実行するか否かを判断できるとした事例がある（東京高判平24.12.11判タ1400・367）。

❌ 違法 尿の任意提出が違法となる場合

1 具体的事例 覚醒剤所持容疑で逮捕中であった被疑者に対し，警察官が，①尿を提出しなければトイレに行かせないとして強く任意提出を迫り，②体調不良であった同被疑者を，適切な措置を取ることなく約5時間にわたり取調室に待機させ，そのうち，約2時間は尿を提出するよう説得し，③強制採尿令状の発付を受けていない段階で，「（強制採尿の場合には，カテーテルを尿道に挿入して尿を採取することから）カテーテルで体を傷めるのではなく，自ら尿を出すように」などと，令状発付を前提とした説得を行った。

2 解説と実務上の留意点 上記事例と同様の事案において，①～③の警察官の説得行為はいずれも違法と判断された（東京地決平23.3.15判時2114・140）。

①については，その直前に被疑者が失禁したという事実があり，そのような被疑者に対して，再び失禁するかもしれないという心理的圧迫を加えたものとされた。

②は，通常であれば，逮捕中の被疑者に対する2時間程度の説得が違法と評価されることは考えにくいが，被疑者が体調不良であったことが重視された。

また，③は，「令状が発付された」などと嘘をついたわけではないが，発付を当然の前提としている点で，令状審査の先取りであり，許されないとされた。

本事例の①については，被疑者が一度失禁したという特殊事情があったが，たとえ同事実がなかったとしても，このように直接的に排尿を制限するような説得には問題があろう。

もっとも，被疑者が排尿の意思を示したときに，「排尿するのなら，その尿を提出してほしい」と説得することは，問題がないと思われるし，そのように説得された被疑者が，尿を提出したくがないために排尿を我慢したとしても，その説得行為が直ちに違法となるわけではない。ただし，そのような状態で，被疑者を長時間留め置き，事実上，尿の提出なしにはトイレに行けない状況を作出して説得を続けた結果，被疑者が排尿を我慢できなくなり，尿の任意提出に至ったという場合には，違法と評価される可能性がある。

本事例③についても，実務上，強制採尿を引き合いに出すことはあると思われるが，令状発付について虚偽を述べるのは論外としても，例えば，令状の発付を受けていないのに「カテーテルで採取してもいいのか。」などといった令状審査の先取りと評価されるような言辞も避けなければならない。

尿の任意提出が適法とされる場合

1 具体的事例 別件で警察署を訪れていたAに対し，警察官が覚醒剤使用の疑いを持ち，尿を提出するよう求めたところ，Aは「今は出ないから待ってくれ。」と言い，警察署内で約4時間待機した後，尿を提出した。

その間，Aは2，3回，警察官に対し，「まだ帰れませんか。」と尋ねたが，警察官から「尿が出るまで待ってくれ。」と言われた。

またAは，警察官から勧められて，相当程度多量の飲料を飲んだ。

2 解説と実務上の留意点 上記事例と同様の事案において，採尿までに約4時間を要したことは問題であり，Aが採尿に快く応じたわけではないことは明らかではあるが，だからといって，真の同意がなかったものとは言えず，採尿の過程で強制があったとみることはできないと判断された（大阪高判昭53.9.13判時917・141）。

本事例では，Aが，尿の提出自体を拒否しなかったため，警察官も説得はしていない。

約4時間という待機時間がやや長いが，その間，Aは，警察署内のソファなどに座っていたというのであって，特に移動の自由を制限した事情もないようである。

本事例は，一審においては，違法な採尿であると判断された経緯がある。この一審判決では，警察官が任意採尿の目的を告げなかったと認定された（前記高裁判決ではこの点は覆されている）ことも大きかったが，採尿までの時間が4時間にわたったことも問題視していた。

本高裁判決ではこれを覆して，上記のとおり，適法と判断されたが，仮に本事例で，Aが，明示的に採尿を拒否し，これに対して4時間にわたって説得したとすれば，場合によっては違法と評価され得ることに留意すべきである。

違法と適法の分水嶺における留意点

　任意採尿に関する説得行為の時間的限界点は，一律には決められず，その説得の態様，被疑者の対応，事案の性質等を総合考慮して決するものというほかない。

　もっとも，取調室などで，事実上，被疑者の移動の自由が制限されるような場合には，そうでない場合に比べて時間的限界が短時間となることに留意すべきである。

　なお，任意採尿に応じない場合には強制採尿令状を申請する捜査方針であり，かつそのための要件も整っている場合には，これを被疑者に告げることは通常，問題がなく，令状発付後に，そのことを被疑者に伝えた上で，強制ではなく，自ら排尿した方がよいと再度の説得を試みるのは当然許される。

30 長時間の取調べ

> 長時間にわたる被疑者の任意取調べは許されるか？

1 問題の所在

　警察官が，犯罪の嫌疑のある者に対し，任意に取調べを行うということは，日常的に行われていることであり，誤認逮捕を避ける上でも，有用な捜査方法である。
　しかし他方で，その取調べが，任意捜査の限界を超え，違法な捜査と評価されれば，その後の勾留請求，その間に作成された供述調書等の証拠採用に大きな影響を及ぼすことはいうまでもない。
　したがって，任意取調べの限界について，明確に意識した上で日々の捜査に当たる必要がある。
　なお，任意取調べの限界というテーマについては，様々な問題点があり得るのであるが，本項では主に，その時間的な問題について，検討することとする。

2 条文及び関連判例

> 刑訴法197条1項
> 　捜査については，その目的を達するため必要な取調をすることができる。但し，強制の処分は，この法律に特別の定のある場合でなければ，これをすることができない。

　被疑者の任意取調べについては，刑訴法197条1項に規定される，任意捜査の一環であるから，それが，強制手段に至ってはならないことについては，当然である。

そして、この強制手段の内容については、最決昭51.3.16（刑集30・2・187）が、「個人の意思を制圧し、身体、住居、財産等に制約を加えて強制的に捜査目的を実現する行為など、特別な根拠規定がなければ許容することが相当でない手段」を意味すると判示している。

この判例は、任意捜査における有形力行使に焦点を当てた判例であり、その関連で、①任意捜査において絶対に許容されない「強制手段」の定義を明らかにしつつ、②強制手段にまで至らない有形力行使は任意捜査においても許容される場合があるが、必要性、緊急性、相当性という基準に適合することが必要である、という二段階の判断方法を採ったものとして解されている（判タ335・330、頃安健司・現代刑罰法大系5「任意同行と自由の制限」参照）ものである。

次いで、殺人事件の被疑者を任意同行した上、警察署付近のホテル等に宿泊させながら取調べを実施した事案について、最決昭59.2.29刑集38・3・479（いわゆる『高輪グリーンマンション殺人事件』）は、任意捜査の一環としての被疑者に対する取調べについて、「（前記最決昭51.3.16で示されている）強制手段によることができないというだけでなく、さらに、事案の性質、被疑者に対する容疑の程度、被疑者の態度等諸般の事情を勘案して、社会通念上相当と認められる方法ないし態様及び限度において許容される」と判示した。

これは、前記最決昭51.3.16決定の①部分を確認した上で、さらに、②任意の取調べは、強制手段にまで至らない場合でも、「社会通念上の相当性」という基準に適合することが必要であるとして、任意捜査としての取調べの限界を示したものと考えられている（渥美東洋編・刑事訴訟法基本判例解説77頁参照）。

なお、同決定は、宿泊を伴う取調べの限界の観点からも判決がなされており、この点については、31（宿泊を伴う取調べ）も参照していただきたい。

上記判例も示すとおり、任意の取調べの適法性は、「社会通念上相当と認められる方法ないし態様及び限度」という一般的な基準に適合するか否かについて、様々な要素を総合考慮して判断されるものであり、時間の長短が即、適法・違法の判断につながるわけではないが、長時間の取調べが深夜の時間帯にまで及ぶ場合には、違法と評価される可能性が高くなるように思わ

れる（頃安健司・現代刑罰法大系 5「任意捜査と自由の制限」参照）。

そして，徹夜での取調べについては，犯罪捜査規範168条 3 項に「取調べは，やむを得ない理由がある場合のほか，深夜に又は長時間にわたり行うことを避けなければならない。」と規定されているとおり，捜査実務において基本的に避けるべきものとされている。

もちろん，取調べが徹夜になれば，必ず違法だと評価されるということではなく，徹夜での取調べが適法であると判断された事例も複数，存在することに注意されたい。

しかし，これらの事例は，いずれも特殊な事情が存在する事例であることに留意しなければならず，やはり徹夜での取調べが許容されるのはやむを得ない例外的事例と考えた方がよいであろう。

参考判例

被告人に対する任意取調べ段階において，5 日間にわたり，相当長時間の取調べを実施し，宿泊する際，警察官がホテルや実家に付き添って送って行き，室内まで立ち入ったことはあったとしても，警察官が共に宿泊した事実まではないというのであって，宿泊の点が被告人の自供に特段の影響を及ぼしたものとまでは認め難いとした事例がある（東京高判平13.3.26高検速報（平13）46）。

具体的な事例で検討しよう！

違法 ◀━━━━━━━━━━▶ 適法

❌ 違法　長時間の任意取調べが違法となる場合

1　具体的事例　警察官は，午後9時20分頃，公園内で，値札が貼られたウイスキーを所持しているAを発見し，派出所に任意同行した。

同派出所において，警察官が，Aに対し，ウイスキーの入手元について取調べを行ったところ，Aは，当初，買ったものであると弁解したが，追及を受けて，駐輪されていた自転車の前かごから盗んだものであると供述した。

その後，警察官は，Aの所持品を入れたロッカー等へAを同行するなどした後，午前2時頃から再び，派出所においてウイスキーについての取調べを行った。

Aは，この取調べにおいて，いったんウイスキーをスーパーから盗んだ旨自白したものの，その後，再度，買ったものであると弁解するなどし，結局，午前4時頃に，ウイスキーをスーパーから盗んだことを確定的に自白するに至り，午前5時30分頃，緊急逮捕された。

2　解説と実務上の留意点　上記事例と同様の事案において，Aに対する取調べは，任意捜査として許容される社会通念上相当な限度を逸脱し，違法であると判断された（大阪高判昭63.2.17高刑集41・1・62）。その判断のポイントは，①本件取調べは，徹夜にわたる長時間のものであること，②本件被疑事実は，重大な事案とは言えないこと，③Aは，帰宅したい旨などを警察官に告げていないものの，積極的に取調べを希望していたわけではなかったことである。

本事例では，Aが，ウイスキーの窃盗について，当初否認した後，虚偽の自白をし，さらにこれを翻すなどの供述態度であったため，警察官としても，その真偽を見極めようと，取調べが長引き，緊急逮捕に踏み切るのに時間を要したのであろうと推測される。このようなことは，実際の捜査活動において起こり得ることであるし，安易な逮捕を避けるという面で，逮捕前の慎重な取調べが必要であることも確かである。ましてや，Aが取調べを拒否しなかったとなればなおさらであろう。この点について，前記判決は「被疑者の積極的な希望」に言及するが，窃盗被疑者として取調べを受ける者が，積極的に取調べを希望するなどということはほぼ皆無ではないかとも思われる。しかし，やはり，取調べが長時間かつ深夜にわたるような場合においては，被疑者に対して，帰宅の意思を確認し，取調べに対する明示の承諾を得たり，概括的な自白が得られたりした段階で，できるだけ早期の緊急逮捕を検討するなどの措置が必要であろう。

長時間にわたる取調べが適法とされる場合 　適法

1　具体的事例
アパート一室において女性が殺害され，金品がなくなっていたという事案について，警察官が，午後11時過ぎから，被害者の交際相手であったAの任意取調べを開始した。

冒頭，Aは，「知っていることは何でも申し上げます。早く犯人が捕まるよう，私もお願いします」と述べた。

その後，Aの取調べは，徹夜で行われ，翌午前9時半過ぎ頃，Aは，被害者を殺害して金品を持ち出した旨を自白した。

しかし，この自白は，客観的事実と異なる部分があり，強盗の犯意についても曖昧であったため，警察官が取調べを続けたところ，Aは，強盗の犯意も認め，午後9時25分，逮捕された。

2　解説と実務上の留意点
上記事例と同様の事案において，Aに対する取調べは，任意捜査の限界を超えた違法なものとはいえないと判断された（最決平元.7.4刑集43・7・581　ただし，反対意見あり）。

本件取調べは，徹夜で行われた上，Aが一応の自白をした後も，さらに約半日間続けられたという点で，相当特異な事例であるが，それでも適法と判断されたポイントは，①事案の重大性，②取調べ冒頭において，Aから進んで取調べを願う旨の申出があったこと，③捜査官は，Aの当初の自白が客観的状況と合致しないことから真相追及の必要性があったこと，④自白強要や逮捕の際の時間制限潜脱の意図はなかったこと，⑤Aから，取調べを拒否したり，帰宅・休息を求めたりするなどの言動はなかったことなどである。

本事例は，徹夜での取調べが適法とされた事案として著名なものであるが，その判示中には，通常，このような長時間の取調べは是認できず，本件についても，Aが被害者の殺害を自白した時点で逮捕手続をとるなどの方法もあったことなどが指摘された上で，本件取調べの適法性判断は慎重を期すべきであるとされており，長時間の取調べの適法性についての限界事例である。

違法と適法の分水嶺における留意点

　任意の取調べにおいては，たとえ，取調べを受ける本人が明示的に取調べを拒否しなくても，取調べが一定時間を超え，あるいは，深夜の時間帯にさしかかった際に，本人の意思を積極的に確認し，事案の重大性や，取調べを続行すべき必要性などを十分に勘案した上で，取調べを続けるのか，逮捕手続等の措置をとるのかについて，適切な判断をする必要がある。

31 宿泊を伴う取調べ

> 宿泊を伴う被疑者の任意取調べは許されるか？

1 問題の所在

被疑者の任意取調べ中，犯罪の嫌疑は認められるものの，逮捕の要件は整わず，さらなる取調べが必要であるという局面において，その取調べが深夜の時間帯に至った場合，警察官がどのように対応すべきかは，困難な問題である。

いったん被疑者を帰宅させ，翌日，改めて出頭を求めて取調べを行うのが最も望ましい方法ではあるが，被疑者が住居不定であるとか自殺のおそれがあるという場合もある。

しかし，被疑者の真の承諾があったとしても，任意捜査中である被疑者を警察署内の留置施設等に宿泊させることは許されない。

そこで，考えられるのが，このような被疑者を，警察官が手配した宿泊施設に宿泊させることである。

しかし，翌日も取調べを続行することを前提として，被疑者を宿泊させることは許されるのか，許されるとしてもその要件はどのようなものかについて理解しておかなければならない。

2 リーディングケース

被疑者を警察署近辺のホテルに宿泊させて取調べを続行したことの適法性が問題となった最高裁決定（最決昭59.2.29刑集38・3・479，いわゆる「高輪グリーンマンション事件」）がある。

(1) 事案の概要

この決定の事案は，次のようなものである。

警察官は殺人被疑事件の被疑者を，警察署に任意同行し取調べを開始した。

被疑者は当初否認したものの，同日中に犯行を認めた。

その後被疑者は翌日の取調べを前提として，宿泊を希望する旨の答申書を提出した。

そこで警察官は，その後4夜にわたり被疑者を警察署近くの宿泊施設に宿泊させ（警察官は同宿又はホテル周辺で張り込み，被疑者の送迎は警察車両で行った。また宿泊費用は一泊分のみ被疑者が支払い，その他は警察において支払った。），連日，取調べを行ったというものである。

(2) 決定要旨

同決定は，この取調べについて，任意捜査としての被疑者取調べは，「強制手段によることができないというだけでなく，さらに，事案の性質，被疑者に対する容疑の程度，被疑者の態度等諸般の事情を勘案して，社会通念上相当と認められる方法ないし態様及び限度において，許容される」と判示して，強制手段に至るような取調べが許されないことはもちろん，強制手段にまで至らなくとも，任意捜査として許されない取調べがあるとして，その一般的基準を示した。

その上で，本事例での具体的判断としては

> ①被疑者が初日の宿泊について自ら希望する旨の答申書を作成していること
> ②被疑者が取調べ・宿泊を拒否したり，帰宅を申し出たりするなどの行動に出ていないこと
> ③事案の性質上，被疑者の取調べを速やかに行う必要性があったこと
> ④捜査官らが取調べを強行し，退去，帰宅を拒絶，阻止したという事情もうかがわれないこと

などの事情を重視し，本件取調べが，任意捜査として許容される限界を超えた違法なものであったとまでは断じ難いとした。

ただし，2名の裁判官による反対意見が付されていることについても，注意されたい。

本決定は，宿泊を伴う任意取調べを最終的には適法と判断した。

もっとも，①被疑者の住居は警察署から比較的近く，帰宅は可能であったこと，②宿泊1日目は警察官が同宿し，その後も被疑者の動静を監視していたこと，③警察署への往復は警察車両が使用されていたこと，④宿泊費用の一部を警察が支払っていること，⑤取調べは連日午前中から深夜に至る長時間に及んだことなどの諸事情に徴すると，被疑者が，「宿泊を伴う連日にわたる長時間の取調べに応じざるを得ない状況に置かれていたものとみられる一面もあり，その期間も長く，任意取調べの方法として必ずしも妥当なものであったとは言い難い」と判示しており，また，2名の裁判官による反対意見は，さらに厳しく本件捜査方法を批判している。

(3) 留意点

　したがって，宿泊を伴う取調べが一般的に許容されると考えるのは誤りであり，捜査に当たっては，具体的事例に応じて，他にとるべき方策がなく，被疑者を宿泊させることが真にやむを得ない手段で，社会的に相当であるかを慎重に検討しなければならない。

具体的な事例で検討しよう！

違法　　　　　　　　　　　　　　　　　適法

❌ 違法 宿泊を伴う任意取調べが違法となる場合

1　具体的事例　同居人に対する殺人被疑事件の被疑者であるAにつき，任意同行後，警察官が手配したビジネスホテル等に合計7泊させて，連日取調べを行い，Aが罪を認めて上申書を作成した後に逮捕した。

ホテル等においては，ロビーにおいて警察官がAの動静を監視し，ホテルから警察署までは警察車両で送迎した。

また，Aの宿泊費用及び食費は警察が負担した。

2　解説と実務上の留意点　上記事例と同様の事案において，Aに対する取調べは，任意取調べの方法として社会通念上相当と認められる方法ないし態様及び限度を超えたものとして，違法であるとされた（東京高判平14.9.4判時1808・144）。

その判断のポイントは，①宿泊期間が9泊（上記7泊のほか親族が入院していた病院での宿泊を含む）と長いこと，②宿泊場所について，Aには友人宅などの選択肢があり得たこと，③宿泊場所での監視状況も徹底されていたことである。

本件が重大事案であり，Aから詳細に事情聴取をする必要が極めて強かったこと，犯行現場がAの自宅であったことから，帰宅することは不可能であったことなどを考慮するとしても，本件の捜査方法は，社会通念に照らしてあまりにも行き過ぎであるとされた。

本件では，Aが明示的に宿泊を希望したわけではないという点に加え，やはり宿泊期間が9日間にわたるという期間の長さが最大のポイントであろう。

宿泊を伴う取調べは任意捜査の方法として必ずしも妥当ではないという趣旨は，前記高輪グリーンマンション殺人事件に関する最高裁決定以後，東京地判平6.9.29（後述の適法例）や大阪高判平13.9.25（強盗殺人等の被疑者を警察署内及びホテルに合計3泊させて取り調べた事案。公刊物未登載）にも現れており，本件のような長期間の宿泊が，「行き過ぎである」として認められないのは当然である。

Aの帰宅が困難であったとしても，A本人から宿泊場所の希望を聞くなどして，適切に対応すべきであったと思われる。

宿泊を伴う取調べが適法とされる場合 　適法

1　具体的事例　　夫婦が共犯との疑いのある殺人被疑事件に関し，妻である被疑者Ａを，警察官の手配したホテルに2泊させて，連日警察署において取調べを行い，その後逮捕した。

ホテルにおいては，警察官が同じフロアに宿泊してＡの動静を監視し，ホテルから警察署までは警察車両で送迎した。

2　解説と実務上の留意点　　上記事例と同様の事案について，Ａに対する取調べは，任意捜査の限界を超えた違法なものとはいえないと判断された（東京地判平6.9.29公刊物未登載）。

その判断のポイントは，①Ａは，宿泊拒否や，帰宅の申出をしたことがなく，むしろ，宿泊はＡの希望に添うものであったこと，②本件は，殺人被疑事件であるが，被害者の生死が未解明という特殊事情があり，早急な取調べの必要性が特に高かったこと，③夫婦共犯である可能性が強く，Ａを帰宅させれば罪証隠滅のおそれがあったことなどである。

本事例では，Ａが明示的に宿泊を希望していたわけではないようである。

しかし，Ａは，夫から暴力を受けていた事実も指摘されており，当時のＡの対応は拒否的ではなかったと推測される。

しかし，宿泊を伴う取調べが，任意捜査として問題をはらんでいることを考慮すれば，本件でも，Ａが自ら宿泊を希望する旨とその理由を記載した上申書等を作成すべきであったように思われる。

違法と適法の分水嶺における留意点

　本項31の宿泊を伴う取調べと，前項30の長時間の取調べ，特に徹夜での取調べは，任意捜査の方法として，必ずしも妥当ではなく，例外的措置であることをまず認識しなければならない。

　その上で，具体的事案に応じ，被疑者を帰宅させることがどうしても相当でない場合には，徹夜覚悟で取調べを続けるのか，宿泊させるのかについて判断しなければならない。

　そして，そのいずれを選択するにせよ，警察官としては，被疑者に対し，帰宅意思の確認を怠ってはならないことはもちろんのこと，承諾・同意が得られた場合には，被疑者に上申書などを作成・提出させるべきであろう。

　なお，宿泊に関しては，多くの事例において，①宿泊手配をしたのは誰か，②宿泊先での監視状況，③宿泊代負担者，④宿泊先から警察署までの交通手段が問題とされていることに留意すべきである。

32 おとり捜査の限界

> 警察官はどのような場合におとり捜査を行うことができるか？

1 はじめに

(1) おとり捜査とは

一般に，犯罪捜査は既に発生した事件について行われるものであるから，捜査機関は，既発生事件の捜査の端緒を得た後に，犯人検挙及び犯罪事実立証等のために種々の証拠を収集するのが原則である。

しかし，薬物事犯，銃器事犯，風俗事犯など，直接的な被害者がおらず，類型的に密行性の高い犯罪においては，既発生事件の捜査の端緒をつかむこと自体が困難である上，証拠も隠滅されやすく，関係者の供述も得にくいなど，通常の捜査手法によっては検挙が難しい場合も多い。

おとり捜査とは，一般的定義として，捜査機関又はその依頼を受けた捜査協力者（すなわち「おとり」）が，その身分や意図を秘して，捜査対象者に犯罪を実行するよう働き掛け，同人がこれに応じて犯罪の実行に着手したところで現行犯人逮捕等により検挙する捜査手法をいうものとされる（最決平16.7.12刑集58・5・333，以下「平成16年決定」という。）。

それでは，このようなおとり捜査には，どのような問題点があるだろうか。

(2) おとり捜査の問題点

麻薬法58条や銃刀法27条の3には，捜査機関が禁制品を合法的に譲受け等できる規定が置かれている。

> 麻薬法58条
> 　麻薬取締官及び麻薬取締員は，麻薬に関する犯罪の捜査にあたり，厚生労働大臣の許可を受けて，この法律の規定にかかわらず，何人からも麻薬を譲り受けることができる。

> 銃刀法27条の3
>   警察官又は海上保安官は，けん銃等，けん銃部品又はけん銃実包に関する犯罪の捜査に当たり，その所属官署の所在地を管轄する都道府県公安委員会の許可を受けて，この法律及び火薬類取締法の規定にかかわらず，何人からも，けん銃等若しくはけん銃部品を譲り受け，若しくは借り受け，又はけん銃実包を譲り受けることができる。

 しかし，刑訴法上は，おとり捜査についての明文の根拠規定がない。

 では，おとり捜査は，上記の特別法規定が適用されない場面でも，一般的に，適法な捜査手法として行うことができるのか。

 ここでの最大の問題点は，おとり捜査が，対象者への捜査機関の積極的な働き掛けにより犯罪を実行させ，その事件に基づいて対象者を検挙する手法である点で，いわば捜査機関が国民に「わな」を仕掛けることにより国家自身が犯罪を作出するものとして，許されないのではないか，ということである。

 そこで，以下，おとり捜査は認められるのか，どのような場合に許容されるのかについて検討する。

2 解　説

(1) おとり捜査の法的性質

 上記のとおり，通常，捜査とは，既に発生した事件の犯人検挙や犯行立証等のための証拠収集を目的として行われるものであるから，おとり捜査のように，未だ実行されていない犯罪を対象とする場合も「捜査」に含まれるのか疑義があるとの見解がある。

 しかし，平成16年決定は，少なくとも直接の被害者がいない薬物犯罪等の捜査において，通常の捜査方法のみでは当該犯罪の摘発が困難である場合に，機会があれば犯罪を行う意思があると疑われる者を対象におとり捜査を行うことは，刑訴法197条1項の任意捜査として許容される場合があるとする。

そうすると，どのような場合において，おとり捜査が許容されるかを判断する際にも，任意捜査の限界に関する基準と，同様に考えればよいとも思われる。

　ただ，一般に，任意捜査の適法性については，任意捜査が，明文の個別規定によらず対象者の自由やプライバシーを一定程度制約するものであるがゆえに，国民の自由やプライバシーを過度に侵害することのないよう，捜査の必要性や相当性等との比較衡量をもとに判断するものとされてきた。

　その一方，おとり捜査の適法性に関する論点の本質は，先に見たとおり，「国家が犯罪を作出する」ものではないかという問題意識であるから，自由やプライバシー侵害の有無という観点から適否を判断するのは相当でなく，むしろ，「国家が犯罪を作出することを防ぐ」という観点から，適否の基準が導かれるべきである。

　そのため，おとり捜査の適否の判断基準に関しては，一般的な任意捜査の限界基準とは別個の検討が必要となる。

⑵　「機会提供型」と「犯意誘発型」

　従来，おとり捜査については，犯意を有していなかった対象者に，捜査機関が働き掛けて犯意を誘発し犯罪を実行させた場合（いわゆる「犯意誘発型」）と，もともと犯意を有していた対象者に対し，捜査機関が単に犯罪実行の機会を提供したにすぎない場合（いわゆる「機会提供型」）とに分けて検討されてきた。

　こうした二分論的発想自体は，基本的に判例でも踏襲されてきたといってよく，平成16年決定のほか，過去の最高裁判例にも見られる（最決昭28.3.5刑集7・3・482，最判昭29.11.5刑集8・11・1715等。判例は，両類型いずれについても，おとり捜査の存在が被告人についての実体法的な犯罪の成否に影響するものではないとしているが，違法なおとり捜査により収集された証拠が，違法収集証拠として排除されることにより，結果として被告人が無罪とされる余地はあろう。）。

　この二分論は，先に見た，「国家が犯罪を作出したか」という問題点を言い換えたものともいえる。

つまり、対象者の犯意が弱いほど、捜査機関は強い働き掛けを行って犯罪を実行させることになり、「国家が犯罪を作出した」ものとして違法になり得る（犯意誘発型）一方、対象者の犯意がもともと強固で、単に捜査機関が犯罪実行のきっかけを与えたにすぎない場合は、おとり捜査がなくとも別の機会に同種犯罪を実行していたであろうから、「国家が犯罪を作出した」とはいえず、違法とはいえない（機会提供型）と捉えるのである。

しかし、当該おとり捜査が、いわゆる「犯意誘発型」なのか、「機会提供型」なのかは、必ずしも判然としない。

そこで、おとり捜査が適法かどうかについては、このような二分論を念頭に置きつつも、様々な事情を考慮し、個別具体的に検討を加えるほかない。

(3) おとり捜査の適否の判断基準

これまで見てきたとおり、おとり捜査が違法となり得るかどうか、すなわち、「国家が犯罪を作出したといえるか」どうかの判断においては、もともと対象者の犯意がどれほど強かったか、また、その強弱に比例して、捜査機関がどれほど強度の働き掛けを行ったかが、大きく影響することとなる。

よって、おとり捜査の適否を判断するに際して最も重要なことは、まず、①対象者の当該同種事犯における犯罪性向の存否及びその程度についての合理的な嫌疑の存在と、捜査機関の働き掛けの程度との相関関係により決まる当該おとり捜査の違法性の程度であるということになる。

しかし、おとり捜査が任意捜査としての法的性質を有する以上、その適否の判断に際しても、一般の任意捜査における適否の判断基準である②捜査の公益的要素を加味する必要がある。すなわち、当該犯罪類型の密行性、当該事案の重大性、組織性、対象者の犯罪性向等から基礎付けられる犯人検挙の必要性を、①と比較衡量して適否を判断するのが適切である。

その際、③補充性、つまり、検挙予定の対象者がおとり捜査によらなければ摘発できないのか、既発生の別事件捜査によっても検挙できるのかについても、検挙の必要性・緊急性等の度合いに応じて、付随的に考慮に入れるのが相当とされていることが参考となろう（多和田隆史・最判解刑事篇平16・282、283参照）。

平成16年決定は，上記同様の考え方に立って，麻薬取締官において，捜査協力者からの情報によっても，犯人の住居や立ち回り先，大麻樹脂の隠匿場所等を把握することができず，他の捜査手法によって証拠を収集し，犯人を検挙することが困難な状況にあり，一方，犯人は既に大麻樹脂の有償譲渡を企図して買手を求めていた状況において，麻薬取締官が，取引の場所を準備し，犯人に対し大麻樹脂を買い受ける意向を示し，犯人が取引の場に大麻樹脂を持参するように仕向けたことについて，おとり捜査として適法であるし，このようなおとり捜査を通じて収集した大麻樹脂を始めとする証拠の証拠能力を肯定している。

参考判例

　被告人らが当初から大量の大麻樹脂の売却を企図している状況があるなど，いわゆる機会提供型のおとり捜査において，その適法性を容認するとした事例がある（東京高判平19.6.1高検速報（平19）240）。

具体的な事例で検討しよう！

違法　　　　　　　　　　　　　　　　　　　　　　　適法

✕ 違法 警察官のおとり捜査が違法となり得る場合

1 具体的事例　警察官甲は、Aが覚醒剤の密売をしているとの情報を得てAを検挙しようと考え、協力者BにAと接触させ、覚醒剤を売るよう持ちかけさせた。

しかし、Aは、「覚醒剤からは足を洗った。」などと言ってこれを断った。

そこで、甲は、Bに指示して、1か月にわたり毎日Aに電話をかけさせ、覚醒剤購入の申込みをさせたが、Aは電話に出なくなった。

甲は、さらに、Aの出入りする飲食店にBを通わせてAに接触させ、「どうしても覚醒剤を買ってきてほしいと知人から頼まれているので、覚醒剤を売ってもらえれば、代金のほかに、50万円を上乗せして支払う。」などとBに言わせてAを説得した。

Aは、これを受けて翻意し、覚醒剤を入手してBに譲り渡し、検挙された。

2 解説と実務上の留意点　本件は、対象者Aが、既に覚醒剤密売をやめており、その犯罪性向が高いとは認め難い状況において、警察官甲が執拗ともいえる方法で犯罪を働き掛けた事案である。

もちろん、実際の捜査では、対象者から「覚醒剤密売はもうしていない」旨言われても、本当に密売をやめたのではなく、単に捜査を警戒して売買に応じないだけである可能性もあるから、実体を十分捜査する必要はある。

ただ、少なくとも本件においては、Bへの覚醒剤譲渡を行わない旨の態度を繰り返し明示していたAに対し、捜査機関が、長期間にわたり、様々な方法で相当強度の働き掛けを行ったがために、Aの犯意を誘発し、「国家が犯罪を作出した」事案であるとの批判はあり得るだろう。

このように、対象者の当該時点における犯罪性向が低いといわざるを得ない場合は、捜査機関の働き掛けの態様、具体的には働き掛けの方法や頻度、報酬の有無等によっては、「犯意のなかったところに犯罪を作出した」ものとして、違法と評価される余地もある。

警察官のおとり捜査が適法とされる場合　適法　〇

1　具体的事例　警察官甲は，Aがインターネット上のホームページに覚醒剤密売の広告を掲載しているのを見つけ，Aを検挙するために，客を装い，同ホームページの注文フォームに書き込みをして，Aに覚醒剤購入を申し込んだ。
　Aは，これに応じ，甲に覚醒剤を譲り渡して検挙された。

2　解説と実務上の留意点　本件は，対象者Aがもともと覚醒剤譲渡の犯意を有していたところ，警察官甲はその実行の機会を与えたにすぎないといえる事案である。
　また，甲の働き掛けの程度も，ホームページ上の注文フォームに覚醒剤購入を申し込む内容の書き込みをしたという軽度のものである。
　覚醒剤密売事案であるから，密行性や捜査の補充性も十分認められる。
　このように，対象者の犯意がもともと強固であり，捜査官の働き掛けも弱いものであって，国家が犯罪を作り出したとまではいえない場合は，当該おとり捜査は適法と評価されよう。
　なお，類似の事案におけるおとり捜査が適法と判断されたものとして，東京高判平20.7.17東高時報59・1＝12・69がある（なお，同判決は，適法判断の根拠として，被告人が覚醒剤の密売を繰り返して犯意を有していた等の事情に加え，広告制限違反行為につき既に犯行が行われており，捜査官による覚醒剤購入申込みは上記違反行為の捜査の一環ともいえることについても触れている。）。

違法と適法の分水嶺における留意点

　本項で見てきたとおり，おとり捜査の適否に関する最も重要な分水嶺となるのは，「対象者の当該同種事犯における犯罪性向についての合理的な嫌疑の存在」と，「捜査機関の働き掛けの程度」である。

　対象者の犯罪性向が低い場合に，捜査機関が執拗に強度の働き掛けを行ったおとり捜査については，違法とされる可能性があるため，注意を要する。

33 任意捜査としての写真（ビデオ）撮影の要件

> 任意捜査の段階での被疑者等の写真やビデオ撮影は許されるか？

1 問題の所在

過度に供述に依存することなく客観証拠の収集・分析をより一層重視するという観点からは，捜査において，事実をありのままに記録する写真やビデオの役割は極めて重要である。

取り分け，撮影機材の小型化・軽量化やデジタル技術の高度化等により，捜査における写真画像やビデオ映像の活用は，より有益なものとなっている。

他方，技術の進歩により撮影場所を問わず撮影対象に気付かれることなく鮮明な画像を長時間にわたり録画することも容易となったことで，相手方の承諾のない撮影によるプライバシー侵害のおそれは増しているといえる。

そこで，今一度，任意捜査段階での相手方の承諾のない写真やビデオ撮影の要件を正確に理解しておく必要がある。

2 リーディングケースと解説

撮影に関して，刑訴法は，身柄が拘束されている被疑者について同法218条3項が規定するのみで，任意捜査としての撮影に関する規定はない。

刑訴法218条3項
　身体の拘束を受けている被疑者の……写真を撮影するには，被疑者を裸にしない限り，……令状によることを要しない。

犯罪捜査目的で，公の場所で，相手方の承諾なく私人の容ぼう・姿態等を撮影したことの適法性が問題となった以下の2つの最高裁判例がある。

A　最大判昭44.12.24刑集23・12・1625（京都府学連事件）

　上記のA判例は、公道上での許可条件に違反する、違法なデモ行進の現行犯的状況を、警察官が写真撮影したことにおける適法性が問題となった事例である。

　A判例は、「何人も、その承諾なしに、みだりにその容ぼう・姿態（以下「容ぼう等」という。）を撮影されない自由を有する」、「少なくとも、警察官が、正当な理由もないのに、個人の容ぼう等を撮影することは、憲法13条の趣旨に反し、許されない」とした上で、①現に犯罪が行われ若しくは行われたのち間がないと認められる場合であって、②証拠保全の必要性及び緊急性があり、③その撮影が一般的に許容される限度を超えない相当な方法をもって行われるときは、撮影される本人の同意がなく、裁判官の令状がなくても、警察官による個人の容ぼう等の撮影は許容される旨の判断を示した。

　A判例は、公の場所での写真撮影が任意処分であることを前提に、その限界を判示したものと理解されつつも、要件①の現行犯性がない場合の撮影は許さないという趣旨なのかどうかについて議論があった。

B　最決平20.4.15刑集62・5・1398

　このB判例は、強盗殺人等被疑事件の捜査の過程で、防犯ビデオに映っていた犯人との同一性を確認するために、公道上を歩行中又はパチンコ店で遊戯中の被疑者を、捜査官が捜査車両等からビデオ撮影した事例である。

　現行犯的状況で撮影されたA判例の事案と異なり、B判例は、既に犯行が終わった過去の犯罪の捜査過程での撮影の適法性が問題となった。

　この点、B判例は、A判例について「警察官による人の容ぼう等の撮影が、現に犯罪が行われ又は行われた後間がないと認められる場合のほかは許されないという趣旨まで判示したものではない」として、現行犯性（A判例の要件①）がなくても任意捜査として無令状で撮影が認められ得ることを明示した。

その上で，B判例は，犯人である疑いを持つ合理的理由が存在し，犯人特定のための重要な判断に必要な証拠資料を入手するために必要な限度で，通常，人が他人から容ぼう等を観察されること自体は受忍せざるを得ない場所（公道上やパチンコ店）における撮影であることから，「ビデオ撮影は，捜査目的を達成するため，必要な範囲において，かつ，相当な方法によって行われたものといえ，捜査活動として適法なものというべきである。」と判示した。

　B判例を踏まえれば，公道等での無令状の撮影の適法性判断においては，（A判例の要件①の）現行犯性は不可欠の要素ではなく，「(撮影を行う) 必要性，緊急性と手段の相当性の認められる限度において許容される」（最決昭51.3.16刑集30・2・187参照）と解される。

　すなわち，個別具体的事案における撮影の必要性（犯罪の軽重，合理的嫌疑の存在，捜査目的達成における必要性・緊急性・補充性等）と撮影によって侵害・制約される法益の質・程度（撮影の場所・状況，撮影の態様・方法等の手段の相当性）を比較衡量し，合理的権衡の有無によってその適否が判断されることとなる。

具体的な事例で検討しよう！

違法　　　　　　　　　　　　　　　　　適法

❌ 違法 写真撮影が違法となる場合

1 具体的事例 覚醒剤の密売の任意捜査の過程で，公道上の捜査車両の中から，望遠レンズを用いるなどして，被疑者方の窓越しに室内にいる被疑者等の容姿を密かに撮影することは許されるか。

2 解説と実務上の留意点 一般に，捜査の必要がある場合に，室内が誰にでも容易に覗けるような状態を利用して，例えば公道からカーテンの開かれている窓越しに捜査員が室内を一瞥することは，手段の相当性に欠けるとまでは言えず許されると考えられる（敷地内に密かに入り込んで覗くことまでは許されない）。

では，このような状態を利用して，さらに室内の被疑者等を撮影することまで許されるだろうか。

この点，カーテンの開かれている窓越しに公道から室内を一瞥することが許されるのは，その限度で室内のプライバシーが放棄されていると認められるからに過ぎず，一般に，カーテンが開かれているからといって，屋外から写真やビデオで撮影されることまで許しているとは認め難い。

また公道等における撮影が問題となったA及びB判例の事例と異なり，住居等は，通常，人が他人から容ぼう等を観察されることはなく，他人から撮影されることなどないとの合理的期待が認められる領域（憲法35条1項（住居等の不可侵）の保障の下にある）であるから，写真撮影の高度の必要性・緊急性が認められる例外的な場合でなければ，無令状で室内の写真撮影をすることは許されない。

この場合は，その撮影目的に照らし，検証や捜索等の令状の発付を受けて，強制処分として行うべきである。

なお，写真撮影の高度の必要性・緊急性が認められる例外的な場合としては，例えば人質事件等の室内の人物の生命身体に差し迫った危険がある場合が考えられる。

本事例のような覚醒剤の密売の任意捜査の必要性では，このような例外的な場合には該当せず，室内を撮影するには令状が必要であろう。

写真撮影が適法とされる場合

[1　具体的事例]　①高速道路上に速度違反自動取締装置を設置し，制限速度を一定程度超過した車両について，その車両と運転者の容ぼうをカメラで自動的に撮影した。

　②争議団と暴力団の衝突事件が多発していた地区の派出所で，公道上を継続的にビデオカメラで撮影していたところ，争議団のデモの際に，被告人が，派出所の前に駐車してあった警察車両のサイドミラーを損壊した状況が撮影された。

[2　解説と実務上の留意点]　①②ともに，未だ発生していない将来の犯罪を想定してカメラをセットして撮影した事案であるところ，同様の事例について撮影が適法とされた判例等がある。

　①は，カメラのセットは犯罪の発生前だが，現に制限速度を一定程度超過した車両についてのみ現行犯的に作動して撮影することを踏まえ，A判例と同様の論旨で，「現に犯罪が行われている場合になされ，犯罪の性質，態様からいって緊急に証拠保全をする必要性があり，その方法も一般的に許容される限度を超えない相当なものである」として適法とされた（最判昭61.2.14刑集40・1・48）。

　②は，将来発生する犯罪を想定して，あらかじめ継続的に撮影・録画していたことから，A判例や①等の現行犯的な場合とは異なるものの，「当該現場において犯罪が発生する相当高度の蓋然性が認められる場合であり，あらかじめ証拠保全の手段，方法をとっておく必要性及び緊急性があり，かつ，その撮影，録画が社会通念に照らして相当と認められる方法でもって行われるとき」には，「犯罪の発生が予測される場所を継続的，自動的に撮影，録画することも許される」とされた（東京高判昭63.4.1東高時報39・1＝4・8）。

　②では，「衝突事件が多発＝犯罪発生の相当高度の蓋然性」，「多数の衝突で混乱する現場＝証拠保全の必要性・緊急性」，「派出所前の公道をビデオ撮影＝相当と認められる方法」として判断されているので，捜査に当たっては，どのような事実が適法性の判断要素に結び付くかを日頃から意識しておく必要がある。

違法と適法の分水嶺における留意点

　適法・違法の分かれ目は，捜査目的達成の必要性と侵害される法益とのバランスの観点から，撮影を行う必要性・緊急性と手段の相当性が認められるか否かである。

　つまり，違法事例のように住居の平穏まで害するような手段での撮影は高度の必要性・緊急性が認められる例外的な場合でなければならず，他方で，適法事例のような公道上での隠し撮り等の撮影であれば，一般には手段自体が著しく不相当とまではいえず，合理的な嫌疑や犯罪発生の高度の蓋然性等の撮影の必要性があれば適法と認められる。

34 採尿のための警察署取調室への留め置き

採尿のための警察署取調室への留め置きはどの程度許されるのか？

1 問題の所在

薬物使用の疑いが濃厚な被疑者が，尿の任意提出や警察署への任意同行を拒否した場合，職務質問の現場で一定時間説得等を行ったり，警察署への任意同行には応じたものの尿の任意提出には容易に応じないことから，取調室に一定の時間説得のため，留め置いたり，強制採尿令状を請求したため，その発付があるまで一定の時間留め置くことがある。

しかし，その後，公判において「長時間にわたる留め置き行為は違法である。」などと主張されて適法性が争われることもある。

こうした留め置き行為は，どのような要件の下にどの程度の時間が許されるのであろうか。

2 解　説

このような留め置き行為に関するリーディングケースとしては，最決平6.9.16刑集48・6・420（以下「平成6年決定」という。13参照）があるので紹介する。

(1) 事案の概要

この事案は，被疑者について覚醒剤使用の嫌疑があったところ，車両運転中の被疑者を発見したため被疑者運転車両を停止させ，午前11時10分頃から職務質問を開始した際，被疑者には，幻覚の存在や周囲の状況を正しく認識する能力の減退など覚醒剤中毒を疑わせる異常な言動があり，エンジンをからふかししたり，ハンドルを切ったりするような動作をしたため，警察官は，被疑者運転車両の窓から腕を差し入れ，エンジンキーを引き抜いて取り上げた。

その後も職務質問を継続するとともに警察署への任意同行を求めたが、被疑者は、自ら運転することに固執するなどして拒否したことから、午後3時26分頃、現場で指揮を執っていた警察官は、令状請求のため現場を離れ、被疑者運転車両及び被疑者の身体に対する各捜索差押許可状並びに強制採尿のための捜索差押許可状の発付を請求した。

その後各令状が発付されたので、午後5時43分頃から、被疑者の身体に対する捜索が被疑者の抵抗を排除して執行され、午後5時45分頃には、強制採尿令状を呈示し、激しく抵抗する被疑者を制圧して病院に連行し、午後7時40分頃から52分頃までの間、その病院において強制採尿が行われた、というものであった。

(2) 決定要旨

平成6年決定は、職務質問を開始したことについては適法であるとしたものの、留め置き行為の部分について、「その後被告人の身体に対する捜索差押許可状の執行が開始されるまでの間、警察官が被告人による運転を阻止し、約6時間半以上も被告人を本件現場に留め置いた措置は、当初は前記のとおり適法性を有しており、被告人の覚せい剤使用の嫌疑が濃厚になっていたことを考慮しても、被告人に対する任意同行を求めるための説得行為としてはその限度を超え、被告人の移動の自由を長時間にわたり奪った点において、任意捜査として許容される範囲を逸脱したものとして違法といわざるを得ない。」とした。

(3) 解説

本件では、令状請求準備着手前の留め置きが約4時間20分、その後身体検査令状の執行までの留め置きが約2時間10分である。

本件において違法とされたのは、「強制採尿令状を請求して強制捜査に移行するか、そのまま被告人を解放するかについての警察官の見極めが遅れたため、結果として令状に基づくことなく被告人の移動の自由を長時間奪った点において違法」とされていることからすれば（中谷雄二郎・最判解刑事篇平6・152）、令状請求準備着手前の留め置き部分が違法とされ、その後引き続

いての留め置きも違法性を帯び，前後約6時間半にわたる留め置き措置全体が違法と判断されたようである。

　ただ，違法性の程度については，①行使した有形力は，エンジンキーを取り上げるなどした程度であってさほど強いものでなく，被告人に運転させないため必要最小限度の範囲にとどまる，②路面が積雪により滑りやすく，被告人自身，覚醒剤中毒をうかがわせる異常な言動を繰り返していたのに，運転に固執していたことから，交通危険の防止の面からも被告人の運転を阻止する必要性が高かった，③任意同行を頑なに拒否する態度を取り続けていたことから，説得が長時間に及んだのもやむを得なかった面がある，④警察官が当初から違法な留め置きをする意図があったとは認められない，などの事情を考慮し，違法の程度は令状主義の精神を没却するような重大なものではないとされている。

> **参考判例**
>
> 　覚醒剤の自己使用及び所持事件につき，パトカー内での職務質問において，被告人が降車の意思を明示してからもなお約3時間50分にわたり，有形力を行使するなどして被告人の降車を阻み，車内に留め置いた措置は，長時間にわたり被告人の移動の自由を過度に制約したものであり違法であるが，その程度は重大ではなく，違法収集証拠として証拠能力を欠くとした証拠調請求を却下した原審の訴訟手続に法令違反があるとして，原判決を破棄し，原審に差し戻した事例がある（札幌高判平26.12.18判タ1416・129）。

✕ 違法 強制採尿のための留め置きが違法となる場合

1 具体的事例　警察は，共同暴行・傷害の容疑で被疑者を任意同行し，午前1時5分頃に警察署に到着するや取調室で事情聴取を開始した。

被疑者は，取調べ中の午前3時35分頃から午後0時51分頃までの間，取調官の制止も聞かず，携帯電話で知人や母親に95回にわたり発信通話を繰り返した。

その間の午前4時8分ころ，被疑者は，「帰らせろ。」と言って退出しようとしたが取調官に制止され，駆け付けた警察官4名も出入口付近に立ち塞がった。

その後も被疑者は，逮捕状執行まで3，4回ほど「帰らせろ。」などと怒鳴って退出を要求したが，警察官らは出入口付近に立ち塞がるなどして退出を阻止した。

午前4時過ぎや5時過ぎ頃には，被疑者の知人や両親が駆け付けて面会を求めたものの，警察官は，面会を認めないなど外部との交通を遮断した。

午前9時頃，警察は上記容疑で被疑者の逮捕状を請求し，その後逮捕状が発付され，午後2時33分に執行された。

その間の午前11時頃，被疑者が用便を申し立てたので，警察官は，尿の任意提出を求めたが拒否され，腕を見せるように求めても拒否されるなどしたため，午後7時頃，尿の捜索差押令状を請求し，令状発付後の午後8時16分，被疑者に令状を呈示し，その後病院で強制採尿が実施された。

2 解説　上記事例に類似した事案につき，松山地判平22.7.23判タ1388・375は，「午前4時8分ころ以降，被疑者を取調室内に留め置いた行為は，既に別件での逮捕状請求の準備段階に入っていたことを考慮しても，任意捜査として許容される限度を超えた違法な身体拘束であった。」として留め置きを違法とした上，その他の事情をも考慮し，尿の鑑定書の証拠能力をも認めなかった。

留め置きが違法であることに関しては，①留め置いた時間は，任意同行から午後2時33分の逮捕まで13時間以上，帰宅を訴えた午前4時8分頃以降でも10時間余りの長時間に及んでいること，②被疑者が数回にわたり明白に退去の意思を表明し，実際に退出しようとしていたにもかかわらず，数名の警察官が出入口付近に立ち塞がって退出を阻止したこと，③その間，被疑者の知人や母親との面会を拒むなど外部との交通も制限していたこと，などの事情が考慮されている。

強制採尿のための留め置きが適法とされる場合 適法

1 具体的事例　車両運転中の被疑者に対し職務質問を開始したところ，同人の表情等から覚醒剤使用等の疑いがあったことから，午後5時50分頃，警察署に任意同行し，午後6時頃，被疑者を警察の取調室に入室させた。被疑者に対し，尿の任意提出を求めたが言を左右して提出に応ぜず注射痕の有無確認のために腕を見せることも拒否された。

そこで，警察官は，午後6時30分頃，強制採尿令状請求をする準備に取りかかり，その後同令状の発付を受けて午後9時28分頃，強制採尿令状を呈示し，強制採尿のために病院に連行し採尿した。

2 解説　上記事例と類似の事案につき，東京高判平21.7.1判タ1314・302は，純粋に任意捜査として行われている段階と，強制採尿令状請求の準備に着手し，令状発付を受け，その執行に至るまでの段階（強制手続への移行段階）とに分けて検討し，当該留め置きは，強制採尿令状の執行に向けて対象者の所在確保を主たる目的として行われたものであり，適法とした。

本判決において考慮されたポイントは，①強制採尿令状の請求が検討されるほどに嫌疑が濃い対象者については，対象者の所在確保の必要性が高いこと，②強制採尿令状の請求の準備行為から強制採尿令状が発付されるまでの留め置きは約2時間40分であり，同令状執行までは約2時間58分かかっているが，これらの手続の所要時間としては，特に著しく長いとまではいえないこと，③警察官らが，被告人を本件取調室に留め置くために行使した有形力は，受動的なものにとどまり，積極的に被告人の意思を抑圧するような行為等はされていないこと，④被告人の自由が相当程度確保されていたこと，などである。

違法と適法の分水嶺における留意点

　これまでの裁判例では，留め置きが適法か違法か（更に重大な違法か否か）の判断に当たっては，①留め置きの時間の長短，が大きな考慮要素となっているが，②留め置きの目的，③必要性・緊急性，④覚醒剤使用等の嫌疑の程度，⑤尿の任意提出の拒否や退去の意思の明確性，⑥留め置くための有形力行使の有無と程度，⑦令状主義潜脱の意図の有無，などが総合考慮されているといえよう。

　3時間程度の留め置きについて適法と違法判決があるように，留め置きが許される時間的範囲については一義的に論じることは困難であるが，強制採尿手続に移行するか解放するかについて迅速・適切に判断する必要がある（安東章「違法収集証拠について」警学67・7・143参照）。

第 5 章

逮捕
勾留

35 現行犯逮捕の要件（明白性）

> 現行犯逮捕の要件である犯罪及び犯人の明白性は，どのような場合に認められるか？

1 問題の所在とリーディングケース

(1) 問題の所在

刑訴法212条1項
　現に罪を行い，又は現に罪を行い終つた者を現行犯人とする。

刑訴法213条
　現行犯人は，何人でも，逮捕状なくしてこれを逮捕することができる。

　現に罪を行う者及び現に罪を行い終わった者は，現行犯人として無令状で逮捕することができる（刑訴法212条1項，213条）。
　このように，令状主義の例外として現行犯逮捕が認められる理由は，①犯罪及び犯人が明白であり，誤認逮捕のおそれがないこと，②その場で逮捕する必要性・緊急性が極めて高いことにある。
　したがって，現行犯逮捕が許されるのは，犯罪及び犯人が明白である場合に限られる。
　実際の現場においては，この犯罪及び犯人の明白性についての判断に迷う場合も少なくない。
　特に，犯行を現認していない警察官が，通報等により現場に駆け付け，現に罪を行い終わった者として現行犯逮捕するような場合，明白性の判断を迅速かつ的確に行うことは，必ずしも容易とはいえない。
　また，明白性の判断を誤れば，誤認逮捕という深刻な事態を招きかねない。

そこで、現行犯逮捕の要件としての明白性について、日頃から理解を深めておく必要がある。

(2) リーディングケース

犯行現場に駆け付けた警察官による現行犯逮捕に関し、最高裁は、暴行及び器物損壊の被害申告を受けて現場に駆け付けた警察官が、犯行から30分ないし40分後に犯人を現行犯逮捕した事案について、現に罪を行い終わった者の現行犯逮捕として適法である旨判断した（最決昭31.10.25刑集10・10・1439）。

この事案は、犯人が特殊飲食店で従業員に暴行を加え、同店のガラス戸を破損したため、主人が付近の派出所で被害を申告し、これを受けた警察官が現場に駆け付け、従業員から犯人が付近の別の店にいる旨を聞き、同店にいた犯人を現行犯逮捕したというものである。

同事案について、最高裁は、犯行直後に主人が警察に被害を申告したこと、警察官が主人及び従業員から暴行及び器物損壊の被害状況を聞いた上で破損箇所を確認し、直ちに犯人がいる店に行ったこと、そこで犯人が大声で叫びながら足を洗っており、手に怪我をしていたこと、犯行から逮捕までわずか30分ないし40分しか経過していないこと、犯行現場から逮捕場所までは約20メートルの近距離であったことなどを認定した上で、逮捕を適法とした原審の判断を是認した。

2 解　　説

現行犯逮捕の要件である明白性とは、逮捕者にとって、特定の犯罪が行われていることが明白であり、かつ、被逮捕者が犯人であることが明白であることである。

この明白性が認められるためには、必ずしも逮捕者が犯行を現認することまで必要ではなく、逮捕当時における諸般の状況から客観的、合理的に判断して明白性が認められれば、現行犯逮捕は許される。

もちろん，単に逮捕者の主観において，犯罪及び犯人が明白であったというだけでは足りず，逮捕者が直接見聞きした現場の状況等のほか，被害者や被逮捕者，目撃者の供述内容など，逮捕者が覚知した諸事情を総合的に考慮した上で，客観的，合理的に犯罪及び犯人の明白性が認められる必要があるのである。

そこで，通報等により現場に駆け付けたような場合，自らが犯行を現認していない以上，そのときの諸事情を総合的に考慮した上で，犯罪及び犯人の明白性を迅速かつ的確に判断しなければならない。

その際に考慮すべき事情としては，①犯行との時間的・場所的接着性，②現場の状況，特に証拠や犯罪の痕跡の有無等，③被逮捕者や被害者等関係者の挙動，④犯行発覚の経緯，特に犯罪通報の時期・方法・内容，⑤犯人特定の程度，特に被害者や目撃者の接触・追跡状況等が考えられる。

前記最高裁決定の事案についても，犯行から逮捕まで30分ないし40分しか経過しておらず，犯行現場から逮捕場所まで約20メートルの近距離であったこと（①犯行との時間的・場所的接着性），ガラス戸が破損していたこと（②現場の状況），被逮捕者が手に怪我をして大声で叫んでいたこと（③被逮捕者の挙動），犯行直後に主人が警察に被害を申告したこと（④犯行発覚の経緯）等の事情を考慮し，犯罪及び犯人の明白性を認めたものと考えられる。

具体的な事例で検討しよう！

違法　　　　　　　　　　　　　　　　　適法

❌ 違法 現行犯逮捕が違法となる場合

1 具体的事例

アパートの一室に居住する甲女は，深夜，同アパートに侵入して同女方浴室をのぞき込んでいる男を発見し，約5分後に110番通報した。その後，付近を警ら中の警察官が，犯行の約8分後，甲女方から約250メートル離れた道路において，甲女が申告した犯人の特徴に酷似するAを発見し，職務質問を行った。

Aは前記アパートへの侵入事実を否定したが，警察官がAを甲女方付近に同行して同女に見せたところ，甲女はAが犯人であることを肯定したことから，犯行の約20分後に住居侵入で現行犯逮捕した。

2 解説と実務上の留意点

上記事例に類似する事例で，警察官の現行犯逮捕が違法と判断された（東京高判昭60.4.30判タ555・330）。

同事例では，逮捕者である警察官にとって客観的に確実であったことは，甲女の110番通報に近接した深夜の時期に，甲女が申告した犯人の特徴にほぼ一致するAが前記アパートから約250メートル離れたところを歩いていたということだけであり，犯罪の存在及び犯人の特定は全て甲女の供述に頼っていたのであるから，犯行を現認したことと同一視できるような明白性は存在しなかった旨判断された。

同事例判断のポイントとなった要素は，最初に警察官がAを発見したのが，犯行現場から約250メートルも離れた場所であること（①犯行との時間的・場所的接着性），犯行現場には犯罪の痕跡等が何ら残っていないこと（②現場の状況），Aは犯行を否認しており，その他に犯行をうかがわせるような言動もなかったこと（③被逮捕者の挙動），甲女が110番通報したのは，犯行から約5分も経過してからであったこと（④犯行発覚の経緯），甲女は，犯人について，頭髪が薄く，身長160から165センチ，年齢35歳くらい，白いワイシャツ着用といった程度の特徴しか認識しておらず，Aを見た際も，犯人であることを肯定しつつ，「あまりはっきり分からない」旨述べていたこと（⑤犯人特定の程度）などである。

同事例のように，明白性を基礎付ける資料が目撃者等の供述のみであるような場合には，明白性について特に慎重な判断が必要となる。

実際の現場においては，同事例判断を念頭に置き，目撃者等の供述内容をよく吟味するとともに，他に明白性を基礎付けるような事情がないかを冷静に見極め，明白性の有無を迅速かつ的確に判断する必要がある。

現行犯逮捕が適法とされる場合 　適法

1　具体的事例　　深夜，閉店した甲女経営の飲食店に無理矢理来店した男が，同店内で甲女に暴行を加えてわいせつ行為を行い，同女に両下腿擦過傷の傷害を負わせた。

甲女は，すぐに同店から逃げ出し，110番通報した。

通報を受けて現場に駆け付けた警察官が，犯行の約20分後に，同店内で横になっていたAを強制わいせつ及び傷害で現行犯逮捕した。

2　解説と実務上の留意点　　上記事例に類似する事例で，警察官の現行犯逮捕が適法と判断された（東京地決昭42.11.22判タ215・214）。

同事例判断のポイントとなった要素は，犯行から逮捕まで約20分しか経過しておらず，犯行現場で逮捕されていること（①犯行との時間的・場所的接着性），犯行現場でAが横になっていたこと（②現場の状況），甲女が裸足で逃げ出しており，両下腿に擦過傷があったこと（③被害者の挙動），甲女が犯行直後に110番通報を依頼していること（④犯行発覚の経緯），甲女がAを犯人として明確に指示している上，Aがいたのは閉店後の深夜の店内であり，他の男の出入りは全く予想されない場所であること（⑤犯人特定の程度）などである。

同事例では，犯行後に被害者が犯人から離れているものの，犯人が犯行現場にとどまっており，しかも犯行現場の状況や時間帯等からして犯人以外の者が出入りすることは考えられないことなどから，犯人の明白性が認められたが，誰もが出入りし得るような時間・場所で犯行が行われたような場合であれば，明白性について更に慎重な判断が必要となる。

その意味でも，同事例判断のポイントを参考として，現場において的確な明白性判断ができるよう努める必要がある。

違法と適法の分水嶺における留意点

　現場において明白性の判断を迫られた場合，犯行現場の客観的状況や被害者等の供述内容等を総合的に考慮した上で，犯罪及び犯人が明白といえるか否かを迅速かつ的確に判断しなければならない。

　その際には，本項各事例の判断要素を念頭に置き，明白性に関わる諸事情を冷静に見極め，客観的，合理的に犯罪及び犯人が明白といえるかを判断する必要がある。

　また，後に裁判で明白性の要件が問題となる場合に備え，犯行現場の状況や関係者の挙動など，明白性ありと判断した根拠となる事情を証拠化しておくことも必要となろう。

36 現行犯逮捕の要件（必要性）

> 現行犯逮捕における逮捕の必要性は，どのような場合に認められるか？

1 問題の所在

通常逮捕は，明らかに逮捕の必要がないと認めるときは逮捕状を発付することができない旨規定されており（刑訴法199条2項但書，刑訴規則143条の3），逮捕の必要性（逃亡又は罪証隠滅のおそれ）が通常逮捕の要件とされている。

刑訴法199条2項
　裁判官は，被疑者が罪を犯したことを疑うに足りる相当な理由があると認めるときは，検察官又は司法警察員（警察官たる司法警察員については，国家公安委員会又は都道府県公安委員会が指定する警部以上の者に限る。以下本条において同じ。）の請求により，前項の逮捕状を発する。但し，明らかに逮捕の必要がないと認めるときは，この限りでない。

刑訴規則143条の3
　逮捕状の請求を受けた裁判官は，逮捕の理由があると認める場合においても，被疑者の年齢及び境遇並びに犯罪の軽重及び態様その他諸般の事情に照らし，被疑者が逃亡する虞がなく，かつ，罪証を隠滅する虞がない等明らかに逮捕の必要がないと認めるときは，逮捕状の請求を却下しなければならない。

そして，現行犯逮捕についても，逮捕の必要性に関する規定はないが，明らかに逮捕の必要がない場合には現行犯逮捕は許されないと解するのが通説とされており（大コメ刑訴法〔第2版〕4巻513頁），同旨の裁判例もある（東京高判平20.5.15判時2050・103等）。

もっとも，現行犯人の場合，通常は逮捕の必要性が大きいと考えられるため，特段問題となることは少ないであろう。

実務上，最も問題となるのは，警察官が交通法令違反の犯行を現認した場合である。

この場合，運転免許証等から犯人の身元が判明することが多く，警察官が犯行を現認していることからも，逃亡や罪証隠滅のおそれが小さいと思われる事案は少なくないからである。

そこで，特に交通法令違反の犯行を現認した場合における逮捕の必要性について，その判断のポイントを理解し，現場において的確に判断できるようにしておかなければならない。

2　解　説

交通法令違反事件は，日常生活に直結する事案であり，検挙される者の大半は一般の市民である上，その罪質も比較的軽微であるものが少なくない。

しかも，前述のとおり，警察官が交通法令違反の犯行を現認した場合には，一般に逃亡や罪証隠滅のおそれが小さい事案も多いといえる。

したがって，このような事案においては，逮捕の必要性について，より一層慎重に判断する必要がある。

このように考えることについては，犯罪捜査規範219条が「交通法令違反事件の捜査を行うに当たっては，事案の特性にかんがみ，犯罪事実を現認した場合であっても，逃亡その他の特別の事情がある場合のほか，被疑者の逮捕を行わないようにしなければならない。」と定めている趣旨にも沿うものである。

そして，逮捕の必要性が認められるのは，逃亡又は罪証隠滅のおそれが認められる場合であるところ，逃亡のおそれとは，その場から逃走するおそれだけでなく，後に捜査機関にとって所在不明となるおそれも含む。

そこで，逃亡のおそれを判断する際のポイントの一つとして，その場から逃走する意図がうかがわれるような犯人等関係者の言動があるか否か（①逃走に関する言動）が挙げられる。

例えば，犯行を現認して停車を求めたにもかかわらず直ちに停車しないとか，停車はしたがその後に車両を発車させてその場から離れようとしたといった言動があれば，逃亡のおそれを肯定する事情として考えることになる。

逃亡のおそれの判断におけるもう一つのポイントは，人定事項が判明しているか否かや人定事項の確認状況（②人定事項の判明・確認）である。運転免許証によって人定事項が確認できれば，通常は逃亡のおそれはないと判断することになろう。

運転免許証による確認ができない場合でも，犯人から口頭で人定事項を確認し，その内容について免許照会を行うなど，運転免許証以外の手段で人定事項を確認することが現実的に可能な場合であれば，そのような手段をとるべきであり，その結果人定事項が判明すれば，やはり逃亡のおそれはないと判断すべき場合が多いと思われる。

もっとも，犯人が免許証の提示を拒否し，さらに，その場から離れようとする言動があるなど，他の手段によって人定事項を確認する余裕もないような場合には，その時点で逃亡のおそれありと判断して現行犯逮捕することも許されるであろう。

次に，罪証隠滅のおそれを判断する際のポイントとしては，罪証隠滅をうかがわせるような犯人等関係者の言動があるか否か（③罪証隠滅に関する言動），罪証隠滅の余地がどの程度あるか（④罪証隠滅の余地）といった点が挙げられる。

例えば，犯人が犯行を否認しており，携帯電話で何者かに電話をし，警察官から通話をやめるように言われても通話を続けていたり，同乗者がいて犯行状況等について口裏合わせを行う余地があったりするような場合には，罪証隠滅のおそれを肯定する事情として考えることになる。

実際の現場においては，以上のような諸事情を総合的に考慮した上で，逮捕の必要性を的確に判断する必要がある。

❌ 違法 現行犯逮捕が違法となる場合

1　具体的事例　交通違反取締中の警察官が，A運転のタクシーが警報機の吹鳴中に踏切に立ち入ったところを現認したため，同車に停車を求めたところ，Aは同車を停車させた。

その後，警察官は，Aに運転免許証の提示を求めたが，Aが違反事実を否認し，運転免許証の提示も拒否したことなどから，Aを現行犯逮捕した。

2　解説と実務上の留意点　上記事例に類似する事例で，警察官の現行犯逮捕が違法と判断された（大阪高判昭60.12.18判夕600・98）。

裁判所は，犯人が単に警察官の指摘した違反事実を否認し，運転免許証の提示を拒否したからといって，他に人定事項の確認手段をとらないまま直ちに現行犯逮捕することは，逮捕の必要性の要件を満たしていないと判断し，警察官の現行犯逮捕を違法とした。

本事例判断のポイントとなった要素は，Aが警察官の求めに応じて停車させており，その他Aに逃走の意思があったと推認されるような言動は認められないこと（①逃亡に関する言動），Aが運転免許証の提示を拒否しているものの，車両内に掲示されていた乗務員証の確認，タクシー会社への照会など，他に人定事項を確認し得る方法があり，これらの方法をとることが現実的にも可能であったこと（②人定事項の判明・確認），Aに罪証隠滅をうかがわせるような言動は特段なかったこと（③罪証隠滅に関する言動），警察官のほかに犯行を目撃した可能性のある者としてAの後続車の運転者が考えられるが，同車はすぐに現場を立ち去っており，その人定は不明であって，Aが同運転手に働き掛けるなどして罪証隠滅を行う可能性は少ないこと（④罪証隠滅の余地）等であった。

本事例では，Aが犯行を否認した上で運転免許証の提示を拒否するなど，逮捕の必要性を肯定する方向に考え得る事情も認められるが，それらの事情のみで逮捕の必要性があったと判断することはできないとされている。

したがって，犯行を否認して運転免許証の提示も拒否したというだけで安易に逮捕の必要性ありと判断するのではなく，同事例判断のポイントを踏まえ，犯人の言動等諸般の事情を総合的に考慮し，的確に逮捕の必要性の有無を判断しなければならない。

現行犯逮捕が適法とされる場合 適法

1 具体的事例　パトカーで警ら中の警察官が、A運転車両が右折禁止場所を右折したところを現認したため、同車に停車を求めたところ、Aは直ちに停車せずに走り去り、同パトカーに追跡され、ようやく停車した。

警察官は、Aに運転免許証の提示を求めたが、Aは、一度は運転免許証を警察官に渡したものの、その記載内容を警察官が確認する前に同乗者Bがこれを警察官から取り上げ、Aに渡した。

その後、Aは、運転免許証の提示を拒否し続けるとともに、違反事実を否認し、自車を運転して現場から移動するなどした。

そこで、警察官は、再びAに停車を求め、Aを現行犯逮捕した。

2 解説と実務上の留意点　上記事例に類似する事例で、警察官の現行犯逮捕が適法と判断された（横浜地判平4.3.3判タ796・120）。

同事例判断のポイントとなった要素は、Aが、警察官から停車を求められても直ちに停車せず、停車した後も再び現場から移動し、警察官からの停車要求を無視するなど、逃走の意図がうかがわれるような言動があったこと（①逃亡に関する言動）、Aが一度は運転免許証を警察官に渡したものの、その記載内容を警察官が確認する前にBがこれを取り上げ、その後は提示を拒否し続けており、人定事項は判明していなかった上、他の手段によって人定事項を確認することも困難な状況にあったこと（②人定事項の判明・確認）、Aが犯行を否認しており、Bも警察官によるAの取調べを妨害するような行動に出ていたこと（③罪証隠滅に関する言動）、犯行に関してAとBが口裏合わせを行う余地があったこと（④罪証隠滅の余地）等である。

違法と適法の分水嶺における留意点

　逮捕の必要性が認められるのは，犯人が運転免許証の提示を拒否して人定事項が判明しないという事案が多いであろうが，提示拒否の事実のみをもって逮捕の必要性ありと即断するのは相当でなく，本項各事例の判断要素を念頭に置き，諸般の事情を総合的に考慮した上で，逮捕の必要性を判断しなければならない。
　必要性がないのに逮捕することが重大な人権侵害につながる一方，必要性があるのに犯人を野放しにすることは，法秩序の維持に重大な支障を生じさせるものであり，そのような意味で，逮捕の必要性は慎重かつ的確に判断する必要がある。

37 現行犯逮捕における実力行使の限界

現行犯逮捕の際に被逮捕者が抵抗した場合，どの程度の実力行使が許されるか？

1 問題の所在とリーディングケース

(1) 問題の所在

現行犯逮捕をしようとする場面においては，犯罪を行っている最中又は直後であるため，興奮した被逮捕者が逮捕者に対して抵抗してくる場合も少なくない。

そのような場合，逮捕に伴う実力行使がどの程度許されるのであろうか。

現行犯逮捕の要件が認められる場合，その場で逮捕する必要性・緊急性が極めて高いため，実力行使によって被逮捕者の抵抗を排除してでも逮捕を遂げる必要がある一方で，違法な実力行使によって被逮捕者に不当な苦痛を与えることが許されないのは当然である。

そこで，現行犯逮捕の際に許される実力行使について理解を深め，適切な職務執行に努める必要がある。

(2) リーディングケース

現行犯逮捕に伴う実力行使に関し，最高裁は，船舶に乗った私人が，アワビの密漁犯人を現行犯逮捕するために密漁船を追跡中，密漁船から衝突させられるなどして追跡の妨害を受けたため，密漁船の操舵者の手足を竹竿で叩き突くなどして傷害を負わせたという事案につき，現行犯逮捕をしようとする場合において，現行犯人から抵抗を受けたときは，逮捕者は，警察官であると私人であるとを問わず，その際の状況からみて社会通念上逮捕のために必要かつ相当であると認められる限度内の実力を行使することが許され，たとえその実力の行使が刑罰法令に触れることがあるとしても，刑法35条により罰せられないとした上で，前記私人の行為を必要かつ相当な限度内にとどまると判断した（最判昭50.4.3刑集29・4・132）。

2 解　説

(1) 違法性の阻却

現行犯逮捕に伴う実力行使が，社会通念上逮捕のために必要かつ相当であると認められる限度内であれば，当該実力行使は，法令行為ないし社会的相当行為として違法性が阻却される。

他方，その限度を超える場合には，当該実力行使について犯罪が成立し得るほか，逮捕行為全体が違法とされる可能性がある。

問題は，具体的にどのような実力行使が必要かつ相当な限度内のものといえるかである。

(2) 考慮事情

これは個々の状況に応じて異なるので，一律に基準を設けることはできないが，その判断の際に考慮すべき事情としては，①犯罪の軽重，程度，②犯人の抵抗の程度，態様，③犯人の凶器等の所持の有無，④逮捕者の実力行使の程度，態様，⑤犯人と逮捕者の体格，⑥犯人と逮捕者の人数，⑦逮捕者の身分（警察官か私人か）等が考えられる。

このうち特に重要なのが②犯人の抵抗の程度，態様と④逮捕者の実力行使の程度，態様であることは言うまでもない。

基本的には，抵抗の程度が強ければ，許される実力行使の程度も強くなるし，逆に抵抗の程度が弱ければ，それだけ許される実力行使の程度も弱くなると考えられる。

この2つの事情を中心とし，これに加えて他の諸事情も総合的に考慮した上で，犯人の抵抗を排除して逮捕を遂げるために必要かつ相当な限度内のものといえれば，適法な実力行使として許されることとなる。

前記最高裁判決でも触れられているとおり，逮捕に必要かつ相当な限度の実力行使は，逮捕者が警察官であると私人であるとを問わず認められるが，私人については，警察官等逮捕の職責を有する者に要求される節度を期待することはできないことから，多少の必要な限度を超えた実力行使も直ちに違法となるわけではない。

これに対し，警察官は，逮捕について専門的な教育，訓練を受けているし，警察比例の原則に従う義務を負っていることから，その実力行使が必要かつ相当な限度内か否かの判断は，私人に比して厳格になされることとなる。

　したがって，現行犯逮捕の際に犯人が抵抗した場合，その場の状況を冷静に見極め，前記のような諸事情を十分に考慮した上で，真に必要かつ相当な限度の実力行使によって逮捕を遂げる必要がある。

参考判例

　被告人の自動車を足蹴りして逃げる男を追跡して現行犯逮捕する際に，その男に全治約2週間の傷害を負わせたが，その行為は社会通念上認められる現行犯逮捕の実力行使の範囲内であるとして正当行為が認められた事例がある（東京高判平10.3.11判タ988・296）。

具体的な事例で検討しよう！

違法 ──────────────── 適法

❌ 違法 実力行使が違法となる場合

1　具体的事例　警察署のソファに座って職務質問を受けていたAが、ソファから立ち上がろうとする際、組んでいた足を大きく振りほどき、職務質問中の警察官の下腹部を蹴った。

そこで、警察官2人は、立ち上がろうとするAの両腕をそれぞれ押さえ、公務執行妨害で現行犯逮捕しようとしたが、Aが警察官の手を振りほどこうとしてもがいたことから、Aの両腕をそれぞれ後ろ手にとって座らせようとした。

その際、警察官の1人が、Aの腕を強くねじり上げたため、Aの腕に骨折が生じた。

2　解説と実務上の留意点　上記事例に類似する事例で、警察官の実力行使は必要かつ相当な限度を超える違法なものと判断された（東京高判昭60.10.30判時1169・53）。

同事例判断のポイントとなった要素は、Aの公務執行妨害の事実が、立ち上がり際に警察官の下腹部を1回蹴ったという比較的軽微なものであったこと（①犯罪の軽重、程度）、Aの抵抗は、単に警察官の手を振りほどこうとしてもがいたという程度のものにすぎなかったこと（②抵抗の程度、態様）、Aは凶器を所持していなかったこと（③凶器等の所持の有無）、警察官の実力行使は、2人がかりでAの両腕を後ろ手にとった状態で、骨折が生じるほどの力を加えてねじり上げるという強度のものであること（④実力行使の程度、態様）、逮捕者は2人である上、逮捕現場は多数の警察官がいる警察署内である一方、犯人はA1人で、Aの抵抗に助力する者もいなかったこと（⑥犯人と逮捕者の人数）、逮捕者は警察官であったこと（⑦逮捕者の身分）等である。同事例は国家賠償請求訴訟におけるものであり、裁判所は、警察官の過失によって違法に傷害を負わせたと判断し、Aに対する賠償を認めた。

実際の現場において、現に犯人が抵抗する中で、その場の状況を冷静に見極めた上で適切な実力行使の方法、程度を判断し、これを実行するというのは、必ずしも容易なことではない。

ただ、逮捕についての職責を負う警察官は、そうした緊迫した場面においても、状況に応じた的確な逮捕行為を行わなければならず、同事例判断のポイントを踏まえ、実力行使の限界について理解を深めておく必要がある。

実力行使が適法とされる場合　　適法 ◯

1　具体的事例　警察官が、路上で、外国人Aを旅券不携帯で現行犯逮捕しようとしたところ、Aが警察官の体をつかむなどしたことから、2人がかりでAの両腕を持って派出所に連行しようとした。

しかし、Aが両足を踏ん張って後ろにのけぞったり、大声で叫んで暴れたりしたことから、5人がかりでAの両腕やベルト等をつかみ、Aを持ち上げるようにして連行した。

派出所においても、Aが足をばたつかせるなどして暴れたため、警察官3人がAをうつ伏せにして押さえ付け、手足に保護バンドを施した。

2　解説と実務上の留意点　上記事例に類似する事例で、警察官の実力行使は必要かつ相当と認められる限度内の適法なものと判断された（東京地判平8.2.27判タ914・145）。

同事例では、旅券不携帯という比較的軽微な犯罪であること（①犯罪の軽重、程度）など、許される実力行使の限度を狭める方向に働く事情も認められる。

このような事情を前提としても、なお実力行使が適法であると判断されるポイントとなった要素は、Aが、終始、激しい抵抗をしていたこと（②抵抗の程度、態様）、これに対し、警察官の実力行使は、両腕やベルト等をつかんで持ち上げるように連行し、激しく抵抗するAの体を押さえ付けて保護バンドを施すといった程度のものであること（④実力行使の程度、態様）であったと考えられる。

このように、実力行使の適法性判断の中心は、②抵抗の程度、態様と④実力行使の程度、態様との比較であるといえ、その他の考慮すべき諸事情を前提として、犯人の抵抗の程度、態様に応じて逮捕のために必要かつ相当な程度の実力行使を瞬時に判断する必要がある。

違法と適法の分水嶺における留意点

　違法事例では，警察官の手を振りほどこうとしてもがいた程度の抵抗に対し，すぐに，犯人の両腕を後ろ手にとって押さえ付けるという強度の実力行使をしている。

　他方，適法事例では，継続的に激しく暴れるなどして抵抗していた犯人に対し，当初は，両腕等をつかんで持ち上げるように連行するという実力行使にとどめ，最終的に犯人の抵抗が激しさを増してきたことから，体を押さえ付けて保護バンドを施すという実力行使に至っている。

　このような違いが，違法・適法の判断を異にした大きな要因であると考えられ，両事例の判断のポイントを踏まえ，実力行使の限界について理解を深めておく必要がある。

38 準現行犯逮捕の要件

> どのような場合に準現行犯逮捕が認められるか？

1 問題の所在と準現行犯逮捕の要件

(1) 問題の所在

準現行犯逮捕については，現行犯逮捕と比べ，逮捕者が犯行から離れた立場にいるため，その要件該当性の判断がより一層困難である場合が少なくない。

しかし，逮捕すべき必要性，緊急性が高いことは現行犯逮捕の場合と同様であり，その判断を誤れば，犯人を取り逃がしてしまうなど，治安維持に重大な支障を生じさせるような事態をも招きかねない。

そこで，準現行犯逮捕の要件を正確に理解し，現場において迅速かつ的確な判断を行えるようにしておく必要がある。

(2) 準現行犯逮捕の要件

準現行犯逮捕の要件は，刑訴法212条2項に規定されている。

刑訴法212条2項
　左の各号の一にあたる者が，罪を行い終つてから間がないと明らかに認められるときは，これを現行犯人とみなす。
一　犯人として追呼されているとき。
二　贓物又は明らかに犯罪の用に供したと思われる兇器その他の物を所持しているとき。
三　身体又は被服に犯罪の顕著な証跡があるとき。
四　誰何されて逃走しようとするとき。

具体的には，①刑訴法212条2項各号のいずれかに該当する者が，②特定の犯罪を行い終わってから間がないと明らかに認められるときに，準現行犯逮捕が認められる。

犯罪後間がないことが明白であっても，刑訴法212条2項各号のいずれにも該当しない場合，準現行犯逮捕が許されないことは当然である。

2 解　説

(1) 刑訴法212条2項1号

1号の「追呼」とは，犯人として追われ，又は呼びかけられている状態をいう。追呼されている者が現行犯人とみなされるのは，その者が他の者と紛れることがない状況にあるからであり，そのような観点から本号の該当性を判断する必要がある。

追呼する主体については，被害者に限らず目撃者等の第三者でもよいし，1人が継続して追呼する必要はなく，2人以上が順次追呼するような場合でもよい。

追呼の方法については，「泥棒」などと叫ばれながら追いかけられている場合が典型的であるが，追跡なしに声だけで呼びかけられている場合や，無言で追いかけられている場合，身振りや手振りによって追跡されている場合でもよい。

犯行現場で監視されている場合や，犯行現場から被害者と一緒に警察署に出頭したような場合も，本号に該当し得る。

犯行直後から現実に追呼が継続している必要はなく，犯行後に犯人を見失って追呼を一時的に中断したが，間もなく付近で発見して再び犯人として追呼するような場合でも，追呼を中断してから再び追呼を開始するまでの時間的・場所的接着性等を考慮した上で，当初の追呼の対象となっていた犯人が他の者と紛れることがない状況にあり，実質的には一個の追呼が継続していたものと認められれば，本号に該当すると考えられる。

(2) 同項2号

2号の「贓物」とは，財産罪によって不法に領得された財物をいう。
「兇器」とは，人を殺傷し得る器物をいい，用法上の凶器も含まれる。
「その他の物」としては，犯罪を組成した物，犯罪から生じた物，犯罪により得た物等があり，例えば，偽造した文書や通貨，賭博に用いた賭具，住居侵入や窃盗に使用したドライバー等が考えられる。
「所持」とは，現に身に着けたり携帯したりしている場合のほか，これに準ずる事実上の支配下に置く状態をいい，自宅に置いてある場合などは含まれない。

(3) 同項3号

3号の「身体又は被服に犯罪の顕著な証跡があるとき」とは，身体又は被服に特定の犯罪を行ったことが外部的・客観的に明らかな痕跡が認められる場合をいう。
「被服」には帽子，靴等も含まれる。被服は現実に身に着けていることが必要であり，自宅に隠し置いているような場合は含まれないが，必ずしも被逮捕者本人が着用している必要はなく，行動を共にしている共犯者の被服に血痕が認められるような場合も含まれる。

(4) 同項4号

4号の「誰何」とは，本来，声を掛けて氏名を問いただすことを意味するが，これに限らず，例えば，警察官が懐中電灯で照らして警笛を鳴らすことも「誰何」といえる。
制服警察官の姿を見て逃げ出すような場合も本号に当たると考えられる。私人による誰何でもいいし，犯人として誰何される必要もない。

具体的な事例で検討しよう！

違法　←　　　　　　　　　→　適法

❌ 違法 準現行犯逮捕が違法となる場合

1 具体的事例　Aが、多数の労働組合員に囲まれて抗議を受けていた国鉄職員甲に対し、その顔面を殴打する暴行を加えて傷害を負わせた。

甲は、Aの手をつかんで「暴力だ」などと叫んだが、他の組合員から囲みの外へ連れ出されたため、Aに対する追呼を断念し、鉄道公安職員Xに被害を申告した。

Xの指示を受けた鉄道公安職員Yは、甲を伴って犯行現場に行き、甲が犯人はAであると指示したため、犯行から約25分後に同人を公務執行妨害及び傷害で準現行犯逮捕した。

2 解説と実務上の留意点　上記事例に類似する事例で、Yによる準現行犯逮捕は違法であると判断された（仙台高判昭44.4.1刑裁月報1・4・353）。

裁判所は、追呼が逮捕まで継続されていることは必ずしも必要でないが、犯人に対する追呼の存在が逮捕者にとって外見上明瞭であることが必要であるとした上で、同事例では逮捕者Yにとって甲の追呼に関する一連の状況が外見上明瞭であったとはいえず、刑訴法212条2項1号の要件を満たしていないと判断した。

同事例においても、当初の甲による追呼と甲がYに対して犯人はAであると指示したこととが一連の追呼と考えることができれば、Yにとっても追呼の存在が外見上明瞭であるといえ、同号の要件を満たすものと考えられる。

しかし、同事例では、当初の甲による追呼から約25分間にわたって追呼が中断されており、時間的接着性が希薄である上、Aがいた場所には多数の組合員が存在していることをも考え併せると、当初の追呼の対象者が他の者と紛れることがない状況にあったとはいえず、実質的にも一個の追呼が継続していたとは認め難いため、結局違法と判断された。

このように、追呼が中断したという事情がある場合には、当初の追呼との時間的・場所的接着性や、犯人以外の者が存在していたかといった当時の現場の状況等を総合的に考慮した上で、1号該当性の判断をする必要がある。

準現行犯逮捕が適法とされる場合　　適法 ○

1　具体的事例
Aは、甲を殴って腕時計を奪い、車両で逃走した。

その直後、顔が血だらけになった甲は、犯行現場付近を警ら中の警察官に対し、被害状況やAらの逃走状況等を申告した。

その後、犯行現場から約500メートル離れた地点でAが車両に乗って引き返してきたため、警察官がAを職務質問したところ、Aが犯行を自白した。

警察官は、Aを犯行現場まで任意同行し、被害者がAを犯人であると指示したため、犯行から約15分後にAを準現行犯逮捕した。

2　解説と実務上の留意点
上記事例に類似する事例で、警察官による準現行犯逮捕は適法であると判断された（福岡地判昭48.9.13刑裁月報5・9・1338）。

同事例においても、追呼が中断されているため、甲がAを犯人と指示した時点まで実質的に一個の追呼が継続していたと認められるかが問題となる。

時間的・場所的接着性については、犯行から約15分後、犯行現場から約500メートル離れた場所ではあるが、同事例では、Aが逃走した道路は犯行現場から約600メートルの地点で袋小路のような状態となっており、同地点と犯行現場との間には他に通じる道路等も存在しない上、当時は他に人又は車両の通行がなかったこと、Aが犯行を自白していたことなどから、犯人が他の者と紛れることがない状況であったといえる。

このような事情が、同事例判断における大きなポイントであったと考えられる。

同事例は、時間的・場所的接着性が比較的希薄であるとも考えられる事案であるが、それでもなお刑訴法212条2項1号の要件を満たすと判断されたものであり、同号の要件該当性を考える上で参考となるものである。

違法と適法の分水嶺における留意点

　準現行犯逮捕の要件を的確に判断するためには，まずは，刑訴法212条2項各号の内容を，正確に理解しておかなければならない。

　特に1号の追呼については，追呼が一時的に中断しているような事例において，要件該当性が問題となることが少なくないのである。

　そこで，前記各事例を参考として1号該当性判断のポイントとなる要素を整理し，実際の現場において的確な判断ができるよう努める必要がある。

39 準現行犯逮捕の限界

> 準現行犯逮捕の要件である時間的接着性が認められるためには，犯行とどの程度近接している必要があるか？

1 問題の所在

準現行犯逮捕が認められるためには，刑訴法212条2項各号のいずれかに該当することのほか，「罪を行い終ってから間がないと明らかに認められるとき」であることが必要である。

具体的には，特定の犯罪が終了してから時間的に接着していること及びそれが逮捕者にとって明白であることを要する。

それでは，この時間的接着性が認められるためには，犯行とどの程度近接している必要があるのであろうか。

犯行と逮捕との間にどの程度の時間的接着性が必要であるかについては，個々の事案における具体的事情に応じて異なるものであり，一律に画することはできず，それだけ実際の現場における判断においても困難を伴う。

そこで，準現行犯逮捕の時間的限界について，これまでの裁判例を参考として，考慮すべき事情や，その判断のポイントを深く，理解しておく必要がある。

2 解説

(1) 準現行犯逮捕

準現行犯人について，令状主義の例外として，無令状の逮捕が認められる理由は，現行犯逮捕と同様に，①犯罪及び犯人が明白であり，誤認逮捕のおそれがないこと，②その場で逮捕する必要性・緊急性が極めて高いことにある。

したがって，準現行犯逮捕についても，犯罪及び犯人が明白である場合に限って，許されることとなる。

そして，現行犯逮捕については，現に犯罪の実行行為を行っている最中又は実行行為を終了した直後の場面であるから，その現行性ないし時間的接着性の要件により，類型的に犯罪及び犯人の明白性が担保されているといえる。
　他方，準現行犯逮捕については，現行犯逮捕に比べ，犯行から時間的に離れた場面であるから，一般論としては，それだけ犯罪及び犯人の明白性が希薄になる。
　そこで，準現行犯逮捕については，時間的接着性及びその明白性と刑訴法212条2項各号の該当性という2つの要件を要求することにより，犯罪及び犯人の明白性を担保しようとしていると考えることができる。
　このように，準現行犯逮捕における時間的接着性及びその明白性の要件は，犯罪及び犯人の明白性を担保するためのものであり，「間がない」との文言からしても，準現行犯逮捕が認められるためには，犯罪の実行行為が終了した時点から時間的に相当程度接着している必要があると考えられる。

(2) 時間的限界
　その時間的限界が具体的にどの程度であるかについては，「最大限数時間」であるとか「一般的には3，4時間」などといわれており，これらの数字も一応の目安としては参考となるが，結局は，諸般の事情を総合的に考慮した上で，犯行からの時間的な隔たりが犯罪及び犯人の明白性を失わせない程度のものか否かという観点から判断する必要がある。

(3) 考慮事情
　その判断の際に考慮すべき事情としては，①犯行からの経過時間のほか，②刑訴法212条2項各号に該当する事由，③犯行との場所的接着性，④現場の状況，⑤被逮捕者や被害者等関係者の挙動，⑥犯行発覚の経緯，⑦犯人特定の程度等が考えられる。
　このうち②刑訴法212条2項各号に該当する事由については，1号（追呼）の場合であれば，通常は，犯人として追呼されていること自体から犯人の明白性が強いといえるので，追呼が継続している限りは，時間的接着性に限界はないと考えられる。

２号（贓物等の所持）及び３号（身体等の証跡）の場合は，１号の場合に比べて時間的接着性が強く求められることが多いと考えられるが，贓物等又は身体等の状況と当該犯罪との関連性の程度等によっても，必要な時間的接着性は異なってくる。

　例えば，刃物で刺し殺した殺人事件において，生々しい血液が付着した刃物を所持していたり，多量の血痕が付着した衣服を身に着けていたりした場合には，犯人の明白性が強いといえるので，それだけ時間的接着性も緩やかでよいということになろう。

　４号（誰何）の場合，そのこと自体から，犯人の明白性が強いとは言い難いので，より厳格な，時間的接着性が求められることが多いものと考えられる。

　各号に重複して該当するような場合には，それだけ犯人の明白性が強くなり，時間的接着性の限界も広くなるといえよう。

　実際の現場においては，以上のような諸般の事情を総合的に考慮した上で，準現行犯逮捕の要件としての時間的接着性が認められるか否かを的確に判断する必要がある。

具体的な事例で検討しよう！

違法　　　　　　　　　　　　　　　　　適法

❌ 違法 逮捕が違法となる場合

1 具体的事例　Aが，映画館において，甲女に対してわいせつ行為を行った。甲女は，すぐに映画館を出て自宅に帰り，夫に被害を申告し，夫とともに映画館に戻った。

甲女は，映画館にAがいることを確認した上で，警察に通報し，駆け付けた警察官に対し，Aが犯人である旨指示した。

これを受け，警察官は，犯行から約1時間後にAを現行犯逮捕した。

2　解説と実務上の留意点　上記事例に類似する事例で，警察官による逮捕は現行犯逮捕又は準現行犯逮捕の要件を満たさず違法であると判断された（大阪高判昭40.11.8下刑集7・11・1947）。

同事例においては，刑訴法212条2項各号のいずれにも該当しないとも考えられるが，仮に同項1号（追呼）等に該当するとしても，時間的接着性の要件を満たさず，やはり違法となるものと考えられる。

その判断のポイントとなる要素は，犯行から逮捕まで約1時間という相当な時間が経過していること（①犯行からの経過時間）のほか，犯行現場には犯罪に係る痕跡が何ら残されていないこと（④現場の状況），Aには犯行をうかがわせるような言動が認められないこと（⑤被逮捕者の挙動），甲女は，被害後に一度帰宅しており，被害から警察に通報するまでの間に相当の時間が経過していること（⑥犯行発覚の経緯），犯行場所及び逮捕場所は映画館という不特定多数人が出入りし得る場所である上，甲女が犯人を継続的に監視していたわけでもないこと（⑦犯人特定の程度）等である。

このような状況下においては，犯行から約1時間という時間的な隔たりは，もはや犯罪及び犯人の明白性を失わせる程度のものといえ，「罪を行い終ってから間がないと明らかに認められるとき」とは言い難いであろう。

他の裁判例を見ると，犯行から約2時間10分後の準現行犯逮捕を適法としたもの（広島高松江支判昭27.6.30）など，前記事例の約1時間より時間的な隔たりのある事案でも逮捕が適法とされる場合もあり，時間的な数字のみで違法・適法が分かれるわけではない。要は，諸般の事情を考慮し，犯罪及び犯人の明白性という観点から個々の事案ごとに時間的接着性の要件を判断するのであり，前記事例判断のポイントを十分に念頭に置く必要がある。

逮捕が適法とされる場合　　適法 ○

1　具体的事例　　Aらは，共犯者らとともに，多数の凶器を準備して集合した上，被害者に対し，暴行を加えて傷害を負わせ，逃走した。

その後，いわゆる内ゲバ事件の犯人が逃走中であるなどの無線情報を受けて警戒中の警察官が，犯行から約1時間又は約1時間40分が経過した頃，犯行現場から約4キロメートル離れた場所でAらを発見し，職務質問のため停止するよう求めたところ，Aらが逃走したため，準現行犯逮捕した。

2　解説と実務上の留意点　　上記事例に類似する事例で，警察官による準現行犯逮捕は適法であると判断された（最決平8.1.29刑集50・1・1）。

同事例は，前記違法事例と同程度又はそれ以上の時間的隔たりがあり，しかも逮捕の場所が犯行現場から約4キロメートルも離れているにもかかわらず，適法と判断されている。

その判断のポイントとなる要素は，Aらが，腕に籠手（こて）を装着し，顔面には新しい傷跡があり，付近には泥が付くような場所がないのに靴も泥まみれである上，警察官が停止を求めたのに対して逃走するなど，刑訴法212条2項2号ないし4号のいずれにも該当する事由があったこと（②刑訴法212条2項各号に該当する事由），Aらは，雨の中で傘もささずに歩き，血の混じったつばを吐くなどしていたこと（⑤被逮捕者の挙動），警察官は，事件の概要や発生時刻・場所，犯人の逃走方向などの情報を無線で聞いていたところ，それらの情報から考えて，犯人が現れてもおかしくない時間・場所でAらを発見している上，前記のように，Aらは，籠手を装着し，顔面に傷跡が認められるなどしたこと（⑦犯人特定の程度）等である。

同事例では，犯行から逮捕まで1時間以上経過している上，犯行現場から逮捕場所までも距離的に離れているが，犯罪の内容と犯人らの人着等から犯人の明白性を認めやすい状況にあったことが大きなポイントであったと考えられる。

時間的・場所的な隔たりが大きい事案における判断において，参考となる事例である。

違法と適法の分水嶺における留意点

　準現行犯逮捕の時間的限界については，犯行からの時間的な隔たりが犯罪及び犯人の明白性を失わせない程度のものか否かという観点が重要であり，そのことを十分念頭に置いておく必要がある。

　その上で，解説2(3)の①ないし⑦のような事情を総合的に考慮し，時間的接着性の要件を的確に判断しなければならない。

40 共謀共同正犯・幇助犯・教唆犯の現行犯逮捕

> 共謀共同正犯, 教唆犯, 幇助犯の現行犯逮捕は, どのような場合に許されるか？

1 問題の所在とリーディングケース

(1) 問題の所在

実行行為者を現行犯逮捕する場合, 実行行為は基本的に外部から容易に認識できるものであるから, 現に罪を行う者か否かの判断は, 比較的容易である場合が多い。

この点は, 実行行為者が複数いる場合に, それらの者を共同実行正犯として現行犯逮捕する場合も同様である。

それでは, 実行行為を行っていない共謀共同正犯, 教唆犯又は幇助犯を現行犯逮捕する場合はどうであろうか。

例えば, 多数人が集まって犯罪を行うような場合, 実行行為を担当していない共犯者がいることもあるし, 仮に真実は実行行為を行っていたとしても, それを逮捕者が現認できない場合もあるであろう。

そのような場合でも現行犯逮捕する必要性及び緊急性は高いといえるが, 特に共謀共同正犯の場合, 共謀の事実自体を外部から容易に認識できないことが多く, どのような場合に現行犯逮捕が許されるかについて, 現場で瞬時に判断することは容易でない。

そこで, どのような場合に共謀共同正犯等の現行犯逮捕が許されるかについて, 理解を深めておく必要がある。

(2) リーディングケース

共謀共同正犯の現行犯逮捕を認めた裁判例として, 東京高判昭57.3.8判夕467・157がある。

同裁判例は, 現行犯人について, 犯罪の実行正犯者に限定されるものではなく, 現場の共謀による共同正犯者（共謀共同正犯）をも含むとした上で,

逮捕者において，共謀共同正犯の成立要件である共犯者間の意思連絡等の主観的要素の存否を判断するに当たっては，単に犯行現場にいたということのみならず，犯罪の態様，共謀者の外形的挙動，その他犯行現場における具体的状況を総合し，誤認することのないよう慎重に判断すべきである旨判示している。

その上で，多数人が集まって警察官に投石するという公務執行妨害の犯行を行っていた事案につき，同集団内にはいたが投石行為を現認されていないAを警察官が現行犯逮捕したことは，共謀共同正犯の現行犯逮捕として適法である旨判断した。

2 解　　説

(1) 共謀共同正犯・教唆犯・幇助犯の現行犯逮捕

共謀共同正犯，教唆犯又は幇助犯が成立するためには，特別の規定がある場合（破壊活動防止法39条等）を除くと，共謀，教唆行為又は幇助行為のほかに犯罪の実行行為が行われる必要があるので，単に共謀，教唆行為又は幇助行為のみがなされた時点では，現行犯逮捕することは許されない。

そして，共謀共同正犯，教唆犯又は幇助犯の現行犯逮捕が認められるためには，犯罪の実行行為と共謀，教唆行為又は幇助行為との両方について，「現に罪を行い又は現に罪を行い終った」という要件を満たさなければならないとされている（令状基本（上）149頁）。

したがって，通常は，共謀共同正犯，教唆犯又は幇助犯が犯行現場又はその付近にいる場合に現行犯逮捕が認められ，教唆犯と幇助犯については，教唆行為や幇助行為が犯行現場で行われた場合に現行犯逮捕が認められることとなろう。

(2) 教唆犯の場合

例えば，教唆犯の場合であれば，犯行現場において教唆行為が行われた後，引き続きその場で正犯者による実行行為が行われ，その両方の行為を逮捕者が現認したような場合に，現行犯逮捕が認められる。

(3) 幇助犯の場合

また，幇助犯の場合であれば，犯行現場において幇助犯が正犯者に凶器を渡した後，引き続きその場で正犯者が同凶器を使って人を殺害し，その両方の行為を逮捕者が現認したような場合に，現行犯逮捕が認められる。

(4) 共謀共同正犯の場合

他方，共謀共同正犯についても，犯行現場において謀議が行われて共謀が成立した後，引き続きその場で共謀者の一部による実行行為が行われ，その両方の行為を逮捕者が現認したような場合に現行犯逮捕が認められるのは当然である。

ただ，教唆行為や幇助行為とは異なり，共謀が成立すれば，その後は共謀からの離脱が認められない限りは共謀関係が続くこととなるので，犯行現場で共謀が成立する場合に限られるわけではない。

犯行現場以外の場所で事前に共謀が成立している場合であっても，犯行現場において，犯罪の実行行為が行われたこと及びその実行行為者との間に共謀，すなわち特定の犯罪を行う意思の連絡が存在していることが逮捕者にとって明白であれば，共謀共同正犯の現行犯逮捕が認められる。

そして，共謀の存在が逮捕者にとって明白といえるか否かは，犯罪の態様，関係者の挙動，犯行現場の状況等の諸事情を総合考慮して判断することとなる。

具体的な事例で検討しよう！

違法　　　　　　　　　　　　　　　適法

❌ 違法 現行犯逮捕が違法となる場合

1 具体的事例

Aが，道路上において，倒れている甲に対し，その顔面等を多数回足蹴りするなどの暴行を加え，甲に傷害を負わせた。

通報により駆け付けた警察官は，Aが暴行を加えて甲が血を流しているのを現認するとともに，そのすぐそばにBが黙って立っているのを確認した。

Aらの周りには，ほかに誰もいなかった。

そこで，警察官は，A及びBを傷害罪で現行犯逮捕した。

2 解説と実務上の留意点

上記事例のような場合，その他の具体的な事情にもよるが，Bの現行犯逮捕は違法となる可能性が高いと思われる。

同事例においては，実行行為者であるAについては，犯罪及び犯人の明白性は問題なく認められる。

ただ，Bについては，暴行を加えているAのそばに黙って立っていただけであり，Aの知り合いであるBがAによる暴行を黙認しているという疑いは強いものの，それだけでは，AとBとの間に傷害ないし暴行の犯罪を行う意思の連絡の存在が明白であるというのは困難と思われる。

Aが甲に暴行を加えるに至った経緯は不明であり，犯罪の態様を見ても，道路上でA1人が暴行を加えているというものであり，そのような状況からすれば，単にAと甲が偶発的に喧嘩となってA単独で犯行を行っている可能性も十分に考えられるし，その他にA及びBの挙動からも共謀の存在が明白といえるような事情は認められないからである。

このほかに，例えば，BがAを加勢するような声を掛けているとか，BがAに血や汗をぬぐうためのタオルを渡したといったようなBの言動が認められれば，共謀の存在が明白であるといえる可能性は高くなるであろう。

このように，共謀共同正犯の現行犯逮捕については，単に犯行現場にいるということだけでなく，犯罪の態様や犯人らの挙動等の諸事情を総合考慮して，共謀の存在の明白性を慎重に判断する必要がある。

もちろん，共謀者と疑われる者について，現認直後においては現行犯逮捕の要件を満たさないと判断される場合であっても，その者や実行行為者の供述等によって共謀の存在についての明白性ないし嫌疑が高まれば，その状況に応じて現行犯逮捕や緊急逮捕をすべき場合もあるであろう。

現行犯逮捕が適法とされる場合　　適法 ○

1　具体的事例　　各所において、特定の組織に所属する者の犯行と思われる事件が発生し、警察が厳戒態勢をとっていたところ、不審者情報があったため、その場所に警察官が駆け付けた。

そこには不審なワゴン車が停車しており、その後、数十名の背広姿の者が同車から鉄パイプや同組織名入りのヘルメット等を取り出し、警察官らの制止を排除して武装していた。

その際、警察官は、背広姿のＡら数名が同車に向かって歩いてくるのを認め、Ａらの方に行こうとしたところ、Ａらが急に反転して逃げ出したため、Ａらを追跡し、凶器準備集合罪で現行犯逮捕した。

2　解説と実務上の留意点　　上記事例に類似する事例で、警察官による現行犯逮捕は適法であると判断された（東京高判平元.7.6東高時報40・5＝8・21）。

同事例判断のポイントとなる要素については、特定組織によると思われる事件が発生していた中、十数名が同組織名入りのヘルメット等を取り出して武装しており、これらの実行行為者以外の者も含めた前記組織関係者が事前に共謀を遂げた上で犯行に及んでいることが強く疑われる状況にあったこと（犯罪の態様）、Ａらは、実行行為者と同様の服装をして前記ワゴン車に向かって歩いており、警察官に気付くや急に逃げ出していること（関係者の挙動）、当時は夜が明けたばかりで付近には出勤するサラリーマン等の姿もない状況にあったこと（現場の状況）等である。

同事例は、実行行為者とともに現場にいる者ではなく、正に犯行に加わろうとして現場に近付いた者について、事前共謀の存在が明白であるとして共謀共同正犯の現行犯逮捕が許されるとされた事案であり、共謀の存在の明白性判断に関して参考となるものである。

違法と適法の分水嶺における留意点

　共謀共同正犯の現行犯逮捕については，実行行為者の場合と異なり，意思の連絡の存在という通常外部からは容易に認識できない事実についての明白性が必要となるため，その判断は困難を伴う。

　そのような判断を緊迫した状況において瞬時に行わなければならず，そのためには，前記各事例の判断のポイントを念頭に置き，犯罪の態様，関係者の挙動，犯行現場の状況等の諸事情を総合考慮した上で，共謀の存在の明白性判断を的確に行う必要がある。

41 緊急逮捕の要件

> どのような場合に緊急逮捕が認められ、緊急逮捕した後はどのような手続を行わなければならないか？

1 問題の所在と緊急逮捕の要件

(1) 問題の所在

緊急逮捕については、逮捕の際に嫌疑の程度や緊急性を判断する必要がある上、逮捕後も厳格な手続が要求されており、限られた短い時間でこれらの判断や手続を迅速かつ的確に行わなければならない。

しかも、その判断や手続を誤れば、違法に身柄を拘束するという深刻な事態を招きかねず、あるいは重大な犯罪を行った者の身柄を確保することができずに治安維持の観点から重大な支障を生じさせてしまうおそれもある。

そこで、緊急逮捕の要件を正確に理解しておく必要性は極めて高いといえる。

(2) 緊急逮捕の要件

緊急逮捕の要件は、刑訴法210条1項に規定されている。

刑訴法210条1項

　検察官、検察事務官又は司法警察職員は、死刑又は無期若しくは長期3年以上の懲役若しくは禁錮にあたる罪を犯したことを疑うに足りる充分な理由がある場合で、急速を要し、裁判官の逮捕状を求めることができないときは、その理由を告げて被疑者を逮捕することができる。この場合には、直ちに裁判官の逮捕状を求める手続をしなければならない。逮捕状が発せられないときは、直ちに被疑者を釈放しなければならない。

具体的には，①死刑又は無期若しくは長期3年以上の懲役若しくは禁錮に当たる罪であること（重罪性），②その罪を犯したことを疑うに足りる充分な理由があること（嫌疑の充分性），③急速を要し，裁判官の逮捕状を求めることができないこと（緊急性）が緊急逮捕の要件である。

また，明文はないが，④逮捕の必要性も要件とされている。

さらに，手続的な要件として，⑤被疑事実の要旨及び急速を要する事情があることの両方を被疑者に告げること（理由の告知），⑥直ちに裁判官の逮捕状を求める手続をすること（逮捕状請求手続）が必要である。

2 解　説

(1) 重罪性
①重罪性については，法定刑を基準とする。

(2) 嫌疑の充分性
②嫌疑の充分性については，通常逮捕の場合に要求される嫌疑の程度よりも高く，勾留の場合に要求されるそれよりも低いもので足りると考えられており（注釈刑訴法〔新版〕3巻161頁），具体的には，捜査機関として特定の犯罪の犯人として確信が持てる程度などといわれている。

(3) 緊急性
③緊急性については，その場で被疑者を逮捕しなければ，逃亡又は罪証隠滅のおそれがあり，これにより逮捕が困難になるような場合をいう。

当初は嫌疑の充分性や緊急性について必ずしも明らかでなかったが，被疑者の任意取調べの途中で，嫌疑が充分に高まり，逃亡や罪証隠滅のおそれも明らかになってその場での逮捕が必要と判断されるような場合には，通常，緊急性の要件も満たし，緊急逮捕することは許されるものと考えられる。

例えば，任意取調べの途中で嫌疑の充分性や緊急性を満たすと判断されたが，その時点で被疑者が取調べを拒否して帰宅を希望し，逮捕状の請求手続を行っていたのでは逮捕が困難になるような場合が考えられる。

(4) 逮捕状請求手続
⑥逮捕状請求手続は，逮捕後「直ちに」行わなければならない。

　緊急逮捕が逮捕時に無令状であるにもかかわらず憲法33条の令状主義との関係で合憲とされる大きな根拠は，逮捕に接着した時期に裁判官の審査を受けて逮捕状発付を求めることが要件とされている点にある。

　したがって，緊急逮捕状の請求手続は，逮捕からできる限り速やかに行わなければならない。

　そして，警察官が緊急逮捕した場合，逮捕状請求までの間に，弁解録取手続，逮捕状請求書の作成，疎明資料の収集・作成等を行う必要があることからすると，「直ちに」といえるためには，事案の内容，証拠関係，逮捕場所と警察署の距離，警察署と裁判所の距離，交通機関の状況等諸般の事情を総合考慮し，逮捕から逮捕状請求までの所要時間が逮捕状請求のために通常必要な範囲内にとどまっている必要がある。

　なお，逮捕状請求を受けた裁判官は，逮捕時における緊急逮捕の要件の存否及び発付時における通常逮捕の要件の存否を審査することとなるが，緊急逮捕状請求までに収集・作成する疎明資料は，これらの審査に最低限必要な限度にとどめ，不必要な疎明資料の収集等により逮捕状請求が遅延するような事態は厳に避けなければならない。

具体的な事例で検討しよう！
違法　　　　　　　　　　　　　　　　　　適法

❌ 違法 緊急逮捕が違法となる場合

1 具体的事例　Aは，放火の犯行を行った後，現場から逃走したが，逃走する姿を目撃されていた。

その後，警察官がAを発見し，警察署に任意同行して取り調べたところ，Aは放火の犯行を自白した。

目撃者の面割り等からも，Aの犯行に間違いないと思われたことから，警察官がAを緊急逮捕した。

逮捕後，警察官は，弁解録取手続等のほか，A立会いによる犯行現場での実況見分及びAの取調べ等を行い，逮捕から約6時間40分後に緊急逮捕状請求を行った。

2 解説と実務上の留意点　上記事例に類似する事例で，緊急逮捕状請求が「直ちに」なされたとはいえず，緊急逮捕は違法であると判断された（大阪高判昭50.11.19判タ335・353）。

同事例では，逮捕から約40分後までには弁解録取手続を終了しており，その頃から約30分間にわたってA立会いによる実況見分を行い，その後，警察署に戻ってAの取調べを行い，供述調書を作成するなどした結果，逮捕状請求が逮捕から約6時間40分後となっている。

同事例判断のポイントとなる要素は，Aの単独犯による放火事件であり，さほど複雑な事案とはいえないこと（事案の内容），逮捕時において，逮捕前のAの自白及び目撃者の面割り結果等の証拠があり，これらを書面化すれば，緊急逮捕の要件等の審査に最低限必要な疎明資料として十分であると考えられること（証拠関係）等である。

このような事情の下では，A立会いによる犯行現場での実況見分や詳細なAの取調べが逮捕状請求に必要な疎明資料の収集とは言い難く，そのような逮捕状請求のために必ずしも必要でない作業によって逮捕状請求が遅延したと考えざるを得ない。

同事例は，緊急逮捕状請求までの間に許される疎明資料の収集の範囲を考える上で参考となるものであり，同事例における判断のポイントを念頭に置き，不当な遅延であるとのそしりを受けぬよう，できる限り速やかに逮捕状請求を行うよう努めなければならない。

緊急逮捕が適法とされる場合

1 具体的事例　大学当局と学生との集団交渉における事件について，警察官がAを緊急逮捕した。

被害者ら大学当局者は，Aが逮捕された直後から，同集団交渉の善後策等を協議するための会議に参加していたため，警察官は，同会議終了後に被害者らの供述調書を作成した。

その結果，逮捕から約6時間30分後に緊急逮捕状請求が行われた。

2 解説と実務上の留意点　上記事例に類似する事例で，緊急逮捕状請求が「直ちに」なされたとして，緊急逮捕は適法であると判断された（京都地判昭52.5.24判タ364・309）。

同事例判断のポイントとなる要素は，大学における集団交渉に絡んだ犯行であり，背景事情や犯行に至った原因等が比較的複雑な事案であるといえること（事案の内容），このような事案の性質に鑑みると，緊急逮捕の要件等の審査のためには，背景事情等について大学当局者から聴取した結果を証拠化する必要があったこと（証拠関係）等である。

このような事情の下で，大学当局者がAの逮捕直後から会議に参加しており，その間，大学当局者の供述調書を作成することができず，最終的に供述調書の作成を了したのは逮捕から5時間以上経過した時点であったことからすれば，逮捕から約6時間30分という所要時間は，なお逮捕状請求のために通常必要な範囲内にとどまっているといえる。

同事例においては，逮捕から逮捕状請求までに，前記違法事例と同程度の時間が経過しているが，逮捕状請求が「直ちに」なされたとして，適法と判断されている。

このように，「直ちに」なされたか否かは，単に所要時間の長短だけでなく，その時間を要した理由等を個別に検討した上で，判断されることとなる。

違法と適法の分水嶺における留意点

　逮捕状請求が「直ちに」なされたといえるか否かは，単に所要時間の長短だけで判断されるものではなく，事案の内容や証拠関係等諸般の事情を総合考慮し，その所要時間が逮捕状請求のために通常必要な範囲内にとどまっているか否かによって判断される。

　したがって，緊急逮捕した場合，事案の内容等を十分に把握し，特に緊急逮捕及び通常逮捕の要件の存否を審査するに当たって最低限必要な疎明資料は何かを冷静に見極めた上で，その限りでの疎明資料の収集等に努め，できる限り速やかに逮捕状請求を行うことが肝要である。

42 逮捕の手続面の適法・違法

> 逮捕状により逮捕するに当たって，逮捕の現場で，どのような点に留意すべきか？

1 問題の所在

逮捕状による逮捕の手続には，法律上の要件が定められており，これを遵守しなければならず，手続に重大な過誤があると，場合によっては，逮捕が違法とされ，その後に収集した証拠も違法収集証拠となって裁判で証拠から排除されてしまうこともある。

他方で，逮捕状により被疑者を逮捕する際に，必ずしも素直に逮捕に応じる者ばかりではなく，逮捕に抵抗したり逃走を試みたりする者もいる。そのような場合には，被疑者の制圧や確保等で逮捕の現場が混乱するなどして，逮捕手続が，必ずしも予定どおり円滑に進まないこともあろう。

そこで，逮捕状による逮捕の際の手続規定を今一度確認した上で，実際の逮捕現場の事例を通じて，留意点をイメージトレーニングしていただきたい。

2 根拠規定と解説

(1) 根拠規定（刑訴法201条）

逮捕状により，被疑者を逮捕する際の手続規定は，刑訴法201条である。

> 刑訴法201条
> 1項　逮捕状により被疑者を逮捕するには，逮捕状を被疑者に示さなければならない。
> 2項　第73条第3項の規定は，逮捕状により被疑者を逮捕する場合にこれを準用する。
>
> →73条3項の準用による読替え【逮捕状の緊急執行】
> 　逮捕状を所持しないためこれを示すことができない場合において，急速を要するときは，……被疑者に対し被疑事実の要旨及び逮捕状が発せられている旨を告げて，逮捕することができる。但し，逮捕状は，できる限り速やかにこれを示さなければならない。

(2) 逮捕状の呈示の原則（刑訴法201条1項）

逮捕状による逮捕に当たっては，逮捕状を被疑者に示すことが原則である。逮捕状の呈示は，被疑者に対し，犯罪事実を明示する令状に基づく逮捕であることを知らせるための手段として，刑訴法が特に定めている。

逮捕状を「示す」際の呈示の程度は，被疑事実の概要を知らしめる程度であることを要し，かつそれで足りる。

したがって，手渡す必要はないし，被疑者に閲覧の機会を与えれば足り，実際に閲読させなくてもよい。

機会を与えたのに，被疑者が，見ようとしなかったり，奪い取って破棄しようとしたりするなど，殊更に呈示を受け付けない場合には，閲覧の機会を与えたことをもって逮捕状を「示した」として逮捕することができる。

呈示の時期については，逮捕に着手するに先立って呈示するのが原則であるが，逮捕着手前に逃走したり抵抗したりして，前もって呈示できないような場合には，逮捕するに当たって，すなわち，逃走を試みる被疑者を追跡し制圧・拘束する一連の流れの中で逮捕状の呈示が行われれば足りるとされている。

逮捕状を呈示しない逮捕は原則として違法である。

逮捕状を保管していた警察官が，被疑者の立ち回り先から連絡を受けて，逮捕状を携行せずに同所に赴き，被疑者に対し，警察手帳を示して，逮捕状が発せられている旨を告げて被疑者の手をつかんで引き立て逮捕しようとしたところ，被疑者らが警察官を押し出すなどの暴行をした公務執行妨害事案について，「当然逮捕状を携行し，逮捕に当たってこれを示すべきであるのに，これを示さないのみならず，被疑事実の要旨すら告知しないで逮捕に着手しているのであるから，本件逮捕行為は法定の方式を履践していない違法のものであって，刑法上保護に値する公務の執行に該当しない。」とされた事例がある（東京高判昭34.4.21高刑集12・5・473）。

(3) 逮捕状の緊急執行（刑訴法201条2項，73条3項）

逮捕状に基づく指名手配は，本規定を根拠に行われる。

緊急執行は，逮捕状を所持していない場合の例外規定であり，逮捕状を所持していながら呈示の前に被疑者が逃走した場合などは，前記(2)の呈示の時期の問題であって，原則どおり逮捕手続の一連の流れの中で逮捕状を呈示しなくてはならず，緊急執行の場面ではない。

「急速を要するとき」（緊急性）とは，逮捕状所持者から逮捕状を入手し，あるいはその到着を待ってから逮捕に着手したのでは，逮捕が困難となる差し迫った状況にあれば足りる。

他方で，逮捕状を準備して着手する余裕があるなど，本要件を満たさない場合には，原則どおり，逮捕状を呈示しなくてはならない。

告知に当たっては，被疑事実の要旨を告知しなくてはならず，「逮捕状が出ている」旨を告げただけでは足りないし，罪名だけの告知では不十分であり，いかなる嫌疑を受けているのかを理解させる程度の，告知が必要とされている。

✕ 違法 逮捕が違法となる場合

1 具体的事例　窃盗の逮捕状が発付されている被疑者に対し，警察官3名が，逮捕状を携行せずにその自宅に赴き，任意同行に応ずるよう説得したが，被疑者が逃げ出したことから追跡・制圧して手錠をかけて逮捕し，パトカーで警察署に連行して同署で逮捕状を呈示した。

その後，同署で被疑者が任意提出した尿から覚醒剤が検出され，覚醒剤使用の事実でも起訴された。逮捕警察官らは，逮捕状を呈示した旨の虚偽の記載をし，公判廷でもその旨虚偽の証言をした。

2 解説と実務上の留意点　上記事例に類似する事例で，「被疑者の逮捕手続には逮捕状の呈示がなく，逮捕状の緊急執行もされていない違法があり，これを糊塗するため，警察官が逮捕状に虚偽事項を記入し，公判廷において事実を反する証言をするなどの経緯全体に表れた警察官の態度を総合的に考慮すれば，本件逮捕手続の違法の程度は，令状主義の精神を没却するような重大なもの」と判示し，尿の鑑定書の証拠能力が否定された（最判平15.2.14刑集57・2・121：58 参照）。

同事例では，被疑事実の要旨等を告げるなどして前記2⑶の逮捕状の緊急執行の手続を取れば足りたし，被疑事実の要旨を告げていないこと以外は緊急執行の要件を満たしてもいるのであるから，重大な違法ではないとも考えられる。

しかし，本判例では，その後の警察官による書類の虚偽記載や公判廷での虚偽証言という態度を重視して，令状主義の精神を没却するような重大な違法があり，将来における違法捜査抑制の見地からも相当でないと判断された（朝山芳史・最判解刑事篇平15・21）。

なお，本判例では，その後，被疑者の自宅の捜索差押許可状により発見された覚醒剤の所持の証拠関係についての違法収集証拠に係る重要な判断が示されており，本判例に関する先行手続の違法と違法収集証拠という観点からの解説は，58（先行手続の違法と証拠能力②）を参照されたい。

逮捕が適法とされる場合 適法

1 具体的事例 警察官らは，覚醒剤譲渡の被疑事実で被疑者を逮捕すべく，逮捕状を携行して被疑者宅に赴いたが，逮捕を免れようと被疑者が逃走したため追跡し，抵抗する被疑者を制圧して逮捕し，その後付近のパトカーに連行して逮捕状を呈示した。

2 解説と実務上の留意点 上記事例に類似する事例で，警察官の逮捕手続が適法と判断された（東京高判昭60.3.19刑裁月報17・3＝4・57）。

同事例では，警察官が逮捕状を携行していたことから，緊急執行の問題ではなく，逮捕状の呈示が逮捕後に行われた点が問題とされた。

しかし，本判決では，①警察官らは，必死に逃走を試みて抵抗する被疑者を取り押さえるのに懸命で，携行していた逮捕状を示す機会も状況もなく，②被疑者も見る余裕など全くなく，③警察官は逮捕状が出ていることは告げており，被疑者も被疑事実が覚せい剤取締法違反であることは十分に知っており，④手錠をかけるや直ちに現場から10メートルしか離れていないパトカー内で逮捕状を示したことなどの状況を踏まえ，逮捕時に密接し，逮捕現場と同一場所と目される場所で逮捕状が示されていることから逮捕状を示して逮捕したもの認められ適法と判断された。

違法と適法の分水嶺における留意点

　違法事例と適法事例を比べれば，事案の外形的な様相はそれほど大きな差はないようにも見える。

　すなわち，違法事例は，現場で緊急執行の手続を取っていれば何ら問題のない事案であり，そうでなくても，その後，警察官らが，事実をありのままに書類に記載し，証言していれば，証拠排除の結論には至らなかった可能性もあったのである。

　現に，適法事例では，①～④のありのままの事実を基にして，常識にかなった妥当な判断がなされている。

　そうすると，両者の事例を見比べれば，手続の正確な理解はもとより，公僕としての誠実な職務姿勢が何よりも重要であるということを教えられる反省材料となるのではないだろうか。

　また，そもそも，逮捕の現場に赴くに当たっては，逮捕状を携行した上で，被疑者の逃走や抵抗を想定した打合せ，被疑者への接触の場所やタイミングの段取りなど，入念な事前準備が肝要であり，これにより，現場での不測の事態への冷静沈着な対応が可能となるものと思われる。このような観点から本稿の事例を念頭にイメージトレーニングをしていただきたい。

43　逮捕の違法と勾留

> 実質的には逮捕と判断されるような違法な任意同行とは何だろうか？

1　問題の所在

　被疑者の逮捕に先立ち，犯人と目される者について，嫌疑の有無等を確認するために，刑訴法上の任意捜査として，又は警職法に基づき，警察署への任意同行を求める必要が生じる場面がある。

　その場合，任意同行が実質逮捕に当たる違法な身柄拘束であって，その後の勾留も違法であり，さらには，その結果として得られた自白等の証拠について，違法収集証拠であると争われることがある。

　そのため，本問では，どのような場合に違法と判断されるか，収集した証拠が違法収集証拠として証拠能力が否定されるかについて事例を検討することとしたい。

2　根拠規定等（リーディングケース）

○　「任意同行の根拠規定」

任意同行の根拠規定は，刑訴法198条1項である。

その他に，行政警察権に基づくものとして，警職法2条2項に規定する挙動不審者に対する職務質問のための任意同行がある。

刑訴法198条1項
　検察官，検察事務官又は司法警察職員は，犯罪の捜査をするについて必要があるときは，被疑者の出頭を求め，これを取り調べることができる。但し，被疑者は，逮捕又は勾留されている場合を除いては，出頭を拒み，又は出頭後，何時でも退去することができる。

> 警職法2条2項
> 　その場で前項の質問をすることが本人に対して不利であり，又は交通の妨害になると認められる場合においては，質問するため，その者に附近の警察署，派出所又は駐在所に同行することを求めることができる。

3　解　説

(1)　逮　捕

　逮捕とは，被疑者の身体の自由を拘束し引き続き短時間拘束の状態を続けることをいうが，任意同行の際，実質的に逮捕と同視すべき強制が被疑者に加えられるときは，任意同行ではなく，逮捕であると評価されることとなる。

(2)　実質的逮捕に当たるかどうかの判断

　実質的逮捕に当たるかどうかの判断については，個々のケースごとに，同行を求められた時間・場所，任意同行の方法，任意同行の必要性，任意同行後の状況等を考慮して，被疑者が任意同行を拒もうと思えば拒むことができたかどうか，途中から帰ろうと思えば帰ることができたかどうかを判断して，実質的に逮捕と評価できるかどうかを判断することになる。

(3)　実質的逮捕と評価された場合

　結果的に，任意同行が実質的な逮捕として評価された場合については，その後，通常逮捕又は緊急逮捕をした場合に，これに引き続く勾留請求の当否が問題となり，さらには，任意同行から勾留と続く一連の手続の中で，収集した自白，証拠物等が違法収集証拠として，証拠能力が否定されるか否かが問題になる。
　裁判例においては，任意同行が実質的逮捕であり，逮捕手続が違法と評価された場合であっても，直ちに，勾留が違法となるのではなく，「重大な違法」がある場合について，勾留も違法となると解されている。

4　留　意　点

　任意同行が実質的逮捕と評価された場合には，その手続は違法となることから，任意同行は，被疑者が任意同行を拒もうと思えば拒むことができ，又は途中から帰ろうと思えば帰ることができる状況下でなさなければならない。

　しかしながら，任意同行を強く拒み，又は警察署等からの退去を強く求める被疑者に対して，説得を尽くしたところ，結果的に実質的逮捕であると評価されてしまう場合も想定される。

　その場合に，引き続く勾留が違法とされてしまうと，被疑者の身柄の確保に支障が生じ，さらには，自白，証拠物等の証拠の証拠能力も認められないという捜査・公判に深刻な影響を及ぼす事態が生じてしまうことから，そのような事態を避けるため，裁判例等を十分に把握しておく必要がある。

具体的な事例で検討しよう！

違法 ◀━━━━━━━━━━━━━━━━▶ 適法

❌ 違法 任意同行に引き続く勾留が違法となる場合

1 具体的事例 警察官は，被疑者Aに対して傷害事件の逮捕状の請求手続をする一方で，逮捕状の発付を見越して，Aを警察署に任意同行するためにA方に赴いた。

そして，A方の無施錠の玄関引き戸を開け，応答を求めたが，応答がなかったので，無断で上がり込んで就寝中のAを起こした上で，警察署に任意同行し，その後，通常逮捕した。

Aは，その後，検察庁に送致され，勾留請求・勾留状発付がなされた。

2 解説と実務上の留意点 上記事例に類似する事例で，A方に無断で上がり込んだ警察官の行為について，「未だ逮捕状の発付を得ていない段階であるにもかかわらず，……本来逮捕状の執行としてでなければ許されない方法で被疑者を同署に連行したものであって，かかる連行に引き続いてなされた同署における逮捕状の執行手続には重大な違法があるといわざるを得ない。」と判断して，勾留請求についても，その前提となる逮捕手続に重大な違法があるので，これを却下すべきとされた（浦和地決平元.11.13判時1333・159）。

本事例においては，警察官らにおいてAの連行の段階で間もなく逮捕状が発付されるであろうと予測しており，現実に逮捕状が発付されていること，警察官が当初からA方に無断で立ち入ることまで意図していたものではないこと，Aが警察官の求めに異議を述べることなく任意同行に応じたことの各事情が認められ，令状主義の潜脱目的が乏しいと思われる事案であるが，裁判所においては，逮捕状が発付されていないのに，逮捕状の発付により認められる強制的な措置を講じたこと，言い換えれば，その時点では，当該措置を講じることを正当化できる根拠は皆無であったことを重視して勾留請求を却下したと考えられる。

本件においては，逮捕状が間もなく発付されることが見込まれる事案であり，逮捕状の発付を待ってA方に立ち入れば適法とされた事案である。

捜査機関においては，各手段を分担する捜査官相互の連絡を密にするとともに，それぞれの時点で，許容される捜査手法の限界を意識しながら，捜査を遂行することが重要である。

任意同行に引き続く勾留が適法とされる場合　適法

1　具体的事例
窃盗事件により検問中の警察官が、手配車両とナンバーが合致する車両及び手配中の人物に人相・服装が酷似する運転者Aを発見し追跡したところ、一旦失尾したものの、その後、付近の駅でAを発見した。

警察官において、Aを最寄りの駐在所へ同行した後、自暴自棄に「どこにでも行って良い」というAをパトカー後部座席に警察官2名が挟むように乗車させ、警察署に同行し、その後、通常逮捕した。

Aは、その後、検察庁に送致され、勾留請求・勾留状発付がなされた。

2　解説と実務上の留意点
上記事例に類似する事例で、駐在所から警察署に同行した以降の警察官の行為について、その場所・方法・態様・時刻・同行後の状況からして、逮捕と同一視程度の強制力を加えられていたもので、実質的には逮捕行為に当たる違法なものであるが、その後になされた勾留を違法ならしめるほど重大なものではないと判断された（東京高判昭54.8.14判時973・130）。

同事例判断のポイントとなった要素は、①実質的逮捕の時点において緊急逮捕の理由と必要性があったと認めるのが相当であること、②実質的逮捕の約3時間後には逮捕状による通常逮捕の手続がとられていること、③実質的逮捕の時から48時間以内に検察官への送致手続がとられており、勾留請求の時期についても違法の点が認められないこと等であったと認められる。

任意同行が実質的な逮捕に該当するかどうかについては、一律な基準がないことから、捜査機関において適法と考えていたにもかかわらず、裁判所によって結果的に違法とされる場合も十分想定される。

その場合においても、その後の勾留や被疑者の供述調書の証拠能力が否定されないように、裁判例の判断要素を意識しながら、被疑者の嫌疑の程度に応じた措置を講じること、嫌疑が固まれば速やかに逮捕手続に移行すること、任意同行から48時間以内の送致を心がけることが重要である。

違法と適法の分水嶺における留意点

　裁判所において令状主義を没却する重要な違法があると判断されないように，捜査機関において，それぞれの段階において刑訴法などの法律上許容される措置の内容及びその程度を意識しながら，任意同行，逮捕状請求等の手続を実施することが重要である。

44 別件逮捕・勾留と余罪取調べの限界

> 別件逮捕や勾留における余罪の取調べの限界にはどのようなものがあるだろうか？

1 問題の所在

いわゆる「別件逮捕・勾留」は，様々な意味で用いられているが，「本件については，被疑者を逮捕・勾留するだけの嫌疑が十分ではなく，その取調べのために別件を利用する関係にある場合」を指すことが多い。

典型的には窃盗等の別件で逮捕・勾留し，強盗殺人等の本件の取調べを行う場合が想定される。

実務的にも弁護人から，別件逮捕・勾留に該当するとして勾留請求に対する準抗告がなされたり，取調べの結果得られた自白調書の証拠能力が争われたりすることも多いことから，別件での勾留中において，どの程度本件に関する取調べが認められるか検討することとしたい。

2 解 説

別件逮捕・勾留に関しては，別件の逮捕・勾留の理由及び必要性が認められることは当然必要であるが，その上で，別件の勾留期間において，本件についての取調べを実施する意図がある場合に，

> ①別件について逮捕・勾留が許されるか
> ②別件の勾留期間中に本件についての取調べが許されるか

等の問題がある。

実務的にはこれらの問題を，「別件」を基準に判断する別件基準説が採られている。

(1) 別件についての逮捕・勾留の可否

　裁判例の傾向としては，まず，別件についての逮捕・勾留の理由と必要性を判断して，これらが存在しないのであれば，違法であると判断されることとなる。

　また，別件についての逮捕・勾留の理由と，その必要性が存在する場合においても，「専ら，いまだ証拠の揃っていない本件について被告人を取り調べる目的で，証拠の揃っている別件の逮捕・勾留に名を借り，その身柄の拘束を利用して，本件について逮捕・勾留して取り調べるのと同様の効果を得ることをねらいにしたもの」（最決昭52.8.9刑集31・5・821）と評価される場合については，違法な別件逮捕・勾留に，該当することとされてしまうのである。

　そして，この点を評価するに当たっては，裁判例の傾向としては，①事実の罪質・態様の相違，②法定刑の軽重，③捜査上の重点の置き方の違い，④本件についての客観的な証拠の程度，⑤別件についての身柄拘束の必要性の程度，⑥本件と別件の両事実の関連性の有無・程度，⑦本件についての取調べ方法及び程度，これに対する被疑者の態度，⑧取調官の主観的意図等の様々な要素が，違法な別件逮捕・勾留に該当するか否かの判断要素とされている。

(2) 別件の勾留期間中の本件の取調べの可否と限界

　では，別件逮捕・勾留における取調べについては，どのような点に留意すればよいのだろうか。

　前記(1)の裁判例を踏まえると，別件での逮捕・勾留中に，別件の取調べがほとんどなされず，「専ら」本件の取調べが行われ，別件逮捕・勾留の実質が本件の身柄拘束であると評価される場合は，本件の取調べは，違法となり得る。

　他方で，被疑者自身が余罪の取調べを積極的に希望している場合には，同時審判が可能な事件の捜査を早期に終結させて起訴・不起訴を決することは，被疑者の利益にもかなうこととなるのでこの場合には，余罪の取調べも許されよう。

結局，どのような場合に余罪取調べが許されるかについては，①本件と別件との罪質・態様の相違，法定刑の軽重，並びに捜査当局の両事実に対する捜査上の重点の置き方の違いの程度，②別件と本件との関連性の有無及び程度，特に両事件に密接関連性があるか否か，③取調べ時の別件についての身柄拘束の必要性の程度，④本件についての取調べの方法及び程度（時間や回数，期間等），被疑者の態度，⑤本件において許される被疑者の取調べ期間が逮捕・勾留期間を超えているか否か，⑥本件に関する捜査の重点が自白追求にあったのか客観的物的資料等を得るためであったのか，⑦本件についての証拠，特に客観的な証拠がどの程度揃っていたか，⑧取調官の主観的意図などを総合考慮して決することとなろう（田村政喜・実例刑事訴訟法Ⅰ捜査300頁）。

例えば，公選法の受供与罪の勾留期間中（別件）に受供与金員の一部でなされた供与罪（本件）の取調べは，受供与の趣旨と使途先の解明によって別件と本件とが相まって犯罪の計画や意図の全体が明らかになるなど，両事件は密接に関連しているので，受供与罪の勾留期間中に犯罪計画等を明らかにするため供与罪に関する事項についてもある程度の取調べは許される（令状基本（上）216頁以下）。

> **参考判例**
> 別件逮捕・勾留中の被疑者に対する本件についての取調べが，実質的に令状主義を潜脱するもので違法であるとされ，別件逮捕・勾留中及びその後の本件の逮捕・勾留中に作成された自白調書の証拠能力が否定された事例がある（福岡高判昭61.4.28判タ610・27）。

✕ 違法 自白調書の証拠能力が否定される場合

1 具体的事例　警察官は，不法残留罪のほか現住建造物等放火の嫌疑があった甲を不法残留罪で現行犯逮捕した。その後，勾留3日目には不法残留罪での取調べをほぼ終了し，現住建造物等放火の取調べを実施し，甲の自白を得た。

甲は，現住建造物等放火罪で再逮捕された後も自白を維持したが，公判段階に至って，否認をし，自白調書の証拠能力と信用性を争った。

2 解説と実務上の留意点　上記事例に類似する事例で，裁判所は，違法な別件逮捕・勾留に該当するとして，「令状主義を潜脱する重大な違法があるので，不法残留罪での身柄拘束中及びこれに引き続く現住建造物等放火罪による身柄拘束中に各作成された自白調書は，全て証拠能力を欠くと解するのが相当である。」旨判断した（浦和地判平2.10.12判時1376・24）。

裁判所は，被告人に放火の嫌疑がなかったとすれば，不法残留の事実により逮捕・勾留の手続をとらなかったであろうと考えられるのに，主として未だ嫌疑の十分でない放火の事実により取り調べる目的で，不法残留の事実により，逮捕・勾留したと認められることを，違法な別件逮捕・勾留に該当する理由に掲げている。なお，同裁判例においては，余罪取調べの限界について，別件勾留中における本件についての取調べ受忍義務を否定した上，そのことを告げなかったことをもって，「明らかに許される余罪取調べの限界を逸脱した違法なものである。」とも判断している（ただし，同見解は，判例上確立したものとまでは言えない）。

上記事案については，不法残留の事実だけでは逮捕・勾留の手続をとらなかったであろうとする裁判所の判断には疑義もあるところであるが，勾留3日目に不法残留の取調べが終了し，専ら放火事件についての取調べを実施していること等に鑑みれば，その時点以降の不法残留罪による勾留の必要性が否定される可能性が高いと思われる。そのような状況下において自白を獲得しても，近時，自白の任意性・信用性についての判断が厳格化している傾向にあることに鑑みれば，証拠能力が否定される可能性が高いであろう。

したがって，捜査機関（検察官を含む。）においては，本件（余罪）についての捜査も視野に入れている事案であっても，被疑者の取調べを含めた別件についての捜査が全て完了したのであれば，速やかに別件についての起訴・不起訴の処分を決し，本件の捜査に切り替えることも検討する必要があろう。

自白調書の証拠能力が肯定される場合 　適法　

1　具体的事例

警察官は、旅券不携帯罪、偽造有印公文書行使罪等のほか強盗致傷の嫌疑があった乙を旅券不携帯罪により現行犯人逮捕し、勾留延長後は、同罪の捜査をほとんどすることなく、専ら強盗致傷事件についての取調べを実施し、乙の自白を得た。

乙は、偽造有印公文書行使罪や強盗致傷罪で再逮捕された後も自白を維持したが、公判段階に至って、否認をし、自白調書の証拠能力と信用性を争った。

2　解説と実務上の留意点

上記事例に類似する事例で、裁判所は、旅券不携帯罪での勾留延長後は、実質上、強盗致傷事件を取り調べるための令状によらない違法な身柄拘束になったとして、旅券不携帯罪及びこれに引き続く偽造有印公文書行使罪での勾留中の自白調書の証拠能力を否定した。

他方で、強盗致傷罪での再逮捕・勾留については、前記の違法な身柄拘束が解消した後に、前記の証拠能力を欠く自白調書から独立した被告人の指紋や目撃者・共犯者の供述といった客観的証拠によっても被告人の関与が裏付けられた上でなされたことを理由として適法と判断し、その間に作成された自白調書について、「客観証拠が順次収集され固められていったことに伴い、違法勾留の影響が次第に薄らぎ希薄化していったものと認められる……」として、証拠能力を認めた（東京地決平12.11.13判タ1067・283）。

上記事案は違法事例と類似しているものの、別件逮捕・勾留後の捜査で十分な客観的証拠を収集したことを理由に、本件による再逮捕・勾留は適法であると判断され、その身柄拘束期間中に得られた自白調書の証拠能力が認められたものである。

自白を獲得したことで油断することなく、本件についての客観的証拠の収集に努めることが肝要である。

違法と適法の分水嶺における留意点

　裁判所は，別件についての捜査が完了したにもかかわらず，その勾留期間を専ら本件の取調べに費やしたことのほか，被疑者の取調べ受忍義務に関する配慮をしなかったこと（違法事例）や抵抗する被疑者に対して本件についての取調べを継続したこと（適法事例）を，違法な別件逮捕・勾留であると判断するに当たっての重要な要素として掲げており，これらの点を考慮しながら，余罪取調べの是非やそのタイミング，程度を決定する必要があろう。

45 一罪一逮捕・勾留の原則

> 一つの罪では一回しか逮捕や勾留をすることができないが，例外はあるか？ あるとすればどのような場合か？

1 問題の所在

ある犯罪事実について被疑者を逮捕・勾留し，被疑者が勾留期間の満了などにより釈放された後，さらに同一の犯罪事実につき被疑者を逮捕・勾留することが許されるかという点について，実務上は，一つの犯罪事実についての逮捕・勾留は，原則として1回に限られるとされている（一罪一逮捕・勾留の原則）。

そこで，このような一罪一逮捕・勾留の原則には例外があるのか，例外があるとしてどのような場合なのかを検討する。

2 根拠規定等（リーディングケース）

(1) 一罪一逮捕・勾留の原則

刑訴法上，明文の規定はないものの，被疑者の逮捕・勾留の期間については厳しい制約が設けられており，同一の犯罪事実による逮捕・勾留が何回も許されれば，上記の制約が実際上，無意味になってしまうことを根拠に，同一の犯罪事実について，被疑者の逮捕・勾留は一回しか許されないものとされている。

この場合一罪一逮捕・勾留の原則の対象となる「同一事実」については，単一・同一の範囲内にある犯罪事実（実体法上の一罪となる犯罪事実）と解されている。

したがって，常習犯についても，例えば常習賭博罪について，複数の日時・場所にまたがる個別の賭博行為ごとに逮捕・勾留することは許されず，原則として，1回の逮捕・勾留の機会に一罪の全部について同時に処理されることが求められている。

(2) 再逮捕・再勾留が認められる場合

しかし，一罪一逮捕・勾留の原則の例外として，合理的な理由があり，逮捕・勾留の不当な蒸し返しにならない場合には再逮捕・再勾留が許されると解されている。

この点，刑訴法上，再逮捕・再勾留の明文の根拠規定は存在しないが，同法199条3項及び刑訴規則142条1項8号が再逮捕を予想した規定とされている。

刑訴法199条3項

　検察官又は司法警察員は，第一項の逮捕状を請求する場合において，同一の犯罪事実についてその被疑者に対し前に逮捕状の請求又はその発付があつたときは，その旨を裁判所に通知しなければならない。

刑訴規則142条1項

　逮捕状の請求書には，次に掲げる事項その他逮捕状に記載することを要する事項及び逮捕状発付の要件たる事項を記載しなければならない。
八　同一の犯罪事実又は現に捜査中である他の犯罪事実についてその被疑者に対し前に逮捕状の請求又はその発付があつたときは，その旨及びその犯罪事実

その基準については，犯罪事実の大小，先行する身柄拘束の程度（勾留期間の満了前の釈放か，勾留期間の満了による釈放か，勾留期間の延長までしたか等），捜査経過，その後の事情変更，捜査機関の意図その他の事情を考慮して，合理的な理由があり，それが逮捕・勾留の不当な蒸し返しにならない場合であるかを個別事案ごとに検討すべきと考えられている。

例えば，勾留期間満了前に釈放したところ，その後，新たに逃亡又は罪証隠滅のおそれが生じた場合については，再逮捕・再勾留が認められ得るのである。

また，勾留の初期段階で嫌疑不十分で不起訴にした後，それまで発見することが困難だった重要な証拠が発見された場合も同様である。

　他方で，勾留期間一杯まで捜査を遂げて嫌疑不十分とされた後で重要な証拠が発見された場合には，当該犯罪の重大性，当該証拠の重要性，逃亡・罪証隠滅のおそれの程度，勾留の状況等を踏まえて極めて例外的に再逮捕・再勾留が認められるとされている（令状基本（上）270頁以下）。

　なお，常習暴行や常習賭博等の常習一罪に当たる事実で逮捕・勾留された被疑者のそれ以前に犯された常習一罪の一部が後になって発覚した場合には，本原則により基本的にはその事実で更に逮捕・勾留することは許されない。

　しかし，例えば，常習犯の一部をなす事実が前の逮捕・勾留よりも後に犯され（保釈中の犯行であるような場合），前の逮捕・勾留の機会に検察官において同時処理が物理的に不可能であった場合には，一罪一逮捕・勾留の原則の適用がないと考えられている。

違法　　　　　具体的な事例で検討しよう！　　　　　適法

✗ 違法 再逮捕が違法となる場合

1 具体的事例　甲は，賭博事実（事実A）について常習賭博罪により起訴された後，保釈された。

その後，警察官は，事実Aによる起訴前に犯された甲による賭博事実（事実B）が判明したため，甲を再逮捕した。

なお，再逮捕にかかる逮捕状請求書中の刑訴規則142条1項8号（同一の犯罪事実又は現に捜査中である他の犯罪事実についてその被疑者に対し前に逮捕状の請求又はその発付があつたときは，その旨及びその犯罪事実）の所定の記載欄には，被疑者が事実Aにより逮捕された旨の記載がなかった。

2 解説と実務上の留意点　上記事例に類似する事例で，裁判所は，「事実Bは，起訴にかかる常習賭博（事実A）と一罪をなすものであり，その逮捕・勾留中に同時に捜査を遂げうる可能性が存したのである（事実Bは，事実Aの起訴前に警察に認知されており，直ちに捜査を行えば本件被疑者を割り出すことが充分可能であったのであり，事件自体が全く認知されていなかった場合とは異なるのである。）」として，本件には一罪一逮捕・勾留の原則が適用される旨判示している（仙台地決昭49.5.16判タ319・300）。

その上で，裁判所は，同原則が適用された上での再逮捕の適否について，刑訴規則142条1項8号は不当な逮捕の蒸し返しを防ぐための措置であり，この記載を欠くことにより裁判官の判断を誤らせるおそれを生じさせるものであることを理由に，再逮捕は違法であるとも判断した。

この裁判例においては，事実Aの捜査段階で，事実Bについての捜査を尽くしていれば同時処理が可能であったことを理由に，不当な逮捕の蒸し返しの可能性があり，一罪一逮捕・勾留の原則の適用があると判断されたと思われる。

もっとも，本件については，逮捕状請求書の重要な記載事項につき，記載漏れがあったと認められ，裁判所は，この点も重視して違法と判断したものと思われ，逮捕状の請求に当たっては，記載漏れ等がないかについても，慎重に検討することが重要である。

再逮捕が適法とされる場合　　適法 ◯

1　具体的事例　　乙は，公印偽造・有印公文書偽造・同行使等（事実A）により，起訴された後，保釈された。

その後，警察官は，有印公文書偽造・同行使（事実B）が発覚したとして，乙を再逮捕した。

2　解説と実務上の留意点　　上記事例に類似する事例で，裁判所は，事実Aと事実Bは包括一罪の関係にあると判断しながらも「包括一罪の関係にあるか否かは，捜査を進めた後でなければ明確とならない場合もあり得るのであって，捜査の結果既に勾留処分が行われている被告事件と一罪の関係にあることが判明した後においても一罪一勾留の原則から後の勾留が当然に違法になるものと解するのは相当ではない」，「（本件では）第一の勾留状発付の際，第二の勾留の対象となっている事実が未だ判明していなかったため，これについて勾留の請求をなすことが不可能であった」などとして，事実Bによる逮捕は適法である旨判示した（福岡高決昭49.10.31判時771・107）。

本裁判例では，事実Aと事実Bの個々の実行行為は複数回にわたって敢行されたものの，罪数上は包括一罪として処理されたことから，一罪一逮捕・勾留の原則が問題となる。

しかし，事実Aの捜査段階では，事実Bについては未判明であったため，同時処理が不可能であったことと，事実Bにつき，逃亡・罪証隠滅のおそれがあることを理由に，不当な逮捕の蒸し返しではなく，再逮捕・勾留の必要性があると判断された。

違法と適法の分水嶺における留意点

　本項記載のとおり，いずれの事例についても，先行する逮捕・勾留の段階では，再逮捕事実について，捜査機関が確実に把握しているわけではなかったにもかかわらず，裁判所において適法・違法の判断が分かれている。

　その分水嶺について，明確な基準を定立することは困難であるが，捜査機関においては，①「先行する逮捕・勾留の時点で，一罪を構成すると思われる余罪の有無等について，通常なすべき捜査を実施すること」，②「その結果，一罪の関係にある事実により，再逮捕するのであれば，罪数等も意識して逮捕状請求書に適切な記載をするなど，逮捕状請求等の手続に重要な瑕疵が生じないようにすること」を実践していれば，裁判所において，不当な逮捕の蒸し返しであると評価されることは，避けられるものと思われる。

第6章

捜索
差押え
検証

46 令状による捜索の限界①

> 令状記載における捜索すべき場所の範囲の限界はどうなのだろうか？

1 問題の所在

捜索令状には，捜索すべき場所を記載しなければならない。

捜索すべき場所の解釈として，単一の管理権が及ぶ範囲の場所については，一通の令状で足りるものの，管理権が異なる場所については別個の令状が必要になると解されている。

これに関連して，ホテル・旅館，マンションなどの集合住宅など，一つの建物内に複数の管理権が存在し，又は共用部分など共同の管理権に服している部分が存在する場合においては，それぞれ別個の令状が必要かどうか，ホテルの客室や特定の居住部分など当該建物の一部を対象とする捜索令状により，その他の部分を捜索し，又は捜索に際して立ち入ることが可能かなどの問題がある。

本問では，このような事案について検討していく。

2 根拠規定等

○ 「捜索令状の記載事項」

捜索令状の記載事項については，刑訴法219条1項において「捜索すべき場所，身体若しくは物」と規定されている。

> 刑訴法219条1項
>   前条の令状には，被疑者若しくは被告人の氏名，罪名，差し押さえるべき物，記録させ若しくは印刷させるべき電磁的記録及びこれを記録させ若しくは印刷させるべき者，捜索すべき場所，身体若しくは物，検証すべき場所若しくは物又は検査すべき身体及び身体の検査に関する条件，有効期間及びその期間経過後は差押え，記録命令付差押え，捜索又は検証に着手することができず令状はこれを返還しなければならない旨並びに発付の年月日その他裁判所の規則で定める事項を記載し，裁判官が，これに記名押印しなければならない。

3 解　説

(1) 捜索すべき場所の特定

捜索すべき場所の特定の程度については，明文の規定はないが，捜索が当該場所についての管理権の侵害という実質を有することから，捜索令状は管理権ごとに発すべきであり，「捜索すべき場所」としては，単一の管理権が及ぶ場所的範囲が合理的に明確であるような表示をしなければならないと解されている。

(2) マンションにおける居住部分，共用部分

マンションについては，各居住部分の管理権は，それぞれの部屋の居住者にあるが，その共用部分は，当該マンションの居住者全員の共同管理下にあると考えられている。

したがって，共用部分についても捜索する場合には，当該居住部分のほか，共用部分の捜索についての捜索令状が必要と考えられている。

なお，一通の捜索令状に各居住部分及び共用部分を記載することが可能との考え方もある。

(3) 捜索すべき場所の範囲

　捜索令状に表示された「捜索すべき場所」が現実のどの範囲までを含むのかについては，個々の事案に応じ，社会通念に従って判断せざるを得ないとされており，一般的には，居宅を捜索場所とする場合には，同一敷地内の附属建物を含むと解されている。

　もっとも，実務上は，「○○方居宅及び附属建物」として明記する場合も多い。

4　留　意　点

○　「捜索令状に記載されていない場所への立入り」

　本問に関連して，マンションの一室に対する捜索令状によって，捜索場所として明示されていない当該マンションの廊下，階段，エレベータなどの共用部分に立ち入ることができるかの問題がある。

　この点については，令状を発付する裁判官の意図としては，不可避的に通過せざるを得ない共用部分の立入りも許容するものと考えられ，マンションの各室への来訪者がこのような場所を通過することは通常全居住者の暗黙の承諾があるとも解されることから，一般的には，捜索場所である部屋に到達するために通過を要する共用部分についての立入りは認められると考えられている。

✕ 違法 捜索が違法となる場合

1 具体的事例　警察官は，Aに対する私文書偽造・同行使等被疑事件について，Aの居宅及び附属建物を捜索場所とする捜索差押令状により捜索を実施した。

その際，警察官は，Aの居宅に接続して築造されていたコンクリート造りの車庫内にあったAの妻の管理にかかる自動車内を捜索して関係書類を押収した。

2 解説と実務上の留意点　上記事例に類似する事例で，自動車の車内は，Aの居宅及びその附属建物とは別個の場所的独立性を有し，かつ，その管理権はAの妻に帰属していたことを理由として，警察官による自動車の捜索が違法と判断された（岐阜地判昭59.3.26判時1116・114）。

本件では，管理権がAではなく，Aの妻にあることを重視して，前記捜索令状によっては自動車の捜索を実施できないものと判断したと思われる。

自動車について，それが所有者の住居の敷地又は車庫内にある状態においては，その所有者の住居に対する捜索差押許可状によって自動車内部をも捜索できるという見解が一般的である。

しかしながら，上記裁判例では違法である根拠として場所的独立性を掲げており，裁判所によっては上記見解と異なる判断をする可能性もある。

また，上記見解によっても，自動車の管理者が異なる場合や，自動車が住居地の敷地及び車庫外にある場合には，自動車を捜索の対象とすることはできない。

したがって，捜査機関において，捜査対象者が自動車を保有していることを把握しており，その車内に押収目的物が存在する可能性が高いと考える場合には，居宅に対する捜索差押許可状とは別に自動車に対する捜索差押許可状を取得するべきであるし，実務上もそのような対処をしていることが多いと思われる。

捜索が適法とされる場合　　　適法 ○

1　具体的事例　　警察官は，Bに対する覚せい剤取締法違反被疑事件について，Bが住み込みで管理をしていたモーテルの管理人室内を捜索場所とする捜索差押令状により捜索を実施した。

その際，警察官は，管理人室から植え込みを挟んで約10メートル離れた場所にあるプレハブの離れを捜索して覚醒剤を押収した。

2　解説と実務上の留意点　　上記事例に類似する事例で，プレハブは物理的には独立した建物であるものの，敷地内では最も管理人室に近く，かつ独立の住居として建てられたものではなく，実際にも不用品の収納，B又はその家族の就寝，客との面談等に用いられたのであって，その実体は管理人室の離れの一部屋にすぎなかったと解されるから，管理人室と一体をなす附属建物として捜索令状の捜索の対象となり，適法であると判断された（東京高判平4.10.15高刑集45・3・101）。

令状は管理権ごとに発すべきであるところ，管理人室とプレハブはいずれもBの管理下にあり，機能的にも管理人室に附属すると認められること，捜索すべき場所を管理人室に限定したのは，Bと客の管理権が競合する客用の各室を除外する趣旨と考えられることを重視したものと考えられる。

本事例では，結果として適法であると判断されたものの，管理権者が同一でも，機能的にも独立し，「附属建物」とは認められないような場合には，当該場所を捜索すべき場所として明示する必要があり，この点について疑義がある場合には，将来的に捜索の適法性を争われることを避けるためにも，捜索すべき場所に明記するべきである。

違法と適法の分水嶺における留意点

　裁判例においては，建物を捜索すべき場所とする捜索令状により，その敷地内にあった自動車や附属建物を捜索した場合における適法・違法の判断に当たっては，同一の管理権に属しているか否かを重視していると思われる。

　したがって，捜索開始後，建物の一部，建物内の自動車，附属建物について，第三者の排他的な管理権にあるのではないかとの疑義が生じた場合については，必要に応じて，別個に捜索令状を取得する慎重な対応が望まれる。

47 令状による捜索の限界②

> 令状による捜索・差押えにおける時間的な限界についてはどのようなものがあるだろうか？

1 問題の所在

捜査機関による捜索・差押えは，裁判官の発する令状により行うのが原則であるところ，捜索差押許可状には，差し押さえるべき物のほか，「捜索すべき場所」や「有効期間」を記載する必要がある。

捜査機関は，この有効期間の範囲内であれば，いつでもその捜索場所に対する捜索・差押えに着手してよい。

捜索の着手後に，捜索場所にいた者が目的物を所持して逃走したものの，捜査官が見失わずに追跡していた場合や，場所的・時間的に接着しているような場合には，「捜索すべき場所」の延長と評価して，その物を差し押さえることが可能であると解されている。

他方，捜索の着手後に，宅配便などにより捜索場所に新たな物が持ち込まれた場合，この物が捜索・差押えの対象になるかどうかが問題になることから，本問ではこの点について検討する。

2 根拠規定等（リーディングケース）

(1) 捜索・差押えの法的根拠

捜索・差押えにおいては，原則として，裁判官の発する令状によることが必要であるが，その根拠規定は刑訴法218条等である。

> 刑訴法218条1項
> 　検察官，検察事務官又は司法警察職員は，犯罪の捜査をするについて必要があるときは，裁判官の発する令状により，差押え，記録命令付差押え，捜索又は検証をすることができる。この場合において，身体の検査は，身体検査令状によらなければならない。

(2)　捜索・差押え許可状の記載事項

捜索差押許可状には刑訴法219条1項において，「捜索すべき場所」や，「有効期間」を記載する必要があるとされており，その期間については，刑訴規則300条により原則7日間とされている。

> 刑訴法219条1項
> 　前条の令状には，被疑者若しくは被告人の氏名，罪名，差し押さえるべき物，記録させ若しくは印刷させるべき電磁的記録及びこれを記録させ若しくは印刷させるべき者，捜索すべき場所，身体若しくは物，検証すべき場所若しくは物又は検査すべき身体及び身体の検査に関する条件，有効期間及びその期間経過後は差押え，記録命令付差押え，捜索又は検証に着手することができず令状はこれを返還しなければならない旨並びに発付の年月日その他裁判所の規則で定める事項を記載し，裁判官が，これに記名押印しなければならない。

> 刑訴規則300条
> 　令状の有効期間は，令状発付の日から七日とする。但し，裁判所又は裁判官は，相当と認めるときは，七日を超える期間を定めることができる。

3　解　　説

　この問題は，裁判官による令状審査に際して，令状審査の時点までに捜索場所に押収すべき物が存在する蓋然性を審査していると考えるのか，それとも，捜索差押令状の執行が終了する時点までに押収すべき物が存在する蓋然性を審査していると考えるのか等によって結論が異なると考えられているが，最高裁は，捜索開始後に捜索場所に持ち込まれた物についても捜索の対象となると判断した。

　もっとも，一つの捜索差押許可状により捜査機関が捜索・差押えをなし得るのは1回のみであるから，捜索終了後に捜索場所に持ち込まれた物を捜索の対象とするには，再度，裁判所から捜索差押許可状を取得する必要がある。

4　留　意　点

　捜索開始後に第三者が捜索場所に立ち入った際に携帯していた荷物を捜索・差押えの対象とすることができるか。

　例えば，宅配業者が荷物を捜索場所に持ち込んだ後，捜索場所の管理者が受領する前の段階で，この荷物を捜索・差押えの対象とすることができるか否かが問題となるが，この時点では，その荷物は，いまだ第三者の管理・支配にあって，捜索場所にある物と同一視することは困難であり，この荷物を捜索・差押えの対象とすることはできないと考えられる。

　この場合には，捜索場所の管理者が受領して荷物の管理権が移った段階で捜索の対象となると考えられる。

✕ 違法 捜索の対象としたことが違法となる場合

1 具体的事例 　警察官は、甲に対する覚せい剤取締法違反につき、捜索場所を甲の自宅、差し押さえるべき物を覚醒剤等とする捜索差押許可状を取得した上、捜索・差押えを実施中、宅配便により荷物が配達されたものの、甲が受領を拒絶した。

警察官が、甲の代わりに荷物を受領し、開封したところ、中から覚醒剤が発見されたため、甲を現行犯人逮捕した。

2 解説と実務上の留意点 　これと類似する事案に関する裁判例はないものの、違法収集証拠として証拠能力が否定される可能性があると考える見解が有力である。

すなわち、被告人が宅配便の受領を拒絶した場合は、通常、宅配業者はその荷物を持ち帰ることになるわけであり、その段階では、未だ荷物が捜索場所に入ったとは認められない。

これを捜査機関が、被告人に代わって捜索場所に持ち込んでしまったような場合には、捜索差押許可状の対象外であった物を違法不当に取り込んだと評価される可能性がある。

その場合に、違法収集証拠として証拠能力が認められるかの判断要素としては、荷物の宛先及び送り主の記載、被告人の宅配業者への応対や受取り拒絶の状況、宅配業者の応対状況、警察官が代わりに受領するに至った経過、その際の警察官や被告人の発言内容、警察官の有形力の行使の有無等を総合考慮し、違法とされる程度をもって決することになると思われる。

本事例のような場合には、捜査機関において、宅配業者の協力を得て、荷物に付された伝票の記載内容や発送状況、宅配業者によるその後の荷物の保管状況などを確認した上で、別途その荷物を対象とする捜索差押令状の発付を受けて、差押えをなす必要がある。

捜索の対象としたことが適法とされる場合 　適法　

[1　具体的事例] 　警察官は，乙に対する覚せい剤取締法違反につき，捜索場所を乙の自宅，差し押さえるべき物を覚醒剤等とする捜索差押許可状を取得した上，捜索・差押えを実施中，宅配便により荷物が配達され，乙が受領した。

警察官が乙に対して任意に荷物の開封をするように説得したがこれに応じなかったため，警察官が自ら荷物を開封したところ，中から覚醒剤が発見されたため，乙を現行犯人逮捕した。

[2　解説と実務上の留意点] 　上記事例に類似する事例で，裁判所は，捜索開始後（令状呈示後）に搬入された荷物についても捜索差押許可状に基づき捜索・差押えを実施できると判断した（最決平19.2.8刑集61・1・1）。

その荷物の中に差し押さえるべき物が存在することがうかがわれるなどの積極的な状況がある場合に限って捜索・差押えが許されるという考え方もあるが，その荷物が，捜索差押許可状に記載された「捜索すべき場所」に含まれると解される以上，そのような状況が存在する必要はないと解する。

この事案は，宅配便の荷物の宛先が捜索場所の管理者であったが，それ以外の第三者宛であった場合はどうであろうか。

捜索場所に存在するものについて，捜索場所の管理者が，「第三者から預かったものである」旨の弁解をした場合であっても，ある物が捜索・差押えの対象となるかの判断は，その所有関係にかかわらず，捜索差押許可状に記載された捜索すべき場所及び差し押さえる物に該当するか否かによって決められることに鑑みて，捜索・差押えの対象から除外されるわけではないと考えられており，この場合において別異に取り扱う理由はない。

違法と適法の分水嶺における留意点

　この問題についての裁判例は少なく，必ずしも明確な基準はないものの，被告人に代わって宅配便を受領して，捜索場所に持ち込むなど，捜索場所外にあり，本来捜索・差押えの対象とならなかった物を，捜査機関が違法不当に捜索場所に取り込んだと評価されるような行為は避けることが相当であろう。

48 令状による捜索の限界③

> 捜索・差押えの際に居合わせた第三者に対する捜索はできるのか？

1 問題の所在

　捜査機関による捜索差押許可状の請求に当たっては，その請求書に捜索場所を記載することが要求されている。

　実務上は，被疑者が特定されている場合において，その被疑者の住居等の捜索を実施する場合，その住居等のほか，被疑者の身体を対象とする捜索差押許可状を取得することが多いと思われるが，捜索場所に第三者が居合わせた場合には，その者の身体・着衣，バッグ等の携行物を捜索できるか，できるとしてどの程度の範囲であるか判断に迷う場合もあると思われる。

　捜索・差押えに着手した後は，速やかにその手続を遂行しなければならないことから，このような状況に直面した場合に備えて，令状による捜索の場所的限界について，正確な知識を有しておく必要がある。

2 根拠規定等

○　「捜索令状の記載事項」

　捜索令状の記載事項については，刑訴法219条1項において「捜索すべき場所，身体若しくは物」と規定されている。

　その令状の有効期間については，刑訴規則300条により原則として7日間とされている。

> 刑訴法219条1項
>   前条の令状には，被疑者若しくは被告人の氏名，罪名，差し押さえるべき物，記録させ若しくは印刷させるべき電磁的記録及びこれを記録させ若しくは印刷させるべき者，捜索すべき場所，身体若しくは物，検証すべき場所若しくは物又は検査すべき身体及び身体の検査に関する条件，有効期間及びその期間経過後は差押え，記録命令付差押え，捜索又は検証に着手することができず令状はこれを返還しなければならない旨並びに発付の年月日その他裁判所の規則で定める事項を記載し，裁判官が，これに記名押印しなければならない。

> 刑訴規則300条
>   令状の有効期間は，令状発付の日から七日とする。但し，裁判所又は裁判官は，相当と認めるときは，七日を超える期間を定めることができる。

3 解説

○ 「第三者に対する捜索の可否について」

 令状主義に基づき，捜索の対象は，捜索令状に「捜索すべき場所」として記載された場所に限られる。

 捜索を実施した際に，捜索対象である住居や事務所の管理者だけではなく，全くの第三者が居合わせることも少なくないが，一般的には，住居や事務所などの場所に対する捜索令状によっては，その場所に居合わせた人の身体に対する捜索はできないと解されている。

 しかしながら，その場に居合わせた者の携帯品等の所持態様について，例えば，①バッグを室内に置いている，②バッグを手に持っている，③上着のポケット内に入れて持っている，④下着の中に隠匿するなど様々な態様が想定されるところ，どの程度であれば，その者の「身体」に対する捜索であると評価されるかという問題がある。

また，例えば，捜索時に捜索場所である住居や事務所に居合わせた者が証拠物を着衣に隠したような場合であっても，捜査機関において，一切捜索・点検ができないというのは非現実的であり，そのような場合に，捜索令状の効力がその者の着衣・身体にも及ぶと判断された裁判例も存在する。
　これらの問題に対して刑訴法は明確ではなく，判例・学説上も，必ずしも明確な基準が確立されているわけではない。

4　留意点

○　「人の身体に対する捜索令状の取得の必要性について」
　捜索対象物が小さいものであり容易に着衣に隠匿できるような場合，住居・事務所を捜索場所とする捜索令状に加えて，その者の身体・所持品に対する令状を取得することも検討すべきである。

参考判例

　捜索すべき場所を「甲方居室」とする捜索差押許可状に基づき捜索した場合において，その場に現在する乙が両手をズボンのポケットに突っ込んだままという挙動を続けていて，そのポケット内に差し押さえるべき物を隠匿している疑いがきわめて濃厚であり，かつ，乙が部屋を出て行く素振りを見せ激しく抵抗してその場を逃れようとし，捜査官の目の届かない所でポケット内の物を廃棄するなどの行為に出る危険性が顕著に認められるなど判示の具体的状況があるときは，捜査官が乙の着衣ないし身体を捜索することは適法であるとした事例がある（東京高判平6.5.11判タ861・299）。

具体的な事例で検討しよう！
違法　　　　　　　　　　　　　　　　　　　　適法

❌ 違法 第三者に対する捜索が違法となる場合

1 具体的事例　警察官が，凶器準備集合罪等被疑事件について，事務所を捜索場所とする捜索差押令状により捜索を実施した。

警察官は，その場に居合わせたAを室外に退去させるのに際して，コートのポケット上から手で触ったところ，硬い石のようなものが入っている感触があったので，Aに迫って，ポケットの中身を取り出させ鉛玉を発見したため，Aを軽犯罪法違反で現行犯人逮捕した。

2 解説と実務上の留意点　上記事例に類似する事例で，警察官がコートのポケット上から手で触った行為が，令状に基づかない身体の捜索として違法と判断された（京都地決昭48.12.11刑裁月報5・12・1679）。

同事例においては，捜索場所にいる人の身体について捜索することは，その者がその場所にあった捜索の目的物を身体に隠匿していると認めるに足りる客観的な事情が存在するなどの特段の事情がない限り，原則として許されないとした上で，Aのコートのポケット上から手で触った行為は身体に対する捜索に当たり，かつ，これを許容する特段の事情も認められないと判断したものである。

なお，同事例において，裁判所は，捜索・差押えの実効性を確保するために，所持品について質問し，呈示を求め，あるいは承諾を得て着衣の上から手で触れることは許されると判断している。

裁判例上，居室・事務所の捜索の際，その場に居合わせた者の着衣を対象とする捜索・点検については，身体に対する捜索であり，原則的には令状がなければ許されないと解されており，前記のような特段の事情がある場合に限って，居室・事務所を対象とする捜索令状により捜索ができるとされている。

前記事例でも，警察官が，捜索から3日後に作成した報告書において，「Aのコートのポケットがふくらんでいた。」旨記載したものの，裁判所は，現行犯人逮捕手続書では，そのような記載がなかったことを理由に，前記報告書は信用できないと判断している。

したがって，実際の捜索に当たっては，その場に居合わせた者の身体の捜索にわたるような場合については，その根拠となる特段の事情の有無に留意をするとともに，適法性の立証のため，捜索差押調書や現行犯人逮捕手続書等において，特段の事情が存在することを明記しておくことが重要である。

第三者に対する捜索が適法とされる場合　適法

1　具体的事例　警察官が，Bの内妻に対する覚せい剤取締法違反被疑事件について，Bとその内妻が居住するマンションの居室を捜索場所とする捜索差押令状により捜索を実施した。

その際，警察官は，Bが右手に持っていたボストンバッグについて，Bの反抗を制圧して取り上げて捜索したところ，中から覚醒剤を発見した。

2　解説と実務上の留意点　上記事例に類似する事例で，ボストンバッグに対する捜索が適法と判断された（最決平6.9.8刑集48・6・263）。

同事例では，Bも捜索場所に居住していたこと，捜索対象物は，Bが手に持っていたボストンバッグという事情が認められ，捜索対象物が，もともと捜索場所にあった物であり，かつ，身体に対する捜索とは評価されない態様であったと認められたことが考慮されたものと考えられる。

なお，前記違法事例においても，裁判所は，捜索場所に居合わせた者が，同所で生活を共にしていたもので，少なくとも管理人に準ずる地位にあったこと等を理由に，その者達が所持していたバッグは捜索の対象となる旨の判断を示している。

本事例では，捜索場所に居合わせたBはその場所の居住者であり，捜索対象物であるボストンバッグについて，もともと捜索場所にあった物であったと評価できたものである。

他方，その第三者が居住者ではなく，たまたまその場に居合わせた者であった場合，なおその者の排他的支配下にある物件については，捜索場所に含まれないとする裁判例・学説もあるので留意が必要である。

違法と適法の分水嶺における留意点

　判例等の傾向としては，①捜索場所に同居する者の携行品については，その物が捜索場所に属する物と認められれば，捜索の際にその場にいた者の手にあっても令状の効力は及び，身体の捜索と評価されない限り，捜索可能である，②たまたま捜索場所に居合わせた第三者が捜索場所にあった捜索の目的物を身体に隠匿していると認めるに足りる客観的な事情が存在するなどの特段の事情があれば，当該第三者の身体に対する捜索も認められると判断しているように考えられる。

　実際の捜索に当たっては，このような適法・違法の分水嶺を十分に把握するのはもとより，後日，証拠収集の違法性が問題になった場合に備えて，捜索経緯等について早期に証拠化しておくことも重要である。

49 令状による捜索の方法の限界

> 令状執行時における呈示前の立入りや鍵やガラス戸の損壊は許されるのかどうか？

1 問題の所在

居宅・事務所に対する捜索・差押えの際については，通常は，その場所に在室する者に対して，任意に，玄関扉を開扉させた上，令状の執行の着手前に，処分を受ける者に対して令状を示す，という手順でなされていると思われる。

しかしながら，薬物犯罪における覚醒剤などの短時間に容易に証拠隠滅することが可能な物件については，通常の手順で捜索令状を執行すると，その間に投棄するなどの罪証隠滅行為がなされて，捜索・差押えの目的を達成できなくなる可能性も高い。

したがって，このような場合には，罪証隠滅行為をする隙を与えないようにするため，玄関扉の鍵を損壊するなどして，短時間で捜査官が捜索すべき場所に立ち入り，在室している者の確認及びその動静の確認など現場保存的な措置を講じた上で，令状を呈示して捜索を開始する必要性が高い。

そこで，本問においては，このように例外的に令状呈示前に捜索場所に立ち入ったり，立入りに際して鍵などを損壊したりする要件について検討していくこととしたい。

2 根拠規定等

(1) 令状の呈示の根拠規定

捜索差押許可状執行時の令状の呈示の根拠規定は，刑訴法222条1項により準用する同法110条である。

> 刑訴法110条
> 　差押状，記録命令付差押状又は捜索状は，処分を受ける者にこれを示さなければならない。

　令状の呈示時期について明文の規定はないが，一般的には，原則として令状の執行着手前に呈示しなければならないと解されている。

(2)　鍵等の破壊の根拠規定

　捜索差押許可状の執行に際して，鍵等の損壊についての根拠規定は，刑訴法222条1項により準用する同法111条1項である。

> 刑訴法111条1項
> 　差押状，記録命令付差押状又は捜索状の執行については，錠をはずし，封を開き，その他必要な処分をすることができる。

3　解　　説

　刑訴法においては，令状による捜索に当たって，捜索差押許可状を処分を受ける者に呈示することが義務づけられており，その時期については，原則的には，令状の執行着手前であると解されている。

　しかしながら，覚せい剤取締法違反などの薬物事案など，証拠隠滅行為がなされる可能性が高く，かつ，これが容易であるような場合には，捜索の実施に先立ち，捜索すべき場所に立ち入り，現場保存の措置を講じる必要性が高く，このような措置を講じた事案について適法と判断した判例もある。

　鍵等の損壊については，一般的には，刑訴法222条1項により準用する111条1項の「必要な処分」として認められると解されている。

　もっとも，この点について，条文上限定はされていないが，必要ならばどのような処分をもなし得るのではなく，捜索・差押えの目的を達成するために，必要な最小限度に限られると解されている。

4 留意点

　捜索に当たって捜索場所である事務所・住居に立ち入る方法としては，警察等の捜査機関による捜索であることを明示した上で，任意の開扉を求める方法のほか，宅配便・郵便の配達を装う方法，合鍵を用いる方法，工具・火薬等によりガラス窓や錠を破壊する方法などが考えられる。
　しかし，いかなる場合においても，全ての方法が許容されるわけではなく，被疑事実の内容，差押対象物件の重要性，証拠隠滅のおそれ，処分を受ける者の協力態様，生ずる財産的損害の内容などの諸事情を社会通念に照らして考慮し，相当な方法を選択すべきこととなる。

具体的な事例で検討しよう！
違法　　　　　　　　　　　　　　適法

❌ 違法 呈示前の立入り等が違法となる場合

1 具体的事例　　警察官が、Aに対する覚せい剤取締法違反被疑事件（譲渡）について、アパート2階のAの居宅に対する捜索差押令状の発付を受けて、A方居宅に赴いたところ、玄関ドアが施錠されていたことから、ベランダの掃き出し窓のガラスを割り、クレセント錠を外して入室し、Aに令状を呈示し捜索を開始した。

なお、令状の差押対象物件は覚醒剤使用器具、取引に関する帳簿類、メモ類、携帯電話等であり、覚醒剤自体は含まれていなかった。

2 解説と実務上の留意点　　上記事例に類似する事例について、ガラス戸の破壊が刑訴法111条1項に基づく処分として許容されないと判断された（東京高判平15.8.28公刊物未登載）。

覚醒剤は、差押物件として重要であること、所持それ自体が処罰対象となり、証拠隠滅の危険性が高いこと、所持事案の多くが数グラム程度であり、便器に流すなど証拠隠滅が極めて容易であるなどの特徴がある。

しかしながら、本裁判例では、裁判所は、罪証隠滅行為が容易な覚醒剤自体が令状記載の差し押さえるべき物に含まれていなかったことを踏まえて、緊急性に乏しい状況の下でガラス戸の破壊が性急に行われたと判断した。

証拠隠滅の危険性が類型的に高い証拠品としては、覚醒剤などの規制薬物のほか、水溶性の用紙に記載された犯行計画メモなどが考えられる。

捜査機関においてこのような証拠品を発見・押収することを見込んでいる場合においては、捜索・差押えの基礎となった事実との関連性が認められるのであれば、積極的に差押えの対象物に含める（前記事例であれば差し押さえるべき物に覚醒剤を含める）など、適法性を担保する措置が必要である。

また、本事例では、窓ガラスを割って錠を外しているところ、立入りの際の方法・態様についても適法事例に見られるように、具体的な状況に応じて相当と認められる範囲内の措置にとどめるべきであり（永井敏雄・最判解刑事篇平14・209）、現場での迅速かつ慎重な検討が必要である。

呈示前の立入り等が適法とされる場合 　適法　

1　具体的事例　　警察官が、Bに対する覚せい剤取締法違反被疑事件について、Bの宿泊しているホテルの客室に対する捜索差押令状の発付を受けて、前記居室に赴いて、ホテルの従業員を装って、「シーツ交換にきました。」と声をかけたものの、Bがドアを開けようとしなかったため、ホテルの支配人からマスターキーを借り受けて、これを用いて客室のドアを開けて入室し、Bに令状を呈示し捜索を開始した。

2　解説と実務上の留意点　　上記事例に類似する事例について、警察官らがホテル客室のドアをマスターキーで開けて入室した措置は、捜索・差押えの実効性を確保するために必要であり、社会通念上相当な態様で行われていると認められるから、刑訴法222条1項、111条1項に基づく処分として許容されると判断された（最決平14.10.4刑集56・8・507）。

　なお、この事案において、裁判所は、入室後に令状の呈示をした点についても、捜索・差押えの実効性を確保するためにやむを得ないところであって、適法であると判断した。

　宅配便の配達を装って玄関扉を開けさせた事案につき、有形力を行使したものでも、住居の所有者等に財産的損害を与えるものでもないことを理由に、手段方法において、社会通念上相当性を欠くものとは言えないと判断された裁判例もあり、この事案でも、警察において、まずは被疑者自身にドアを開扉させるように試み、これが失敗するや、直ちに錠を破壊するのではなく、マスターキーで解錠するという、より穏当な方法から順に実施したことが適法と判断された理由の一つと考えられる。

違法と適法の分水嶺における留意点

　原則的には，令状の呈示は捜索差押許可状の執行着手前に行うべきであり，例外的に，令状の呈示が執行着手後になる場合でも，できる限り速やかに令状の呈示を行うべきである。
　捜索場所に立ち入るための必要な処分についても，先に述べたような被疑事実の内容等の諸事情を考慮して，その処分が本当に必要かどうか検討し，必要だと判断された場合においても，より穏当な手段をとることが望ましい。

50 令状による差押えの限界

> 差し押さえるものの範囲について，あらかじめ気を付けるべきこととは何だろうか？

1 問題の所在

捜索差押許可状には，被疑者の氏名，罪名，捜索すべき場所・身体・物，差し押さえるべき物が明示されなければならない。

しかしながら，事前に捜査機関において，差し押さえるべきものを詳細に把握しているとは限らないことから，そのような場合には，いくつかの物件を列挙した後に，「等」が付加され，又は「その他本件に関係あると思料される一切の資料及び物件」というような，概括的な記載がなされることがある。

このような記載については判例上許されると解されているが，本問では，そのような記載をした場合にどの範囲で差押えが許されるかについて，検討をしていくこととしたい。

2 根拠規定等

○ 「差し押さえるべき物の明示」

刑訴法218条1項において，司法警察職員らは，裁判官の発する令状により，捜索・差押えをすることができるとされているが，同法219条において，その令状には，「差し押さえるべき物」を記載することが必要とされている。

刑訴法219条1項
　前条の令状には，被疑者若しくは被告人の氏名，罪名，差し押さえるべき物，記録させ若しくは印刷させるべき電磁的記録及びこれを記録させ若しくは印刷させるべき者，捜索すべき場所，身体若しくは物，検証すべき場所若しくは物又は検査すべき身体及び身体の検査に関する条件，有効期間及びその期間経過後は差押え，記録命令付差押え，捜索又は検証に着手することができず令状はこれを返還しなければならない旨並びに発付の年月日その他裁判所の規則で定める事項を記載し，裁判官が，これに記名押印しなければならない。

3　解　　説

○　「捜索差押許可状における概括的記載」

　捜索差押許可状の差し押さえるべき物において，「等」を付加し，又は「その他本件に関係あると思料される一切の資料及び物件」というような概括的記載をすること自体は認められている。

　その上で，このような概括的な記載に基づいて差し押さえられた物件が，その後，捜索・差押えの基礎となった事件とは別の余罪の証拠として用いられた場合，その余罪との関係で，令状記載の差し押さえるべき物に該当するか否かが問題となることがある。

　概括的記載がなされた場合の「等」の文言については，およそどのような物件でも該当するわけではなく，それ以前に例示的に列挙された物件に準ずべき物に限定されると解されている。

　「本件に関係ある資料及び物件」に関しては，「本件に関係ある」との文言の関係で差し押さえる物に含まれるか問題となることが多いが，同文言には，被疑事実を直接証明する証拠や，いわゆる間接証拠だけでなく，情状証拠も含まれると解されている。

　ただし，純粋に余罪立証にしか用いることができない証拠については，差し押さえることはできないと考えられる。

4 留意点

　特に捜査の初期においては，未解明な点が多いことから，差し押さえるべき物を全て網羅的に列挙することが困難であり，ある程度概括的な記載を含めることはやむを得ないところではある。

　他方で，捜索前に関係者の供述などでその存在を把握していたものの，捜索差押許可状請求段階で差し押さえるべき物として具体的に記載しなかったことにより，「等」などの概括的に記載されている物件に含まれるとして押収したのではないかと思料される事案も存在する。

　この場合，令状に具体的に記載されていれば無用な争いを避けられたことは明らかであることから，令状請求に際しては，過去の記載例を参考にしつつ，個別具体的な事件の特性を考慮して，的確に差し押さえるべき物を記載する必要がある。

参考判例

　憲法第35条は，捜索，押収については，その令状に，捜索する場所および押収すべき物を明示することを要求しているにとどまり，その令状が正当な理由に基いて発せられたことを明示することまでは要求していないものと解すべく，捜索差押許可状に被疑事件の罪名を，適用法条を示して記載することは憲法の要求するところではないとした事例がある（最大決昭33.7.29刑集12・12・2776）。

違法 ──── 具体的な事例で検討しよう！ ──── 適法

❌ 違法 令状による差押えが違法となる場合

1 具体的事例 警察官が，複数の公務執行妨害事実（A事案では，竹ぼうき，バケツが使用され，B事案では，録音テープが使用された）について，差し押さえるべき物を「公務執行妨害に使用した竹ぼうき，バケツ等」と記載された捜索差押許可状により捜索を実施し，録音テープを差し押さえた。

2 解説と実務上の留意点 上記事例に類似する事例で，裁判所は，録音テープは前記差し押さえるべき物の「公務執行妨害に使用した竹ぼうきバケツ等」に含まれないとして違法と判断した（神戸地決昭44.5.21刑裁月報1・5・607）。

この事例においては，裁判所は，警察が録音テープがB事案の使用物件であることを把握しており，差し押さえるべき物として掲げるのが容易であったにもかかわらずその記載を省略した特段の事情がないことを重視したと考えられる。

この事案は犯行供用物件という事案の性質上，当然差し押さえておくべきはずの物件について，捜査機関が令状請求時点でその存在を把握しており，令状に表示されていて当然であるにもかかわらず，令状に表示されなかったという，いわゆる記載漏れの事案である。

概括的な記載が許容される理由は，令状請求の時点では，どのような証拠物が存在するか捜査機関が把握できないことが多いからであり，逆に言えば，捜査機関が把握済みの証拠品中，凶器などの犯行供用物件など重要なものについて，差し押さえるべき物に記載しないということは，差押えの目的物の対象から除外する趣旨と判断されても仕方がない状況も存在する。

したがって，捜査機関において，捜索差押許可状を請求するに当たっては，類似事案の記載内容を漫然と流用するのではなく，関係者の供述等を十分に吟味し，把握している証拠品については，漏れなく記載するように努める必要がある。

令状による差押えが適法とされる場合 　適法　

1　具体的事例　　警察官が，恐喝被疑事件につき捜索・差押えを実施した結果，賭博に関する記録がなされているメモを発見し，捜索差押許可状記載の差し押さえるべき物のうち「（本件に関係ある）暴力団を標章する状，バッチ，メモ等」に含まれるとして，前記メモを差し押さえた。

2　解説と実務上の留意点　　上記事例に類似する事例で，裁判所は，前記恐喝被疑事件は被疑者らが暴力団関係者であることを背景として行われたものであり，前記差し押さえるべき物は，組織の性格，被疑者らと組織との関係，事件の組織的背景などを解明するために必要な証拠として掲げられたものであることを前提として，「本件メモには，組員らによる常習的な賭博場開張の模様が克明に記載されており，これにより被疑者と暴力団組織の関係を知りうるばかりでなく，組織内容と暴力団的性格を知ることができ，前記被疑事件の証拠となるものであると認められる。」として，警察官の捜索・差押えを適法と判断した（最判昭51.11.18判時837・104，別件捜索・差押えの観点から53で再掲）。

　この事案は，被害者に対して拳銃を示すなど暴力団との関係を背景として実行された事案であり，事案の全貌解明のためにも，その所属する暴力団組織の活動実態を明らかにする必要がある事案であり，逆に暴力団とは無関係に敢行された場合であれば，異なる判断がなされていた可能性も否定できないことに留意する必要がある。

違法と適法の分水嶺における留意点

　捜査機関においては，捜索・差押えの執行に際して，証拠物のそれぞれについて，捜索差押許可状に差し押さえるべき物として記載されている物件かどうかを確認する必要がある。

　その際，何ら吟味をすることなく，大量の物を無差別包括的に差し押さえて，とりあえず持ち帰るということも避けるべきであり，少なくとも，その場の状況から判断できる限りにおいて，被疑事実との関連性があるかどうかを確認し，その後，争いになった場合に説明できるようにする必要がある。

　その結果，凶器等の重要な証拠品について，社会通念に照らして令状に記載されていると認められないような場合においては，任意提出や新たな令状の取得により対応する必要がある。

51 逮捕に伴う捜索・差押えの場所的限界

逮捕に伴って許される捜索・差押えにおける「逮捕の現場」とはいかなる場所的範囲をいうのか？

1 問題の所在

現行犯逮捕等の際に、「逮捕の現場」で捜索・差押えがなされる場合が多いのであるが、刑訴法220条1項2号及び3項は、検察官、検察事務官又は司法警察職員は、通常逮捕、現行犯逮捕、緊急逮捕の場合において、必要があるときは、「逮捕の現場」で、令状なしに捜索・差押えをすることができる旨を規定しているところ、「逮捕の現場」とは、逮捕したその物理的地点を意味するのかあるいはそれ以上の一定の場所的範囲をも意味しているのか必ずしも明確ではない。

逮捕の現場は様々な場所が想定されるので、どの程度の場所的範囲まで無令状での捜索・差押えが可能なのかについての理解を深めておく必要がある。

2 解説

(1) 相当説及び緊急処分説

逮捕に伴う無令状での捜索・差押えが認められる根拠について、①逮捕の現場には被疑事実に関する証拠物が存在する蓋然性が一般的に高いと考えられることそれ自体を根拠として、裁判官による令状審査を経るまでの必要性がないと理解する見解がある。適法な逮捕が行われる場合には、捜索・差押えを行う「正当な理由（憲法35条1項）」の一要素である「犯罪が存在する蓋然性」が認められ、被疑事実に関する証拠が存在する蓋然性も一般的に認められるので、裁判官による令状審査を省略しても捜索・差押えを行う実体的要件に欠けることがなく、仮に令状請求していれば許容されたであろう場合と同様の範囲で無令状での捜索・差押えが許容されるとする（相当説）。

他方で，②逮捕の現場には被疑事実に関する証拠が存在する一般的な蓋然性が認められることを前提とした上，そうした証拠が，被疑者の逮捕に伴って隠滅・破壊されるのを防止してこれを保全する必要があるとするとの見解（緊急処分説）などがある（酒巻匡・法教297・55など参照）。

ア 相 当 説

相当説によれば，無令状による捜索・差押えが許される場所的範囲は，管理権の同一性によって判断されるとされ，逮捕が行われるのが住居等であるときは，同一の管理権が及ぶ当該住居等に及び，逮捕が家屋の一室でなされた場合でも家屋全体を逮捕の現場とみることができるし，家屋の外で逮捕した場合でもその場所が当該家屋の敷地とみられるならば当該家屋も捜索・差押えの対象となり得る。

しかし，逮捕した場所が，アパートの一室である被疑者方居室である場合には，居住者を異にする他の部屋については管理権が異なるため捜索・差押えはできないとされる（令状基本（下）275頁）。

ただし，この見解に立っても，同一管理権の及ぶ場所であれば常に捜索・差押えが許されるわけではなく，無令状での捜索・差押えには刑訴法102条が準用されていることから，被疑者に属する場所や物が捜索・差押えの対象物である場合には「必要性」（102条1項）が，被疑者以外の者に属する場所や物が対象物である場合には「押収すべき物の存在を認めるに足りる状況の存在」（102条2項）が必要であるとされている。

イ 緊急処分説

他方，緊急処分説によれば，無令状での捜索・差押えの範囲は，被逮捕者の身体とその手が届くという意味で直接の支配下にある場所のみが許されるとの説明がなされている。

(2) 判　　例

　この点に関し，最大判昭36.6.7刑集15・6・915は，無令状での捜索・差押えが許される趣旨について「この場合には，令状によることなくその逮捕に関連して必要な捜索，押収等の強制処分を行なうことを認めても，人権の保障上格別の弊害もなく，且つ，捜査上の便益にも適なうことが考慮されたによるものと解される。」と判示しているが，それ以上の見解を示していない。高裁判例には，「逮捕の場所には，被疑事実と関連する証拠物が存在する蓋然性が極めて強く，その捜索差押が適法な逮捕に随伴するものである限り，捜索押収令状が発付される要件を殆んど充足しているばかりでなく，逮捕者らの身体の安全を図り，証拠の散逸や破壊を防ぐ急速の必要があるからである。」(東京高判昭44.6.20高刑集22・3・352)とか，「逮捕の現場においては，被疑者等が兇器を所持しているおそれがあるという危険性のほか，証拠存在の蓋然性が高く，その場での差押や捜索等を許すべき緊急性，必要性が認められること及び逮捕によってその場所の平穏等の法益は既に侵害されており，更に逮捕の現場での差押や捜索等を認めたとしても，その面での新たな法益侵害はさほど生ずるわけではないこと等を理由とするものと解される。」(東京高判平5.4.28高刑集46・2・44)などと判示されており，相当説と緊急処分説の内容を取り入れながら複合的な要素を考慮しているものと解される(その他大阪高判昭49.11.5判タ329・290)。

具体的な事例で検討しよう！
違法　←――――――――→　適法

✗ 違法 逮捕の現場での捜索・差押えが違法となる場合

1 具体的事例 警察官は，Aが覚醒剤を仕入れて売りさばく予定であるとの情報を入手し，組事務所付近を張り込みしていたところ，Aが，B子を乗せて車で同女方マンションに赴き，B子とともに車から荷物を下ろしてB子方に運ぶのを認めた。その後，Aが，ペーパーバッグを携えて出てきて車に乗り込もうとしたので職務質問を開始し，その質問を継続するためB子の承諾を得て室内に入り，更に職務質問を継続して上記ペーパーバッグ内から覚醒剤を発見した。

そして，B子の承諾を得て居室内を捜索したところ，別の覚醒剤も発見したため，A及びBを覚醒剤の営利目的所持の現行犯人として逮捕した。

2 解説と留意点 上記事例と類似する事例につき，B子方での捜索を逮捕に伴う捜索として正当化することはできないとした（福岡高判平5.3.8判夕834・275）。この判決は，「職務質問を継続する必要から，被疑者以外の者の住居内に，その居住者の承諾を得た上で場所を移動し，同所で職務質問を実施した後被疑者を逮捕したような場合には，逮捕に基づき捜索できる場所も自ずと限定されると解さざるを得ないので，B子方に対する捜索を逮捕に基づく捜索として正当化することはできない。B子方の捜索は，ペーパーバッグの中から発見された覚せい剤所持の被疑事実に関連する証拠の収集という観点から行われたものではなく，B子方に覚せい剤を隠匿しているのではないかとの疑いから，専らその発見を目的として実施されていることが明らかで，令状主義に反し許されない。」旨判示している。

逮捕場所であるB子方は被疑者以外の者の住居であるため「押収すべき物の存在を認めるに足りる状況」が必要であるが（刑訴法222条1項，102条2項），本件事実関係の下ではその要件を満たすと思われるし，B子方で発見された覚醒剤は，ペーパーバッグの覚醒剤所持との関係で，被疑者の覚醒剤の認識・営利性の認識，常習性の存否等の立証に極めて重要な証拠であることから関連性も認められるので，この判例の結論には違和感を覚えるものの，それはさておき，被疑者を逮捕した場所でありさえすれば，常に逮捕に伴う捜索等が許されると解することはできず，現行犯逮捕できたのにあえて逮捕せず，専ら他の証拠の発見を目的として，捜索したい第三者方まで移動して逮捕し，それを奇貨として捜索を実施することがあれば，当該捜索は令状主義の潜脱であるとの批判は避けられないと思われるので，この判決の問題点の指摘も踏まえ，留意すべきであろう。

逮捕の現場に当たるとされる場合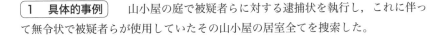

1 具体的事例 山小屋の庭で被疑者らに対する逮捕状を執行し，これに伴って無令状で被疑者らが使用していたその山小屋の居室全てを捜索した。

2 解説と実務上の留意点 上記事例に類似する事例では，捜索実施部分の全てが逮捕に接着した場所すなわち，いわゆる逮捕の現場に該当するとされた（東京高判昭53.5.31刑裁月報10・4＝5・883）。

山小屋の庭は山小屋と場所的に連続し，同一の管理権に属するものであることから，山小屋の庭での逮捕に伴い山小屋を捜索しても「逮捕の現場」での捜索として許容されたものと解される。

違法と適法の分水嶺における留意点

　現行犯逮捕等に伴う無令状での捜索・差押えについては，当該被疑事実との関係でその場所を捜索する必要性があるのか（必要性が否定された事例として，大阪地判昭53.12.27判時942・145）を検討し，必要性がある場合には，①捜索・差押場所が逮捕の場所と同一の管理権に属するか，②捜索場所が被疑者の支配する場所とは異なる場所である場合には，「押収すべき物の存在を認めるに足りる状況があるのか」（刑訴法222条1項，102条2項）について，逮捕場所と捜索を行おうとする場所の連続性・位置関係，管理権の状況，被疑者と第三者との関係，被疑事実の内容等をポイントに判断する必要がある。

52 逮捕に伴う逮捕現場以外での被逮捕者の所持品への捜索・差押え

> 逮捕に伴う逮捕現場以外での被逮捕者の所持品への捜索・差押えは許されるのか？

1 問題の所在

逮捕状による逮捕や現行犯人逮捕等をする場合，逮捕場所は，被疑者の自宅であったり，交通量の多い公道上であったり，人の往来が激しい歩道上や駅構内であることもあり，また，多数の被疑者を同時に逮捕することもある。

その際，被疑者が，逮捕を免れようと暴れたり逃走を図ろうとしたり，被疑者の友人等が逮捕を妨害したり奪還を図ったり，証拠を隠滅しようとすることもあり，逮捕の際の状況は，千差万別である。

このような状況下において，被疑者の逮捕に伴い無令状での捜索・差押えを行う場合，場所を移動して捜索・差押えを行うことが一切許されないとしたら捜索・差押えの目的を十分に果たすことができない場合も多いと思われる上，交通の妨害や現場の混乱を一層生じさせたり，人だかりができて被疑者の名誉・プライバシーを害したりすることにもなりかねない。

そのため，このような場合には，逮捕した被疑者を最寄りの派出所や警察署等逮捕場所とは別の場所に移動させて捜索・差押えを行う必要性が高いといえる。

ところで，刑訴法220条1項2号は，被疑者を逮捕する場合において，必要があるときは「逮捕の現場」で無令状での捜索・差押えができることを規定している。

被疑者を逮捕した場所から移動・連行しての捜索・差押えはできるのか，これが許されるとした場合，どの程度の場所的範囲内での移動・連行が許されるのかについて理解を深めておく必要がある。

2 解　　説

　刑訴法220条1項2号の適法な逮捕行為に伴う無令状での捜索・差押えが認められる趣旨については諸説あるが（詳しくは，51の解説参照），逮捕したその場所での捜索・差押えが許されることについて異論はない。
　しかし，実際は，逮捕現場で捜索・差押えを行うことができない場合も少なくなく，これを一切否定することはかえって法が定めた無令状での捜索・差押えの目的を達成できない事態となる。

(1) 問題となるケース

　この点に関し，警察官が，Aを店舗裏搬入口で内ゲバ事件の犯人として準現行犯逮捕した後，約500メートル離れた警察署まで連行し，逮捕から約7分後に，Aが装着していた籠手を差し押さえ，他の警察官が，B及びCを脇道で同じく内ゲバ事件の犯人として準現行犯逮捕し，約300メートル離れた駐在所に連行し，所持品を差し押さえようとしたが同人らが抱え込んで離さず引っ張り合いになったことなどから所持品を持たせたまま直線距離で約3キロメートルある警察署に連行し，逮捕から約1時間後に所持品を差し押さえた事案に関し，最高裁は，「逮捕現場付近の状況に照らし，被疑者の名誉等を害し，被疑者らの抵抗による混乱を生じ，又は現場付近の交通を妨げるおそれがあるなどの事情のため，その場で直ちに捜索・差押えを実施することが適当でないときは，速やかに被疑者を捜索，差押えの実施に適する最寄りの場所まで連行した上でこれらの処分を実施することも，刑訴法220条1項2号にいう「逮捕の現場」における捜索，差押えと同視することができる。」とし，本件各所持品の差押えを適法と認めた（最決平8.1.29刑集50・1・1。以下「平成8年決定」ともいう。）。

(2) 平成8年決定

　本決定が示している「同視することができる」の意味については，「逮捕の場所」の概念に幅を持たせて解釈したものではなく，本決定の示す事情がある場合は，逮捕の場所と評価し得る場所との意味で，「同視しうる」と表現しているものと思われる（木口信之・最判解刑事篇平8・1）。

　また，本決定によれば，逮捕現場からの連行は，「速やかに」行われる必要があるほか，あくまで「捜索・差押えの実施に適する最寄りの場所」までの連行が許されるのであって，その判断に当たっては，単に距離の遠近の問題ではなく，逮捕現場の状況など具体的状況を勘案して合理的に判断することが必要である。

　例えば，距離は近くてもより近い場所に捜索・差押えに適した場所があればその場所が「最寄りの場所」ということになるし，距離は近くてもその場所が狭く被疑者が暴れるなどしてそこでの捜索・差押えがその目的を達することができなければ，その場所以外の捜索・差押えに適する最寄りの場所までの連行が許されることになる。

　平成8年決定によれば，逮捕現場から移動して実施される無令状での捜索・差押えが適法であるためには，①逮捕現場付近の状況に照らし，被疑者の名誉等を害し，被疑者らの抵抗による混乱を生じ，又は現場付近の交通を妨げるおそれがあるなどの事情の存在が認められることが必要であり，その上で，②速やかに捜索・差押えの実施に適する最寄りの場所に連行して実施することが必要である。

　①及び②の要件は，逮捕現場の状況，被疑者の抵抗の有無・程度，移動先の現場状況，逮捕現場と移動先の距離など個々具体的状況を勘案して的確に判断する必要がある。

具体的な事例で検討しよう！

違法　←　　　　　　　　　→　適法

✗ 違法 逮捕現場から連行の捜索・差押えが違法となる場合

1 具体的事例 警察官が，バス停留所付近で公職選挙法違反により被疑者らを現行犯逮捕し，その逮捕場所から約10.7キロメートル，時間にして自動車で約20分余の警察署に連行し，警察署においてポケット内等に身に付けて所持していた所持品を差し押さえた。

2 解　説 上記事例に類似する事案で，当該所持品の差押えは違法であるとされた（東京高判昭47.10.13判時703・108）。

違法であると判断するに当たっては，逮捕場所のバス停留所付近はバスの通行する道路ではあるが，①海岸沿いの崖の上の，道路の両側には樹林等があり，付近には人家のない淋しい場所であって，バスも上下各1本のバスが1時間に1回通行するだけであったこと，②バス停留所の坂道を約80メートル上れば航空標識所の広い構内空地や小屋等もあり，被疑者らを人目にさらすことなく身体着衣等を点検して差押えを実施するのに妨げのある環境とはみられなかったこと，③群集の抗議等，差押えの実行を困難ならしめる事態を招来するおそれはなかったこと，④差押物件もポケット内等に，いわば身に付けて所持していた物で捜索・差押えは容易であったこと，などの事情が考慮されている。

上記判例は，平成8年決定以前の事例ではあるが，同決定の①要件が備わっていなかったことが具体的に検討されているので参考となろう（ただし，この手続上の瑕疵は，その効力を無効ならしめて証拠能力を否定しなければならないほど重大なものではないとして証拠能力は認められた。）。

なお，②の要件が具備していないとして違法とされたものとして，歩道上で凶器準備集合などにより現行犯逮捕し，同所から約1キロメートル離れた警察署に自動車で被疑者を連行した上でジャンパー内から爆竹を差し押さえた事例がある（大阪高判昭49.11.5判タ329・290）。

当該事例では，逮捕現場から連行して道路反対側の歩道上に至った場所で捜索・差押えが可能であったとして，警察署が「最寄りの場所」ではないとされた。

この事案も平成8年決定以前の事案ではあるが，現場の状況などを具体的に判断して同決定の②要件が否定されたものといえよう。

逮捕場所から連行の捜索・差押えが適法とされる場合 適法

1 具体的事例　警察官が，駅前路上に駐車中の宣伝カーの屋上で被疑者らを公務執行妨害により現行犯逮捕し，直ちにパトカーに乗せ，逮捕現場から3～4分，直線距離で約400メートル離れた警察署に連行し，到着後，直ちに腕章，ヘルメット，機関紙などを差し押さえた。

2 解説と実務上の留意点　上記事例と類似する事案で，警察署での腕章等の捜索・差押えは，逮捕の現場で差押えをする場合に該当し適法であると判断された（東京高判昭53.11.15高刑集31・3・265）。

この事案も平成8年決定以前のものであるが，逮捕当時は，宣伝カー付近には数百名の群集が集まり，駅前のことで交通が混雑し，酔っ払いが騒ぎ立てる等して混乱を生ずるおそれもあったことを具体的に認定している（平成8年決定の①要件）。

また，被逮捕者は複数名であり，連行場所も，逮捕現場から自動車で数分，距離約数百メートル程度しか離れていない警察署であることなどから，捜索・差押えの実施に適する最寄りの警察署であることも特段異論がないであろう（平成8年決定の②要件）。

違法と適法の分水嶺における留意点

　実務上，逮捕現場の状況から，逮捕現場自体で捜索・差押えを行うことが適さない場合もある。

　その場合には，捜索・差押えに適する最寄りの場所まで連行して実施することになるが，逮捕場所以外で捜索・差押えを実施するに当たっては，逮捕現場の具体的状況，被疑者のプライバシー・名誉の侵害の有無・程度，被疑者の抵抗の有無・程度などを考慮し，逮捕に伴う捜索・差押えを他の場所で行わざるを得ない状況か否か（平成8年決定の①要件），連行しようとする場所の状況，逮捕現場と連行先との距離等を考慮し，連行しようとする場所が捜索・差押えを実施するに適する最寄りの場所（平成8年決定の②要件）であるか否かを的確に判断する必要がある。

　本署への連行が，必ずしも上記①及び②の要件を満たさない場合があることに留意が必要である。

53 別件捜索・差押え

> 捜査中の本件事件の証拠収集を目的としたより軽い別罪で捜索・差押えを行うことはできるのか？

1 問題の所在

　捜査現場では，捜索・差押えを実施したところ，本件事件の証拠品であるとともに，新たな事件の証拠品ともなり得る証拠品を発見して，その場で押収することもある。

　また，これまでの裁判例では，現に捜査中の事件における令状請求のために必要な疎明資料が十分でないため，令状請求の資料が調っている別件の，比較的軽微な事件で捜索・差押えを実施し，その際に発見した証拠品の任意提出を受けたが，これが違法な捜索・差押えであった，と認定された事例もある。

　捜査においては，複数の事件を同時並行して行う場合もあるし，捜索・差押えにおいて，別事件に有用な証拠を発見したり，別事件とも共通する証拠を発見したりする場合がある。

　このような事例では，当該捜索・差押えは，捜索差押許可状記載の物以外の物を差し押さえた，違法な差押えであると主張されたり，当該捜索・差押えは，本件証拠物の発見押収を目的としたもので，違法な別件捜索・差押えである，との主張がなされることもあることから，これについて，整理しておくこととする。

2 解　説

(1) 別件捜索・差押えについての問題事例

　別件捜索・差押えは，論者によって定義が異なっているが，ここでは，「別件事件の証拠収集を口実として本件事件に関する証拠収集のための捜索・差押えを実施すること」としておきたい。

別件捜索・差押えについて問題となる事例は，主に，①別件事件の令状に記載された物を差し押さえたが，その差押えが専らあるいは主として本件事件の証拠に利用する目的である場合，②本件事件での捜索差押許可状請求のための疎明資料が不十分なため，疎明資料が十分な別件事件で捜索差押許可状を得て捜索・差押えを実施し，本件事件の証拠物を発見して差し押さえたり，その場で任意提出を受けたりする場合である。

(2) 「①事例の場合」

①事例については，捜査は，複数の事件を同時並行的に行うこともあり，別件事件の上記の差押対象物が他の事件に共通する証拠となる場合も想定される上，捜索・差押えを実施中，たまたま別事件の証拠品を発見し，任意提出を受ける場合もある。

これらが，全て別件捜索・差押えとして許されないとすれば円滑な捜査の実現は不可能である。

ところで，捜索・差押えは，差し押さえるべき物を明示した令状によらなければならないが（憲法35条1項，刑訴法218条1項，219条1項），その趣旨について，最高裁は，「令状に明示されていない物の差押が禁止されるばかりでなく，捜査機関が専ら別罪の証拠に利用する目的で差押許可状に明示された物を差し押さえることも禁止されるものというべきである。」としており（最判昭51.11.18判時837・104），その差押えが「専ら別罪の証拠に利用する目的での差押え」の場合には違法となることを明らかにしている。

この理は，別件捜索についても同様に当てはまるであろう。

したがって，専ら他事件に利用する目的で捜索し，差押許可状に記載された物を差し押さえることは許されない。

(3) 「②事例の場合」

②事例で問題になる事件の多くは，令状請求しようとする事件（別件事件）は，捜索・差押えの必要性は一応あるものの，その事件自体に起訴価値が乏しいため事件送致後不起訴処分となったり，あるいは捜索・差押えを実施する必要性がそもそも乏しい事案であったりする反面，捜査機関が解決を目指して捜査中の事件（本件事件）が重大事件である場合である。

この問題は，別件逮捕・勾留，別件逮捕・勾留と余罪の取調べの問題と似た側面がある。

まず，当該事件（別件事件）について，捜索・差押えの必要性がない場合にはそもそも捜索・差押えを行うことができない（刑訴法218条1項。なお，令状裁判官も捜索・差押えの必要性について判断できるとするのが通説であり，準抗告裁判所は，差押処分の当否判断に当たり，犯罪の態様・軽重，証拠価値の重要性，差押物が隠滅毀損されるおそれの有無，被差押者の不利益の程度等を考慮し，差押えの必要性を審査できるとした最決昭44.3.18刑集23・3・153も同様の趣旨と解される。）。

また，差押対象物として記載されている物であっても，当該被疑事実と全く関係ないものについても差押えを行うことはできない。

したがって，このような場合で差押え等が可能となるのは，発見した本件事件の証拠物が別件事件の証拠物としても関連性がある場合か，その場で発見した本件事件の証拠物の任意提出を受けた場合ということになろう。

具体的な事例で検討しよう！

違法 ◀━━━━━━━━━━━━▶ 適法

✗ 違法 別件の軽微な事件を利用した捜索となる場合

1 具体的事例
会社従業員の給与を着服している疑いがもたれていた被疑者について、モーターボート競走法違反（のみ行為の相手方となった事案）被疑事件で被疑者方居室を捜索した際、同人が所持していた預金通帳を発見し、これを前記モーターボート競走法違反事件を立証する物として認めなかったのに、その場で被疑者より任意提出させて領置した。

被疑者は、モーターボート競走法違反で逮捕、勾留されたものの起訴されず、上記給与着服の業務上横領事件で起訴された。

2 解説
上記事例に類似する事案につき、当該捜索は違法の疑いが強いとされた（広島高判昭56.11.26判タ468・148）。

この事案において違法の疑いが強いと判断するに当たって考慮されたポイントは、①モーターボート競走法違反事件は、被疑者に対する被疑事実の内容、関与の態様、程度、当時の捜査状況からみて、多数関係者のうち特に被疑者方だけを捜索する必要性があったかどうか疑問があること、②被疑者が預金通帳三冊を所持しているのを発見したが、これがモーターボート競走法違反事件を立証するものとは認めなかったものの、その場で被疑者より提出させて領置していること、③被疑者はモーターボート競走法違反で逮捕・勾留されたが起訴されなかったことなどの事情であり、これらを考慮した上で、当該捜索は、業務上横領事件の証拠を発見するため、殊更被疑者方を捜索する必要性に乏しい別件の軽微なモーターボート競走法違反事件を利用して捜索したもので違法の疑いが強いと判断された（ただし、令状主義の精神を没却するような重大な違法があるとまではいえないとして、証拠能力は肯定された。）。

本件については、モーターボート競走法違反での捜索・差押えの必要性を認めているのに違法の疑いが強いと判断されている点になお検討の余地はあるものの、捜査官としては、いやしくも専ら本件事件のために、別件事件の捜索・差押えを行ったとの疑いを抱かれないよう留意する必要がある。

対象物が被疑事実と関連する物とされる場合 　適法　

1　具体的事例　　暴力団員による恐喝被疑事件について発付された捜索差押許可状に差し押さえるべき物として「暴力団を標章する状，バッチ，メモ等」が掲げられていたところ，その令状によって常習的な賭博場開張の模様が克明に記録されているメモを発見して差し押さえ，それを基に恐喝ではなく賭博罪で起訴された。

2　解説と留意点　　上記事例と類似する事案につき，前掲最判昭51.11.18は，このメモの差押えを適法とした。

最高裁は，「捜査機関が専ら別罪の証拠に利用する目的で差押許可状に明示された物を差し押さえることも禁止される」としながらも，本件メモは，「別罪である賭博被疑事件の直接の証拠となるものではあるが，同時に，被疑者らが所属する暴力団の組織の性格や事件の組織的背景などを解明するために必要な証拠であって，恐喝被疑事件の証拠ともなるものであるとした上，捜査機関が専ら別罪である賭博被疑事件の証拠に利用する目的でこれを差し押さえたと見るべき証跡は存在しない。」として，本件メモの差押えは令状主義を潜脱するような違法な捜査とはいえないとした。

差し押さえるべき物の記載は，ある程度抽象的包括的にならざるを得ないため，上記事例のように，実際に差し押さえられた物が令状記載の差し押さえるべき物に該当するか否か問題となる場合もある。

差し押さえるべき物に該当するか否かは，差し押さえるべき物として掲げられた差押対象物の記載内容，被疑事実の内容と差押対象物との関連性などを個別具体的に検討しなければならないが，少なくとも，現実に差し押さえられた物が令状記載の差押対象物の類型性に合致していること，差し押さえる根拠となった被疑事実と関連性を持つことが必要である。

なお，この関連性は，犯罪事実自体を証明する場合に限らず，動機・事件の背景等の間接事実の証拠となる場合のほか，情状に関する証拠も含まれる（50参照）。

違法と適法の分水嶺における留意点

　軽微な事件で捜索・差押えを行う場合には，それが他の重大な事件の証拠発見を目的としたものではないか，と疑われかねないものである。

　専ら他の重大な事件の証拠品の発見のため別件の捜索・差押えを行うことは許されないが，そのような疑いをもたれないためにも，軽微な事件で捜索・差押えを行うに当たっては，その必要性を十分に説明できるようにしておく必要がある。

　なお，違法事例と同様な判断がなされたものとして，捜索令状の発付を求めるだけの証拠資料の調わない傷害事件の証拠発見・収集を主たる目的とし，軽微な軽犯罪法違反（のぞき見）の被疑事実に関する捜索差押許可状の発付を得て捜索し，傷害事件の証拠となるべきものを立会人から任意提出を受けて領置したのは違法であるとした，札幌高判平元.5.9判時1324・156があるので参照されたい。

54 梱包物の内容の確認方法

荷送人及び荷受人の承諾を得ることなく宅配便荷物の外部からエックス線検査を実施し，その内容物の射影を観察することは許されるのか？

1 問題の所在

科学技術の急速な進歩に伴い，DNA型鑑定のように，かつては想像もできなかった新たな捜査手法が生まれ，有効な捜査手法として積極的に活用されている（33任意捜査としての写真（ビデオ）撮影，60DNA型鑑定の留意点参照。）。

その一方で，証拠収集として極めて有効であり，相手方の身体への直接の物理的作用は伴わないものの，相手方のプライバシーその他の権利や利益に少なからず影響を及ぼすような新たな捜査手法が現れ（例えば，通信傍受など），今後ますます増加するものと思われる。

その場合に，当該捜査が強制の処分（強制捜査）であるか任意処分（任意捜査）であるかは，当該捜査手法に令状を要するか，要するとすればいかなる種類の令状か，令状なく実施された場合に得られた証拠に証拠能力が付与されるか否かの点に重大な影響を及ぼすこととなる。

したがって，科学技術の進歩に伴う，新たな捜査手法を実施するに当たっては，それが強制の処分なのか，任意処分なのかを，的確に見極める必要があるのである。

2 解　説

(1) 任意と強制

> 刑訴法197条1項
> 　捜査については，その目的を達するため必要な取調をすることができる。但し，強制の処分は，この法律に特別の定のある場合でなければ，これをすることができない。

　任意捜査において有形力の行使が全く許されないというわけではない。
　最高裁は，強制の処分とは，「有形力の行使を伴う手段を意味するものではなく，個人の意思を制圧し，身体，住居，財産等に制約を加えて強制的に捜査目的を実現する行為など，特別の根拠規定がなければ許容することが相当でない手段を意味するものであって，右の程度に至らない有形力の行使は，任意捜査においても許容される場合がある。」とし，任意捜査において許される範囲内の有形力に関し，「強制手段にあたらない有形力の行使であっても，何らかの法益を侵害し又は侵害するおそれがあるのであるから，状況のいかんを問わず常に許容されるものと解するのは相当でなく，必要性，緊急性などをも考慮したうえ，具体的状況のもとで相当と認められる限度において許容される。」としている（最決昭51.3.16刑集30・2・187）。
　すなわち，強制の処分とは，捜査の必要性などの具体的状況がどうであっても許されない捜査方法で，内容的には，①相手方の意思の制圧，②身体，住居，財産等に対する違法な侵害行為，を強制的に実現する捜査方法であるということができよう。
　また，強制の処分の該当性の判断において基礎とすべき事情と任意捜査手段の相当性の判断において基礎とすべき事情との区別については，「仮に捜査の必要性，緊急性など具体的状況が加わっても，特別の根拠規定がない限り，その手段を許容することが相当でないような類型的事情が前者であり，それ以外の場合において手段の許容性に関連する具体的状況が後者である。」

との説明が参考となろう（香城敏麿・最判解刑事篇昭51・64）。

(2) 新たな捜査手法

　新たな捜査手法といわれるものでも，法益侵害の内容などから当然に強制捜査となる場合，例えば，住居内にいる容疑者に対するビデオ撮影や望遠レンズを用いた撮影などのように，憲法13条に由来する「みだりに撮影されない自由」に加えて憲法35条の「住居の不可侵」をも侵害する方法や態様による撮影の場合と，同じくビデオ撮影による容ぼうの撮影であっても，公道上等のように，通常は他人から容ぼう等を観察されることが当然に想定されている場所等での撮影のように，任意捜査の範囲内にとどまる場合とがあり得る（自動速度監視装置による速度違反車両と運転者・同乗者の撮影を適法とした最判昭61.2.14刑集40・1・48，公道及びパチンコ店内での容ぼう撮影を適法とした最決平20.4.15刑集62・5・1398など）。

　したがって，相手方の被る法益侵害の内容・程度は，手段の方法や態様によって異なる場合があり得ることから，当該新たな捜査手法が，強制捜査か任意捜査かのいずれに該当するかを判断する場合には，当該捜査手法によって相手方の被る法益侵害の内容・程度と当該捜査手法の手段・態様を検討し，そして任意捜査と判断される場合でも，捜査目的を達成するため，必要な範囲において，相当な方法であるか否かを検討する必要がある。

具体的な事例で検討しよう！

違法 ──────────────── 適法

✗ 違法 エックス線撮影が違法となる場合

1 具体的事例　Aが宅配便を利用して覚醒剤を購入しているとの情報を得た警察官は，Aに宛てた宅配便荷物について宅配業者の承諾を得てエックス線検査を実施したところ，覚醒剤と思料される射影が観察された。

なお，このエックス線検査では，内容物の形状を相当鮮明に映し出すことができるものであった。

2 解説　上記事例に類似する事案で，当該エックス線検査が違法とされた（最決平21.9.28刑集63・7・868）。

強制の処分か任意処分かは，前記最決の①，②要件を満たすか否かによって判断されることになるが，本件では，主として②の「身体，住居，財産等の制約」に該当するかが問題とされた。

一審及び原審は，当該エックス線検査を任意処分と認定したが，本決定は，強制処分であると認定した。その違いは，「射影により荷物の内容物の形状や材質を窺い知ることができるにとどまる」（一審・原審）か，「それにとどまらず，内容物によってはその品目等を相当程度具体的に特定することまで可能であった」（本決定）かのエックス線射影によるプライバシー侵害の程度に関する認識の違いから，荷送人や荷受人の内容物に対するプライバシー等の侵害の程度を，一方では「極めて軽度であった」と判断し（一審・原審），他方では「大きく侵害するものであった」と判断した（本決定）ことによるものと思われる。

いずれにしろ，エックス線射影は，荷送人や荷受人の内容物に対するプライバシー等を一定程度侵害する行為であること自体は認定されている。

また，前記最決の①の要件については，直接言及されていないが，本件において荷送人や荷受人が意思を表明する機会を与えられたら通常はプライバシー等を理由に拒否すると考えられるので，「意思の制圧」に当たることを当然に前提としてあえて言及しなかったものと思われる。

エックス線撮影が適法とされる場合 　適法

1　具体的事例　　Aが宅配便を利用してBから覚醒剤を購入しているとの情報を得た警察官は，Aに宛てたBからの宅配便荷物について検証令状を得てエックス線検査を実施したところ，覚醒剤と思料される射影が観察された。

　なお，このエックス線検査では，内容物の形状を相当鮮明に映し出すことができ，銃や刃物などの無機物や薬物などの有機物を区別することができるものであった。

2　解　　説　　宅配物の中身のエックス線射影が強制処分であるとした場合，いかなる令状が必要となるか。

　本件については，梱包物の中にあるであろう被疑事実に関連する証拠物を押さえるため，まずその梱包物の中身をチェックするというものであれば捜索令状ということになろうが，本件の場合には，梱包物の中に存在する物の形状などの情報をつかみ，その情報を証拠資料として捜索差押許可状を得ようとしたものであることから（実際に，前掲平21最決の事例では，エックス線検査の結果等を疎明資料として捜索差押許可状の発付を得ている。），求める令状の種類は，検証令状ということになる。

違法と適法の分水嶺における留意点

　新しい捜査手法の場合，それが強制の処分（刑訴法197条1項但書）か任意捜査の範囲内にとどまるものかを的確に判断する必要がある。その判断は，必ずしも一義的容易性を有するとは言い難い面があるが，捜査の必要性や緊急性をひとまず度外視し，当該機器の性能，捜査の目的や得ようとする捜査結果，これらにより侵害される権利・利益の具体的内容など個々具体的な要素を考慮し，前記最決の①，②の要件に該当するか否かを慎重に判断しなければならない。その上で，強制の処分に当たると判断された場合には，その目的等に照らし，必要とされる令状の種類を適切に判断する必要がある。他方で，当該捜査手法が強制処分には当たらず任意捜査の範囲内のものと判断される場合でも，当該捜査手法は，必要性と緊急性などを考慮し，具体的状況の下で相当と認められる限度において許容されることに留意する必要がある。

　ところで，違法事例では，荷送人や荷受人の承諾を得てはいないものの，宅配物を現に管理している宅配業者の営業所長の承諾を得ていた。したがって，承諾による捜査として適法とする余地はなかったのかについても検討するに，宅配業者は荷物を管理・占有しているものの基本的には荷物の中身にまで支配が及ぶものではないと考えられる上（標準宅配便運送約款18条1項参照），今日宅配便が広く普及し，その利用者としても自ら記載した「品目」以上にその中身について具体的に暴露されることはないとの信頼をしていることが多いと思われることから，内容物に対するプライバシーは重大な権利・利益とみて，単に管理している宅配業者の承諾のみでは足りず，荷送人や荷受人の承諾が必要と判断されたものと思われる。

第 7 章

被疑者の防御

55 弁護人選任の申出への対応

> 逮捕した被疑者から，弁護人を選任したいとの申出を受けた場合には，どのような点に留意すべきか？

1 問題の所在

捜査の現場では，逮捕した被疑者から，「弁護人を頼みたい。」という申出がなされることは，しばしばある。

取り分け，逮捕された直後における弁解録取の場面では，動揺するなどした被疑者が，すぐに，弁護人に相談したいという意思表示をすることは多いだろう。

他方で，逮捕の初期段階は，厳格な制限時間の下で，身柄送致等の様々な手続を誤りなく実施しつつ，必要な取調べなどの捜査も行わなければならず，捜査員は，切迫感のある状況に置かれている場合も多い。

このような状況下であっても，被疑者からの弁護人選任の申出に対しては，法令に従って的確に対応する必要があり，これを怠ったことによって，捜査の適正に疑義が生じるようなことがあれば元も子もない。

そこで，緊迫した状況下でも的確な対応ができるよう，逮捕した被疑者から弁護人選任の申出を受けた場合の留意点を改めて確認しておいていただきたい。

2 根拠規定と解説

被疑者を逮捕した場合の弁護人選任権については，刑訴法209条，211条，216条によって，弁護人選任の申出に係る同法78条の規定が準用されていることから，同条が，逮捕についても読み替えられて適用されることとなる。

→刑訴法78条の準用による読替え

1項　逮捕された被疑者は，検察官又は司法警察員又は刑事施設の長若しくはその代理人に弁護士，弁護士法人又は弁護士会を指定して弁護人の選任を申し出ることができる。ただし，被疑者に弁護人があるときは，この限りでない。

2項　前項の申出を受けた検察官又は司法警察員又は刑事施設の長若しくはその代理人は，直ちに被疑者の指定した弁護士，弁護士法人又は弁護士会にその旨を通知しなければならない。被疑者が2人以上の弁護士又は二以上の弁護士法人若しくは弁護士会を指定して前項の申出をしたときは，そのうちの1人の弁護士又は一の弁護士法人若しくは弁護士会にこれを通知すれば足りる。

　弁護人選任権（弁護人依頼権）については，憲法上で保障された権利（憲法34条前段）であり，これを受けて刑訴法上も前記の規定を置いているのである。

　また，司法警察員の弁解録取の際には，犯罪事実の要旨と弁護人選任権の告知が義務づけられており（刑訴法203条1項），これにより，被疑者の弁護人選任権の行使が担保されていることとなる（被疑者国選弁護制度対象事件は同条4項）。

　そして，被疑者から，弁護人を選任したいとの申出を受けた警察官は，「直ちに」被疑者が指定した弁護士等に，その旨を通知する法的義務を負うのである。

　この場合には，弁護士等には限定はなく管轄の外や他県であっても通知をしなくてはならない（「〇〇弁護士をお願いしたい。」と弁護士個人名で申出があった場合はもちろん，「〇〇弁護士事務所に連絡してもらいたい。」，「〇〇県の弁護士会に連絡をとってもらいたい」等の申出についても，その旨，指定先に通知しなければならない。）。

この点，逮捕された被疑者が，弁護人選任のため弁護士名簿の閲読を申し出たところ警察官が拒否した事案につき，「弁護士名簿を閲読させなかったからといって被疑者に弁護人選任の機会を与えなかったものでもなく，被疑者の弁護人選任の権利の行使を妨げたとまでいうことはできない。」として適法とされた裁判例がある（東京高判昭48.3.23刑裁月報5・3・194）。

要するに，申出を受けた警察官の法的義務としては，被疑者の指定先に直ちに通知をすれば足りるということではあるが，現場の実情では，弁護人選任権の重要性に鑑みて可能な範囲で弁護士の連絡先の検索等の融通をする運用であろう。

また，指定された弁護士等に通知をすれば足り，弁護士が実際に来署したり受任したりするかどうかは関係なく，直ちに通知の措置をとれば，その後の取調べ等の捜査や手続を継続することには何ら問題はない（56とは異なる）。

なお，被疑者の申出を受けて指定の弁護士等に通知をし，当該弁護士が，被疑者に接見を求めて来署すれば，同弁護士は，「弁護人となろうとする者」（刑訴法39条1項）に当たる。

この場合の対応の在り方は，56（接見交通権の確保と接見内容の聴取）を参照されたい。

具体的な事例で検討しよう！

違法 ──────────────▶ 適法

❌ 違法 弁護人への通知の懈怠が違法となる場合

1 具体的事例　大麻所持の現行犯で逮捕された被疑者が、午後4時過ぎ頃に、取調官に、○○弁護士の個人名を挙げて連絡してほしい旨の申出をしたところ、担当の係長は、翌日の午前9時頃に弁護士会に電話して○○弁護士の連絡先を問い合わせたが、名字は同じ別の弁護士の連絡先を教えられて通知ができず、被疑者に確認したところ○○弁護士の正しい連絡先が被疑者の手帳に記載されていたことから、同係長は、午前11時前頃、○○弁護士の事務所に電話し、同弁護士は、夕方に被疑者と接見した。

この接見の前の時点で、令状を得て被疑者の強制採尿を実施しており、尿の鑑定の結果、覚醒剤が検出された。

2 解説と実務上の留意点　類似の事例で、「署員が申出を受けてから現実に弁護士事務所に連絡がなされるまで、18時間以上も経過しており、遅延したことについて、署員側にやむを得ない事情があったとは認められない。」、「署員の一連の措置は、刑訴法の規定に著しく反するものであり、憲法34条により保障された被疑者の弁護人依頼権を侵害するものであると言わざるを得ず、その違法の程度は、令状主義の精神没却に匹敵する重大なもの」である旨判示し、尿の鑑定書の証拠能力が否定された（大阪地判平元.12.7判タ744・215）。同事例では、申出から18時間以上経過してなされた弁護士への通知が、「直ちに」通知しなければならないとの前記の刑訴法の規定に反する違法があると判断され、その間に採尿された尿の鑑定書が違法収集証拠として証拠から排除されて覚醒剤使用の事実は無罪となっている。また、弁護士会の人違いにより連絡先がすぐに判明しなかった点についても、被疑者に弁護士の連絡先を確認しさえすれば直ちに判明していたはずであることを踏まえて、「被疑者の弁護人依頼権の重要性に対する同署員の認識の不十分さを示すものと言わざるを得ない」などと言及されている。

前記のとおり、被疑者の申出を受けて直ちに通知の措置を採りさえすれば、その後の捜査や手続の継続には問題がないのであるから、本事例の場合、申出を受けた当日のうちに、被疑者に○○弁護士の連絡先を確認して速やかに電話すべきであったし、弁護士が帰宅して不在であれば、同弁護士の留守電にメッセージを残すなり、ファックス送信をするなりして、翌日に先送りせず、「直ちに」通知の措置を採るべきであった。

通知の懈怠があっても証拠能力が認められる場合　適法

1　具体的事例
覚醒剤所持で現行犯逮捕された被疑者が，弁解録取で覚醒剤の認識を否定し，△△弁護士をお願いしますと述べて連絡を依頼したものの，取調官も報告を受けた上司も弁護士に連絡しなかった。

被疑者は，翌日午後5時頃に，尿を任意提出し，午後6時半頃に，留置係員に弁護士への連絡を再度依頼し，同係員が弁護士事務所に電話したが連絡がつかず，その旨，被疑者に伝えて納得させた。

2　解説と実務上の留意点
類似の事例で，被疑者の申出から27時間近く経過しても，弁護士への通知がなされない中で行われた採尿手続について，「弁護士への連絡を怠った警察官の行為が被疑者の弁護人依頼権を侵害していることは明らか」としつつも，「警察官らには，被疑者から尿の提出を得る目的で違法な身柄拘束の状態を利用しようとする意図はなく，担当部署や警察官相互の連絡に手抜かりがあったことで弁護士への連絡が行われなかったと認められ，採尿手続が違法性を帯びるとしても，その違法の程度は，いまだ重大ではない」として，尿の鑑定書の証拠能力が認められているものもある（福岡高判平14.10.31高検速報（平14）174）。

違法と適法の分水嶺における留意点

　違法事例と適法事例を見比べると，その分かれ目は，通知を怠った警察官の意図がどのように認定されたかにある。

　違法事例では，否認して尿の提出を拒む被疑者から強制採尿をするために，被疑者の申出をあえて無視して弁護士への通知をしなかったという警察官の悪意が認定された。

　これに対し，適法事例では，被疑者が任意に尿を提出したのであり，捜査機関としては，被疑者と弁護人との接見を妨害しなければ尿の提出を受けられないという状況にはなく，妨害する必要もなかったと認定され，警察官の通知の懈怠は，単なる連絡ミス等による不注意に過ぎず，違法状態を利用する意図はなかったと判断された。

　42の違法事例のように，単純ミスは，それを糊塗せずに事実をありのままにすることが肝要だという教訓になると思われる。もっとも，適法事例でも通知の懈怠自体は違法とされ，警察官らが「弁護人依頼権の重要性を十分に認識していなかった点は厳に戒められなければならない」と判示されていることに留意する必要がある。

　逮捕した被疑者から弁護人選任の申出を受けたら，まずは「直ちに」通知の措置を採ることを常日頃から意識しておいていただきたい。

　なお，違法事例において鑑定書の証拠能力が否定された点に関しては，通知の懈怠は，証拠排除に至る程度の重大な違法とまでは言えないとの考え方もあり得ると思われるが，この点は57，58を参照されたい。

56 接見交通権の確保と接見内容の聴取

> 弁護人等（弁護人及び弁護人となろうとする者）から被疑者との接見を求められた場合に，どのような点に留意して対応すべきか？

1 問題の所在

　被疑者国選弁護制度の導入等に象徴されるように，捜査段階での弁護活動は活発化しており，逮捕・勾留中の被疑者との接見を求めて弁護人等が警察署に来署することは日常的な光景となっている。

　現場の警察官にとっては，階級や役割を問わず，このような場面で弁護人等と接点を持つ機会も増えていると思われるところ，取り分け，弁護人等と被疑者との接見交通権は，憲法34条前段に由来する刑事手続上最も重要な基本的権利に属するとされていることから，今一度，この点の留意事項を確認しておく必要がある。

2 リーディングケースと解説等

　接見交通権は，刑訴法39条1項に原則，同条3項に例外が規定されている。

刑訴法39条
 1項　身体の拘束を受けている被告人又は被疑者は，弁護人又は……弁護人となろうとする者……と立会人なくして接見し，又は書類若しくは物の授受をすることができる。
 3項　検察官，検察事務官又は司法警察職員……は，捜査のため必要があるときは，公訴の提起前に限り，第1項の接見又は授受に関し，その日時，場所及び時間を指定することができる。但し，その指定は，被疑者が防禦の準備をする権利を不当に制限するようなものであってはならない。

刑訴法39条1項は接見交通権の原則を規定し、3項は「捜査のため必要があるとき」は、接見等の日時・場所及び時間を指定することができる「接見指定」を規定している。

では、どのような場合に接見指定ができるのであろうか。

この点については、以下の最高裁判決の判示が極めて重要である。

最大判平11.3.24民集53・3・514（安藤事件）

同判例は、「刑訴法39条の立法趣旨、内容に照らすと、捜査機関は、弁護人等から被疑者との接見等の申出があったときは、原則としていつでも接見等の機会を与えなければならないのであり、同条3項本文にいう『捜査のため必要があるとき』とは、右接見等を認めると取調べの中断等により捜査に顕著な支障が生ずる場合に限られ、右要件が具備され、接見等の日時等の指定をする場合には、捜査機関は、弁護人等と協議してできる限り速やかな接見等のための日時等を指定し、被疑者が弁護人等と防御の準備をすることができるような措置を採らなければならないものと解すべきである。」とした上で、「捜査に顕著な支障が生ずる場合」として、「捜査機関が現に被疑者を取調べ中である場合や実況見分、検証等に立ち会わせている場合、また、間近い時に右取調べ等をする確実な予定があって、弁護人等の申出に沿った接見等を認めたのでは、右取調べ等が予定どおり開始できなくなるおそれがある場合（※）など」を挙げた。

同判例は，弁護人等から被疑者との接見等の申出があれば，

> ① 原則としていつでも接見等の機会を与えなければならない。
> ② 例外的に接見指定をできるのは，現に被疑者を取調べ中である場合などの前記（※）の「捜査に顕著な支障が生ずる場合」である。
> ③ 接見指定をする場合も，弁護人等と協議してできる限り速やかな接見ができるような措置を採らなければならない。

としており，この判示を常に念頭に置く必要がある。

特に，実務上，問題となるのは③である。

すなわち，被疑者の取調べ中に弁護人等から接見の申出を受けた場合も，②の接見指定の要件を満たしているとして安易な対応に終始してはならず，必ず③に十分に留意して，弁護人と協議をして速やかな接見が実現できるような措置を採るべきである。

この点については，弁護人となろうとする者から被疑者の逮捕直後に初回の接見の申出があった際に，警察署の担当者が，申出を受けてから約70分後に，警察署前で待機していた弁護士に対し，接見の日時を翌日に指定すると通告した措置について，「（初回の接見を）速やかに行うことが被疑者の防御の準備のために特に重要である。」として，犯罪事実の要旨の告知や指紋採取等の所要の手続を終えた後，比較的短時間でも，即時又は近接した時点での接見を認めるべきであったとして違法とした判例がある（最判平12.6.13民集54・5・1635）。

具体的な事例で検討しよう！

違法　　　　　　　　　　　　　　　　　　　　　　適法

❌ 違法 接見に関する対応が違法となる場合

1 具体的事例　取調べの最中に弁護人が警察署に来て勾留中の被疑者との接見を申し出た際に、捜査主任の警察官において、捜査に顕著な支障が生ずる場合とまでは認めず、接見指定はしないこととしたものの、取調官は、きりのいいところで取調べを終了させようとして供述調書の作成等を続け、接見の申出の連絡を受けてから取調べを終わらせるまで約10分間経過した。

2 解説と実務上の留意点　上記事例に類似する事例で、取調官の対応を違法とした裁判例がある（大阪高判平23.4.12）。

同裁判例では、「刑訴法39条3項に基づく接見指定はされていないのであるから、弁護人等から被疑者との接見の申出を受ければ、捜査機関は、直ちに捜査手続を中止して、被疑者を接見させるべきであって、捜査手続を続行することは許されない」と判示し、接見の申出の連絡を受けてから約10分間取調べを続けて捜査手続を続行させた取調官の行為が違法であると判断した。同裁判例のポイントは、接見の申出を受けたならば接見指定をしない限りは捜査手続を中止すべきとの判断を明確にした点である。

同裁判例を踏まえると、実務上は、被疑者の取調べ中に接見の申出があった場合、取調べを中断させても捜査に対する支障が顕著ではないと判断されるなど接見の指定が不要であれば、聴取中か調書作成中かといった取調べの段階を問わず、直ちに取調べを中断して接見に向けた準備行為を始めるべきであろう。

もとより、接見の申出がなされてから、取調官への連絡や取調室から接見室への移動等には、物理的に短縮できない時間があるので、接見の申出から接見の実現までに、その必要不可欠な一定の時間がかかることまでもが違法となるものではないが、漫然と取調べを継続することなく、直ちに接見へ向けた準備に移ることが肝要である。

なお、被疑者を任意で取り調べている最中に、弁護人となろうとする者が来署して被疑者との面会を求めた際、担当警部が、面会の段取りをしたなどと答えつつ1時間ほど曖昧な対応に終始した事案で、弁護人の面会の希望を速やかに被疑者に伝えずに取調べを継続するなどした対応を違法とした裁判例があり（福岡高判平5.11.16判タ875・117）、身柄拘束中の場合と異なり接見指定の規定もなく任意であることを踏まえた面会への配慮が求められよう。

接見に関する対応が適法とされる場合 適法

1　具体的事例　　留置場に勾留中の被疑者について，弁護人が，休日に事前に連絡なく来署して接見を申し出た際に，検察官から接見指定がなされる場合があるとの連絡を受けていた留置係官において，検察官に問い合わせたところ，休日で直ちに連絡が取れず，接見指定をしない旨の回答を検察官から得て弁護人に伝えて接見させるまでに，約40～45分間を要し，弁護人の接見開始が遅延した。

2　解説と実務上の留意点　　上記事例に類似する事例で，留置係官と検察官の対応が適法とされた判例がある（最判平16.9.7判タ1168・109）。

同判例では，「接見等の申出を受けた者が，接見……指定につき権限のある捜査機関……でないため，指定の要件の存否を判断できないときは，権限のある捜査機関に対して申出のあったことを連絡し，その具体的措置について指示を受ける等の手続を採る必要があり，こうした手続を要することにより……接見等が遅れることがあったとしても，それが合理的な範囲内にとどまる限り，許容されているものと解する」として，留置係官が直ちに検察官に問い合わせ，可能な限り速やかに回答した対応が適法とされた。捜査に関与しておらず接見指定について判断する権限がない者が弁護人からの接見の申出を受けた際の対応として参考になる。

なお，同事例においては，休日で当直の検察官を経由するなどの事情を加味して約40～45分間の遅延が「合理的な範囲内」と判断されたと思われ，「通常の勤務時間内であるのに主任検察官の不在を理由として指定を拒むことはできず，合理的時間が経過すれば，指定がなされなくても指定権の行使がなかったものとして接見させなければならない。」，「合理的時間としては，せいぜい30～40分程度であろう。」などとの指摘があることに留意する必要がある（大コメ刑訴法〔第2版〕1巻464頁）。

違法と適法の分水嶺における留意点

　違法事例からは，弁護人の接見申出に対して漫然と対応したり，弁護人と協議せずに一方的に通告したりするなどの配慮に欠けた対応が見て取れる。
　弁護人の申出があった場合には，速やかに捜査状況を確認し，接見指定の要否を判断し，指定をしないのなら，直ちに接見の準備に入り，指定をするのなら弁護人と協議・調整をして，できる限り早期に接見の機会を与えるようにするなど，本項の判例を念頭に，即座に反応して十分に配慮した対応をすることが重要であろう。

第 8 章

先行手続の違法と証拠能力

57 先行手続の違法と証拠能力①

警察官が収集した証拠が違法収集証拠として証拠能力が否定されるのはどのような場合か？

1 問題の所在

(1) 「証拠」とは

刑訴法317条は，「事実の認定は，証拠による。」と定めるが，ここにいう「証拠」とは，「適式な証拠調べを経た，証拠能力のある証拠」を指すとされる。つまり，犯罪事実の認定は，証拠能力のある証拠によりされなければならないと解されている（いわゆる「厳格な証明」）。

供述調書を始めとする供述証拠については，同法320条1項において，伝聞法則が規定され，原則として法廷外の供述証拠には証拠能力がないとされるが，同法321条以下に，伝聞例外として証拠能力を認める場合が詳細に定められている。例えば，被告人の自白調書については，同法322条において，任意にされたものであれば，証拠能力を認めると規定されている。

一方，証拠物の証拠能力については，一般に，証拠には事件との関連性がなければならないとされるから，証拠物の証拠能力が認められるためには，事件との関連性が示されることが必要とされている。しかし，それ以外に，証拠物の証拠能力につき，当該証拠物が収集された経緯によってその証拠能力の有無を規定するような条文は刑訴法上見当たらない。この点，上記に見たように，自白調書については，それが任意になされた供述かどうかによって証拠能力の有無が決せられること，つまり，自白の得られた経緯によって証拠能力が左右されることが明文で規定されているのと対照的であるといえよう。

すなわち，条文上は，いかなる方法で収集された証拠物でも，事件との関連性がある限り，証拠能力を否定するような規定はないのである。

(2) 違法収集証拠排除法則とその問題点

そのため，初期の判例では，証拠収集手続に違法があっても，発見された

証拠物自体の性質や形状に変化が生じるわけではないから、その証拠価値も変わりはないとして、証拠能力を認めていた（最判昭24.12.13裁判集15・349、最判昭36.6.7刑集15・6・915等）。しかし、証拠収集過程にいかなる違法があっても、その結果として収集された証拠は有罪立証に用いることができるとするならば、違法捜査の歯止めがかからず、また、司法の廉潔性にも反するとして、違法に収集された証拠を排除すべきとの考えが有力に主張されることとなった。これが、違法収集証拠排除法則であり、次第に判例においてもこの考え方が採用されるに至った。

　証拠収集過程にいかなる違法があれば、その結果として収集された証拠の証拠能力に影響を及ぼすこととなるのかについては、捜査過程に軽微な瑕疵があっても、一律に証拠能力を否定するのか（絶対的排除説）、一定の重大な違法に限って証拠能力を否定するのか（相対的排除説）、後者の立場を取るとして、どの程度の違法があった場合に証拠能力を否定することとするのかが問題となる。

2　解　　説

(1) 最高裁判例における違法収集証拠排除法則

　最高裁において初めて違法収集証拠排除法則を採用したとされる判例（最判昭53.9.7刑集32・6・1672、以下「昭和53年判決」という。）は、相対的排除説に立ちつつ、証拠が排除される場合について一定の基準を示した。

　つまり、昭和53年判決は、まず、「違法に収集された証拠物の証拠能力については、憲法及び刑訴法になんらの規定もおかれていないので、この問題は、刑訴法の解釈に委ねられているものと解するのが相当である」とし、違法収集証拠の証拠能力については、憲法上の問題ではなく、刑訴法上の解釈の問題であると位置付けた。

　その上で、「証拠物は押収手続が違法であっても、物それ自体の性質・形状に変異をきたすことはなく、その存在・形状等に関する価値に変りのないことなど証拠物の証拠としての性格にかんがみると、その押収手続に違法があるとして直ちにその証拠能力を否定することは、事案の真相の究明に資するゆ

えんではなく、相当でない」とし、絶対的排除説には立たないことを示した。

そして、昭和53年判決は、「事案の真相の究明も、個人の基本的人権の保障を全うしつつ、適正な手続のもとでなされなければならないものであり、ことに憲法35条が、憲法33条の場合（現行犯逮捕の場合：筆者注）及び令状による場合を除き、住居の不可侵、捜索及び押収を受けることのない権利を保障し、これを受けて刑訴法が捜索及び押収等につき厳格な規定を設けていること、また、憲法31条が法の適正な手続を保障していること」等に鑑みて、一定の場合には、違法に収集された証拠を排除すべき場合があるとし、相対的排除説に立つことを明確にした。

(2) 最高裁判例における違法収集証拠排除の判断基準とその検討

昭和53年判決は、相対的排除説を前提に、違法に収集された証拠の証拠能力を否定すべき場合の判断基準として、①「証拠物の押収等の手続に、憲法35条及びこれを受けた刑訴法218条1項等の所期する令状主義の精神を没却するような重大な違法」があること、②「これを証拠として許容することが、将来における違法な捜査の抑制の見地からして相当でない」ことの二つの要件を示した。判例は、明文がないにもかかわらず違法に収集された証拠を一定の場合に排除する根拠を、憲法35条を始めとする諸規定により示される令状主義に求め、その帰結として、証拠能力が否定される場合の基準においても、令状主義の精神を没却するほどの重大な違法かという点をまず検討することとしたものである。

ただ、当該手続が「令状主義の精神を没却する」とまでいえるかどうかは、個々の事案において必ずしも明確でない場合もある。これにつき、その後の判例を併せて見ると、具体的な当てはめにおいては、(a)法規からの逸脱の程度、(b)捜査官における令状主義潜脱の意図の有無、(c)手続における強制の有無などが、各事例の判断における考慮要素とされていると指摘されており（朝山芳史・最判解刑事篇平15・36）、実務上大いに参考になる。

具体的な事例で検討しよう！

排除 ◀━━━━━━━━━━▶ 採用

✕ 排除 警察官の違法な捜査により収集された証拠として排除される場合

1 具体的事例　警察官甲は，かねて覚醒剤事犯の嫌疑のあったA方の捜索差押許可状を執行したが覚醒剤発見に至らず，Aを警察署に同行して尿の任意提出を求めたものの，Aは応じなかった。

警察官乙は，その数日後，Aを別件窃盗事件により逮捕し，警察署においてAから尿意のあることを伝えられ，これを甲に伝えた。

甲は，この機会にAから尿の提出を受けようと考え，覚醒剤被疑事実についてのAの名目上の住居を対象とする捜索差押令状を携え，Aに，「今日は令状が出ているから出さないとだめだ。」などと言って，尿の提出を促した。

Aは，尿の捜索差押許可状が発付されていると誤解して尿の提出に応じ，この尿の鑑定結果をもとに覚醒剤自己使用事実で逮捕・起訴されたが，公判において，尿の提出手続に違法があったと主張した。

2　解説と実務上の留意点

(1) 上記事例と同様の事案において，当該尿を提出させた手続は違法であるとされた（東京地判昭62.11.25判時1261・138）。

(2) 実際の公判では，尿提出時の状況が争われたが，同判決は，警察官が「被告人宅の捜索差押許可状が発付されていることを利用し，尿を差押目的物とする捜索差押許可状が存在するかのように被告人を誤信させる発言をして被告人を欺罔し，その結果，被告人が強制採尿のための令状が発付されていると誤信し，止むなく尿の任意提出に応じた」旨認定して手続を違法とした上，昭和53年判決の基準を引き，本件尿の鑑定書の証拠能力を否定した。

その理由は詳述されていないが，(a)警察官が，被告人宅の捜索差押許可状を尿の捜索差押許可状のように装って利用した点は，法が，捜索場所や差し押さえるべき物を限定して事前の司法審査を経ることを求め，捜索対象者の権利やプライバシー侵害を必要最小限にとどめようとした趣旨から大きく逸脱するとともに，(b)捜査官が正にこうした令状主義を潜脱しようとしたものと言えること，(c)被告人に，強制採尿のための令状が発付されていると誤信させて尿を提出させているのだから，尿の提出につき強制にわたる手続があったといわざるを得ないことを重視し，「憲法35条及びこれを受けた刑訴法218条1項等の所期する令状主義の精神を没却するような重大な違法があり，採取された尿の鑑定書を証拠として許容することが，将来における違法な捜査の抑制の見地からして相当でないと認められる場合」に該当すると判断したものと思われる。

なお，本判決は，検察官からの控訴はされず，一審で確定している。

警察官の捜査の適法性が争われても証拠採用される場合

採用 ○

1　具体的事例

警察官甲は，警ら中，ホテル付近路上に停車したA運転車両横でAと遊び人風の男数名が話しているのを認め，後方から近付くと，A車はすぐ発進してホテルの駐車場に入りかけ，男達もこれに続いた。

甲は，Aの不審な挙動や，同所が連れ込みホテルの密集地帯で売春の客引きの疑いもあると判断し，職務質問を開始したところ，車内に暴力団名と紋の入ったふくさ様のもの等があり，Aの落ち着きのない態度や青白い顔色も合わせ，覚醒剤中毒者の疑いもあると判断し，職務質問を続行するためAに降車を求めた。

Aは素直に降車したが，甲がAに所持品の提示を求めるとAは拒否し，上記遊び人風の男が，甲に「お前らそんなことする権利あるんか。」などと罵声を浴びせた。

甲が再度Aに所持品の提示を要求したところ，Aは，右内ポケットから覚醒剤でない白色粉末が在中したちり紙を取り出して甲に渡したので，甲は，さらに，「他のポケットを触らせてもらう。」と言い，これに対して何も言わなかったAの上衣とズボンのポケットを外から触ったところ，上衣左側内ポケットに何か堅い物が入っている感触を得た。甲は，Aに，その提示を再三要求したが，Aが黙っているので，「それなら出してみるぞ。」と言ってAの上衣左側内ポケット内に手を入れたところ，同ポケットから覚醒剤と注射器1本を発見した。Aは，覚醒剤所持事実により逮捕・起訴されたが，公判において覚醒剤の証拠能力を争った。

2　解説と実務上の留意点

(1) 違法収集証拠排除のリーディングケースとなった昭和53年判決を元にした事例である。本件では，いわゆる所持品検査により覚醒剤等が発見されていることから，所持品検査が違法か否か，これが違法とされた場合に，覚醒剤等につき違法収集証拠として排除されるのかが問題となった。

(2) 前提として，所持品検査の認められる場合に関しては，いわゆる米子銀行強盗事件最高裁判決（最判昭53.6.20）のとおりである（15参照）。

つまり，職務質問と密接に関連し，その効果をあげる上で必要性，有効性が認められるから，職務質問に付随する任意捜査として所持品検査を行うことができ，所持人の承諾のない場合も，所持品検査の必要性，緊急性，これ

により害される個人の法益と保護されるべき公共の利益との権衡などを考慮し，具体的状況のもとで相当と認められる限度において許容される。

(3)　本件の所持品検査について，昭和53年判決は，上記基準に依拠しつつ，以下の理由から違法と判断した。つまり，所持品検査を行う必要性と緊急性に関しては，甲がAの上衣左側内ポケットの所持品提示を要求した段階で覚醒剤事件の容疑がかなり濃厚に認められたこと，遊び人風の男が罵声を浴びせるなど職務質問に妨害が入りかねない状況もあったことなどを理由に肯定したが，Aの承諾がないのに，その上衣左側内ポケットに手を差し入れて所持品を取り出し検査した甲の行為は，一般にプライバシー侵害の程度の高い行為であり，かつ，その態様において捜索に類するものだとし，本件の具体的な状況のもとにおいては，相当な行為とは認め難く，職務質問に付随する所持品検査の許容限度を逸脱したものと判断した。

(4)　そこで，かかる違法な所持品検査により発見された覚醒剤等が，違法収集証拠として排除されるのかどうかが問題となる。

　昭和53年判決は，この点につき，甲がAの承諾なくその左側内ポケットから覚醒剤等を取り出した行為は，「職務質問の要件が存在し，かつ，所持品検査の必要性と緊急性が認められる状況のもとで，必ずしも諾否の態度が明白ではなかつた被告人に対し，所持品検査として許容される限度をわずかに超えて行われたに過ぎないのであつて，もとより同巡査において令状主義に関する諸規定を潜脱しようとの意図があつたものではなく，また，他に右所持品検査に際し強制等のされた事跡も認められないので，本件証拠物の押収手続の違法は必ずしも重大であるとはいえないのであり，これを被告人の罪証に供することが，違法な捜査の抑制の見地に立つてみても相当でないとは認めがたい」として，本件証拠物の証拠能力を肯定した。

　つまり，昭和53年判決は，前記「**2　解説**」の(2)で見たとおり，(a)職務質問の要件が存在し，所持品検査の必要性と緊急性が認められる状況の下で，所持品検査として許容される限度をわずかに超えたにすぎないこと（法規からの逸脱の程度が低いこと），(b)警察官に令状主義の諸規定を潜脱する意図がなかったこと，(c)ほかに所持品検査に際し強制等がなされた形跡もないことなどから，令状主義の精神を没却するような重大な違法があったとはいえず，これを証拠として許容しても，違法な捜査の抑制の見地から相当でないとは認め難いとして，証拠能力を認めたものといえよう。

証拠採否の分水嶺における留意点

　昭和53年判決が直接的に判示した２つの基準は，具体的当てはめに際しては必ずしも明確でないが，裁判例から読み取れる，(ⅰ)法規からの逸脱の程度，(ⅱ)捜査官の令状主義潜脱意図の有無，(ⅲ)手続における強制の有無といった要素が，証拠採否の分水嶺となろう。

58 先行手続の違法と証拠能力②

> 先行手続の違法が，後行手続の適法性に影響し，後行手続において収集した証拠が先行手続の瑕疵を引き継ぐものとして違法収集証拠として証拠能力が否定されるのはどのような場合か？

1 問題の所在

(1) 先行手続の違法とは

前問（57）では，違法な捜査により，収集された証拠につき，一定の場合に証拠能力が否定されるという，違法収集証拠排除法則の原則論について確認した。

しかし，違法収集証拠の証拠能力が実際に問題となるのは，当該証拠の収集手続そのものに違法があった場合というよりも，それに先行する手続に違法があった場合が多いと思われる。

典型的な例として，覚醒剤自己使用事案における採尿手続自体は問題なく行われたものの，採尿を行うために警察署へ任意同行する際に，任意捜査の限界を超える強制があったような場合が挙げられる。

そこで，違法収集証拠排除法則をもう一歩進めて，先行する手続に違法があった場合にも，その後の（それ自体は適法な）手続において収集された証拠につき，先行手続の瑕疵を引き継ぐものとして，証拠能力を否定すべきか否かが論じられるようになった。

(2) 問 題 点

先に見たとおり，前問（57）で紹介した昭和53年判決により違法収集証拠排除法則が採用されたとはいえ，違法な手続により収集された証拠が全て排除されるものではなく，令状主義の精神を没却するような重大な違法があった場合に証拠能力が否定されるのであり，その判断基準は，①証拠物の押収等の手続に，憲法35条及びこれを受けた刑訴法218条1項等の所期する令状主義の精神を没却するような重大な違法のあること，②これを証拠として

許容することが，将来における違法な捜査の抑制の見地から相当でないこと，とされていた。

すると，先行手続に違法があっても，当該証拠そのものが収集された後行手続に違法がなければ，昭和53年判決の基準①にいうところの「証拠物の押収等の手続に」重大な違法があった場合とはいえないようにも思われる。

つまり，ここでいう「証拠物の押収等の手続」を形式的に解釈すれば，その「手続」とは，証拠が押収された手続そのものである後行手続に限定され，違法のあった先行手続が含まれないこととなるから，昭和53年判決の基準を満たさないこととなる。

しかし，上記1に挙げた例のように，そもそも覚醒剤自己使用の疑いをもって，採尿を行うために警察署に任意同行したような場合には，任意同行の過程と採尿の過程を完全に切り離して論ずることは必ずしも妥当ではないといえるし，無令状逮捕を禁じた憲法33条等の趣旨に反することとならないのかについても疑問が生じる。

このような観点から，先行手続の違法が後行手続の適法性に影響し，後行手続において収集した証拠についても違法収集証拠として証拠能力を否定すべきとの主張が有力になされるようになり，判例もこれを認めるに至った。

そこで，先行手続の違法が，後行手続の適法性に影響し，後行手続において収集した証拠が違法収集証拠として証拠能力が否定されるのはどのような場合かが問題となる。

2 解　　説

(1) 昭和61年判決

先行手続の違法が後行手続の適法性に影響し，後行手続において収集した証拠が違法収集証拠として証拠能力が否定される場合があり得ることについて，最高裁が初めて判断を示したのが，最判昭61.4.25（刑集40・3・215，以下「昭和61年判決」という。）である。

証拠能力が問題となる証拠と手続との関係を確認するために，簡単に事例を紹介する。

警察官甲は、Aが覚醒剤を使用しているとの情報を得てA宅に赴き、「生駒署の者ですが、ちょっと尋ねたいことがあるので、上がってもよろしいか。」などと声をかけた。しかし、返答がなかったので、甲は、そのままA宅に上がり、寝ていたAを起こして同行を求めた。

Aは、これを金融屋の取立てと勘違いして同行に応じ、警察車両に乗ってから、甲は警察官ではないかと気付いたが、反抗はせず、そのまま警察署に同行した。Aは、警察署において、甲に対し、当日タクシー乗務員になるための試験を受ける予定であるなどと申し出たが、甲からの返答はなかったため、結局、任意採尿に応じた。

Aは、その尿から覚醒剤成分が検出された鑑定結果に基づき逮捕・起訴されたが、公判において、この尿の鑑定書に証拠能力があるかを争った。

本件でも、尿が採取された手続そのものは、Aによる任意提出であって、その収集手続自体は違法ではない。

しかし、これに先行する任意同行及び逮捕に至るまでの警察署での留め置き行為が違法であるとし、この任意同行や留め置きに引き続いて任意提出された尿及び尿の鑑定結果については、違法収集証拠として証拠能力が否定されるべきではないかが問題となったのである。

(2) 先行手続の違法

昭和61年判決は、「被告人宅への立ち入り、同所からの任意同行及び警察署への留め置きの一連の手続と採尿手続は、被告人に対する覚せい剤事犯の捜査という同一目的に向けられたものであるうえ、採尿手続は右一連の手続によりもたらされた状態を直接利用してなされていることにかんがみると、右採尿手続の適法違法については、採尿手続前の右一連の手続における違法の有無、程度をも十分考慮してこれを判断するのが相当である。」とし、先行手続の違法が、後行手続に引き継がれる場合のあることを明らかにした。

そして、その判断に際し、昭和61年判決は、㋐先行手続と後行手続が同一の目的に向けられているか、㋑先行手続を直接利用して後行手続が行われているかにより、先行手続と後行手続の関連性の程度を検討している（前掲・最判解刑事篇平15・35参照）。

(3) 証拠排除基準

　さらに，昭和61年判決は，証拠が排除される基準については，前問（57）で見た違法収集証拠排除法則の一般論と同様，昭和53年判決を引いて，「違法の程度が令状主義の精神を没却するような重大なものであり」，「証拠として許容することが，将来における違法な捜査の抑制の見地からして相当でないと認められるとき」か否かによるとの判断を示した。

　本件の当てはめについて，昭和61年判決は，本件の先行手続である任意同行と警察署での留め置きには任意捜査の域を逸脱した違法な点が存し，引き続く採尿手続も違法性を帯びると認定した上で，その違法の重大性については，甲が当初からＡ宅に無断で立ち入る意図はなく，Ａの承諾を求める行為に出ていること，任意同行に際し有形力が行使されておらず，Ａは相手が警察官と気付いた後も異議を述べず同行に応じていること，甲はＡの受験の申出に応答しなかったことはあるが，それ以上に警察署に留まることを強要する言動はしていないこと，採尿手続自体は，何らの強制も加えられることなく，Ａの自由な意思での応諾に基づき行われていることなどの事実関係を挙げ，本件採尿手続の帯びる違法の程度は重大でないとし，尿の鑑定書の証拠能力を認めた。

　ここでも，前項で見たとおり，最高裁が，(a)法規からの逸脱の程度が小さいこと（任意同行に際しての有形力行使はなく，Ａ自身も同行に応じていること等），(b)甲捜査官における令状主義潜脱の意図がないこと（当初からＡ方無断立入りの意思はなく，承諾を求めていること等），(c)手続における強制がないこと（警察署へ留まることについても，採尿についても，強要や強制がないこと等）の有無につき検討していることが分かる。

　以上をまとめれば，
まず，

　　ア　先行手続の違法が後行手続の適法性に影響するのは，㋐先行手続と後行手続が同一の目的に向けられており，かつ，㋑先行手続を直接利用して後行手続が行われていることにより，先行手続と後行手続の関連性の程度が高い場合であり，

イ　先行手続の瑕疵により違法性を帯びる後行手続において収集された証拠の証拠能力が否定されるのは，①令状主義の精神を没却するような重大な違法性，②将来の違法捜査抑制の見地からの証拠能力が否定の相当性がいずれも認められる場合であるところ，その判断要素としては，(a)法規からの逸脱の程度，(b)捜査官における令状主義潜脱の意図の有無，(c)手続における強制の有無が考慮される，

と一応，整理することができるものと思われる。

❌ 排除 先行手続の違法により後行手続で収集した証拠が排除される場合

1 具体的事例　警察官甲は，かねて窃盗の被疑事実によりAの逮捕状の発付を受けていたが，Aの動向視察と身柄確保のため，逮捕状を携行しないで警察署からA方に赴いた。

甲は，A方前でAを発見し，任意同行に応ずるよう説得したところ，Aから，逮捕状を見せるように要求されて，その後逃走されたが，A方付近路上でAを制圧し，逮捕した。

甲は，抵抗するAを警察車両に乗せて警察署に連行し，到着後，逮捕状を呈示した。

しかし，甲は，逮捕状には，Aを制圧した路上において逮捕状を呈示してAを逮捕した旨の記載をした。

Aは，同日，警察署内で任意の採尿に応じ，これを鑑定したところ，覚醒剤成分が検出された。

甲は，この鑑定結果をもとに，覚せい剤取締法違反被疑事件について，A方の捜索差押許可状の発付を受けて，既に発付されていた，窃盗被疑事件についての捜索差押許可状と併せて執行することとし，A方を捜索した結果，覚醒剤を発見・押収した。

Aは，覚せい剤取締法違反（覚せい剤自己使用事実及び覚せい剤所持）及び窃盗の事実で起訴されたが，公判において，尿の鑑定書及び覚醒剤の証拠能力に関し本件逮捕手続の適法性が争われ，甲は，この争点に関する証人として出廷した際，Aを制圧した路上で逮捕状を示すとともに被疑事実の要旨を読み聞かせた旨の虚偽の証言をした。

2 解説と実務上の留意点

(1) 最判平15.2.14（刑集57・2・121，以下「平成15年判決」という。）を元にした事例である。

この事案でも，覚醒剤自己使用事実の主たる証拠は，任意採尿により得られた尿の鑑定結果であり，覚醒剤所持事実についての主たる証拠は，令状による捜索で得られた覚醒剤であるから，これらの証拠そのものは適法な手続に基づいて収集されたといえる。

問題は，これら採尿手続及び捜索手続に先行する窃盗事実での逮捕行為が，逮捕状を呈示せずに警察署へ同行した点で違法だったのではないかという点である。

つまり，窃盗による逮捕がなければ，任意採尿や，その鑑定結果に基づく令状による捜索には至らなかったといえるために，窃盗事実での逮捕行為の適法性が，採尿手続や覚醒剤の押収手続の適法性にも影響し，その結果得られた証拠である尿の鑑定結果や覚醒剤の証拠能力も否定されるべきかが争われたのである。

(2) 平成15年判決は，まず，逮捕行為の適法性につき，逮捕状の呈示がなく，逮捕状の緊急執行もされていない違法なものであるとした。

さらに，平成15年判決は，警察官が，逮捕手続の違法を糊塗するため，逮捕状へ虚偽事項を記入したことや，公判廷において事実と反する証言をしたことなど，経緯全体を通して表れた警察官の態度を総合的に考慮すれば，本件逮捕手続の違法の程度は，令状主義の精神を潜脱し，没却するような重大なものであると評価されてもやむを得ないものといわざるを得ないと判断した（42参照）。

(3) 次に，証拠能力の判断に関し，平成15年判決は，採尿手続については本件逮捕の当日にされたものであって，これにより収集された尿及びその鑑定書は本件逮捕と密接な関連を有する証拠であるとした上で，このような違法な逮捕に密接に関連する証拠を許容することは，将来における違法捜査抑制の見地からも相当でないと認められるから，その証拠能力を否定すべきだと判断した。

一方，覚醒剤については，確かに覚せい剤取締法違反被疑事件についての捜索差押許可状は上記尿の鑑定書を疎明資料として発付されたものであるから，証拠能力のない証拠（尿）と関連性を有する証拠というべきであるものの，覚醒剤の差押え自体は，司法審査を経て発付された捜索差押許可状によってされたものであること，逮捕前に適法に発付されていた被告人に対する窃盗事件についての捜索差押許可状の執行と併せて行われたものであることなどを考えると，本件覚醒剤の差押えと，本件覚醒剤の鑑定書との関連性は密接なものではないとした。
　そして，本件覚醒剤（及びその鑑定書）については，その収集手続に重大な違法があるとまではいえないとして，その証拠能力を肯定した。
　このように，いずれの証拠に関しても，平成15年判決は，まず先行手続と後行手続の関連性について検討し，その上で，令状主義の精神を没却するような重大な違法か否かといった証拠能力の判断を行っている（ただ，本件においては，先に見た「同一目的」について認定し難く，同判決中も，こうした表現を明示的に使用していない。朝山芳史・最判解刑事篇平15・21では，「同一目的や直接利用の有無は違法性を判断する基準として絶対視する必要はなく，因果関係の判断の中に解消するのが適当であると考えられる」旨指摘されている。）。

(4)　前記のとおり，平成15年判決につき注目すべき点の一つは，最高裁において違法収集証拠排除が認められた初めての事案であるという点である。
　本件では，警察官が逮捕状の発付を受けていながらこれを携行せずに被疑者の身柄を確保した点の違法が認定されているが，本来，逮捕状が手元になかった場合の措置として逮捕状の緊急執行手続が規定されているのであるから，逮捕現場において緊急執行手続が取られていれば適法であったのはもちろん，仮に，緊急執行手続を取ることをも失念したとしても，適切な対応（例えば，ありのままの状況を書類に記載した上で，被疑者の不利益とならないよう，最初の身柄拘束の時点を起算点とした時間制限内に検察官送致すること。検察官が状況を把握できれば，必要と判断した場合に一度釈放した上で緊急逮捕し，同様の時間制限内に勾留請求をするなどの方策が執られ，先行する逮捕手続の瑕疵を事後的に治癒させることも可能であったと思われる。）をしていれば，「令状主義の精神を潜脱し，没却するような重大な違法」とまでの判断は免れたのではないかとも思われる。

しかし，本件では，警察官が，逮捕状の緊急執行という手続を取らなかったばかりか，逮捕状に虚偽の記載をしたり，虚偽の証言をしたりして，逮捕手続の違法を殊更に糊塗しようとしたという特殊な事情が，令状主義を潜脱する意図の現れと評価されてしまったものである。

　平成15年判決について，注目すべきもう一つの点は，同じ先行手続に引き続く手続により，押収された証拠でありながら，尿及びその鑑定書と，覚醒剤及びその鑑定書とで，証拠能力の有無についての判断が分かれている点である。

　先行手続の違法の程度は変わらないのであるから，上記判断の分かれ目は，先行手続との関連性の程度の差ということになろう。

　採尿手続に関しては，被疑者の逮捕直後に行われていることを主な理由として，違法な逮捕手続と密接な関連を有するといえる一方，捜索手続については，別件窃盗事件により既に発付されていた令状にも基づいて行われていること（すなわち，本件逮捕によらなくても，A方の捜索自体は窃盗事件の捜索差押許可状に基づいて適法に行うことが可能だったものであり，これが執行されれば，その際に，本件覚醒剤も適法に発見・押収されていたであろうといえることを意味すると思われる。）などを理由に，違法な逮捕手続との関連性は薄いと判断されたのである。

　このように，本判決において，同じ先行手続に引き続いて収集された尿の鑑定書と覚醒剤の各証拠能力について判断が分かれたのは，先行手続と後行手続の関連性の程度の差に求められると評価できよう。

先行手続が違法でも後行手続で収集した証拠が採用される場合　採用 ○

1　具体的事例

警察官甲は，覚醒剤密売の嫌疑で内偵捜査を進めていたA社関係者が，東京の暴力団関係者から宅配便により覚醒剤を仕入れている疑いを得た。甲は，宅配便業者の営業所に対してA社への配達状況を照会し，短期間に多数の荷物が届けられていること，配送伝票の一部に不審な記載のあること等が判明した。そこで，甲は，A社に配達予定の荷物のうち不審なものを借り出して内容を把握するため，宅配便業者営業所の長から協力の承諾を得たが，荷送人や荷受人の承諾は得ないまま，計5回にわたり，A社に配達予定の荷物を借り受け，空港内税関においてエックス線検査を行った。その結果，1回目を除き，2回目以降の全ての検査において細かい固形物が均等に詰められた長方形の袋の射影が観察された。甲は，同結果等をもとに，A社の捜索差押許可状の発付を受けて執行し，覚醒剤を発見・押収したが，当該覚醒剤の証拠能力が争われた。

2　解説と実務上の留意点

(1)　最判平21.9.28（刑集63・7・868，以下「平成21年判決」という。）を元にした事例である。本件は，覚醒剤そのものは令状に基づき差し押さえられたが，その令状取得過程の適法性が問題となる事案である。

まず，荷送人や荷受人の承諾を受けずにエックス線検査を行うことが，任意捜査の限界を超えて違法とならないか，これが違法だとしても，先行手続（エックス線検査）の違法が，後行手続（令状に基づく捜索）により押収された覚醒剤の証拠能力に影響するかが問題となる。

(2)　平成21年判決では，まず，先行手続における捜査の適法性に関し，捜査機関が宅配便業者の運送過程下にある貨物について荷送人や荷受人の承諾を受けずにエックス線検査をすることは，射影によって荷物の内容物の形状や材質をうかがい知ることができる上，内容物によってはその品目等を相当程度具体的に特定することも可能であるため，荷送人や荷受人の内容物に対するプライバシー等を大きく侵害することから，検証としての性質を有する強制処分に当たるとし，検証許可状によることなくこれを行うことは違法であると判断した（54参照）。

(3) 次に，平成21年判決は，このエックス線検査と関連性を有する覚醒剤等の証拠能力については，①宅配便を利用した覚醒剤密売の嫌疑が高まっていたことを考えれば，同検査を行う実質的必要性があったこと，②荷物そのものを現実に占有し管理している宅配便業者の承諾を得た上で本件エックス線検査を実施していること，その際，配送伝票に不審な記載がある荷物のみ借り出しており，検査の対象を限定する配慮もしていたことから，警察官らに令状主義を潜脱する意図があったとはいえないこと，③本件覚醒剤そのものは，司法審査を経て発付された各捜索差押許可状に基づく捜索において発見されたものであり，その発付に当たっては，本件エックス線検査の結果以外の証拠も資料として提供されたものとうかがわれることなどを考慮して，証拠能力を肯定した。

平成21年判決中，③については，昭和61年判決における，先行手続の直接利用の有無という観点に通じ，先行手続と後行手続の関連性の度合いが必ずしも高くないことを示唆しているものと思われる。

そして，①先行手続における捜査の必要性を論じている点は，一般的に捜査の適法性を検討する際に捜査の必要性が一つの判断要素となることを踏まえたものと思われ，本件の状況下においてはエックス線検査という捜査を行う必要性が高かったことが，重大な違法とまでいえない一つの論拠として挙げられたものと思われる。

②は従前の判例の基準そのままに警察官の令状主義潜脱の意図がなかったとし，これらを総合して，令状主義を潜脱するといえるほどの違法はなかったと判断したものであろう。

証拠採否の分水嶺における留意点

　適正手続を遵守すべきことはいうまでもないが，判例も，先行手続に違法があれば直ちに後行の手続で収集された証拠の証拠能力を否定するわけではなく，その違法の程度が「令状主義の精神を没却するような重大なもの」であり，「証拠として許容することが将来の違法捜査抑制の見地から相当でないと認められる」ときに，例外的に証拠能力が否定されるとしている。

　この場合，違法性の程度が重大だと判断される際の分水嶺の要素の一つが，「捜査官における令状主義潜脱の意図の有無」である。

　万に一つも，「警察官に令状主義潜脱の意図があった」などと認定されないよう，仮に，連絡ミス等の事務的手違いや，法令及び判例等の理解の不十分さなどから，手続に過誤が生じたとしても，問題を隠そうと更に不適切な行為を重ねることは厳に慎み，誠実に対応することが肝要である。

　そうした事後的対応の適否も，判例は重要な判断要素の一つと捉えているように思われる。

第9章

その他

59 外国における捜査について

> 外国に存在する証拠を入手する場合にどのような点に留意すべきか？

1 問題の所在

経済・社会の国際的な結び付きが進展し、人・金・物・情報等の国際的な流動が活発になる中で、一般的な犯罪を捜査する過程においてすら、外国に存在する証拠の入手が必要となる場合は枚挙にいとまがない。

すなわち、老若男女がインターネットを利用する現代社会では、オンラインサービスによる外国の銀行への送金、外国企業が提供するクラウドサービスへのデータ保存、外国にサーバがあるインターネットメールの送受信等は、誰もが特に意識することなく単なるツールとして日常的に利用している。

そして、これらツールが犯罪に用いられて、外国に存在する証拠を入手する必要性が生じることは現場の捜査官が日常的に経験する問題となっている。

他方で、外国に捜査の手を伸ばして証拠を入手するということは、当該外国の主権を侵害するという問題が生じ得る。

そこで、外国に関係する捜査を実施する場合には、十分な配慮と慎重な検討が不可欠である。

2 解 説

(1) 外国における捜査の留意点

前提として、刑法2条から4条の2に規定される刑法の場所的適用範囲の問題があるが、この点は、刑法の該当条文の解説に譲ることとして、本稿では、より一般的に捜査の現場で問題となる、国内における犯罪の証拠が外国にある場合に、その証拠を外国から入手するに当たっての留意点という観点に絞りたい。

この場合には，①「我が国の国内法上，我が国の捜査官に外国での捜査権限が認められるか」，②「我が国の捜査官が外国で捜査を行うことが国際法上許されるか」の2つの問題がある。

ア 「①について」
この点，①については，我が国の刑訴法は国外にも及ぶが，その国の主権との関係で制約を受けるに過ぎない。

これは，国際法上の支障がない限り，つまり，当該外国が承認する限り，我が国の捜査官が，我が国の刑訴法に基づく権限を行使して捜査活動を行うことは，国内法上は，問題ないと考えられている（ロッキード事件に関して「わが刑事訴訟法の適用が日本国領土外においては外国主権によって（その承認のない限り）制限されている」とする裁判例がある：東京地決昭53.12.20刑裁月報10・11＝12・1514)。

イ 「②について」
問題は②であり，この点のキーワードは，「主権侵害」と「相互主義」である。

すなわち，国際法上，各国はそれぞれ，領土内の主権を有しており，これを他国が侵害することは当然許されていないところ，捜査は，最も典型的な主権行使（公権力の行使）であるから，外国においては，その国の承認のない限り，捜査を行うことは重大な主権侵害となり，国際法上は許されないこととなる。

つまり，外国では，その国の承認がない限り，捜査を行うことはできないのである。

そして，強制捜査（逮捕，捜索・差押え等）については，外国が承認することは通常はあり得ないので，一般には，後記(2)の捜査共助や犯罪人引渡請求手続によることとなる。

ウ 任意捜査の場合
では，任意捜査の場合はどうだろうか。

この点については，アメリカのようにコモン・ロー系の国の多くは外国の捜査官が（通告等を要件として），領土内で参考人の任意聴取等の任意捜査を行うことを容認している。

しかし，我が国は，外国捜査官の国内での任意捜査についても一貫して認めていないため，相互主義の保証をなし得ないことになる（国際法上，主権国家間の対等な関係において相互に同じ条件に立つ相互主義が原則とされており，この任意捜査の例では，日本が許していないにもかかわらず，アメリカが許すからといって日本だけが一方的にアメリカで任意捜査を行うことは相互主義に反する）。

したがって，相互主義の観点からは，相手国の承認があろうとも我が国の捜査官が外国で任意捜査を行うことも許されておらず，後記(2)の方法によることが原則となる。

(2) 外国における捜査の方法（国際捜査共助等）

そこで，外国に存在する証拠の入手については，我が国の捜査官が捜査を行う代わりに，相手国政府に対して必要な捜査を行うように捜査共助の要請をすることとなる。

この場合には，通常，以下の3つの方法があり，事案や相手国によって使い分けることとなる。

ア 捜査共助

我が国から外国に捜査共助要請を行う場合の法律の規定はないが，外国から我が国に捜査共助の要請があった場合については，「国際捜査共助等に関する法律」がある。

我が国から外国に捜査共助要請を行う場合も，相互主義の観点から，同法の定める要件（同法2条に定める非政治性・双罰性・必要不可欠性等の要件）と同様に考えればよい。

この場合の共助の手続は，原則として外交ルートを通じて行われる。

すなわち，警察の捜査共助要請であれば，「都道府県警察→警察庁→外務省→在外日本公館→相手国の外務省→司法当局等」という経路をたどって要請が行われ，相手国の司法当局等の捜査官等が捜査を実施することとなる。

ただし，これは国際礼譲（国際社会における儀礼的・便宜的・恩恵的考慮に基づき一般的に遵守される慣例）として実施されるものであって，相互に共助の義務を負うものではない。

イ　捜査共助に関する二国間条約・協定

他方で，我が国は，捜査共助に関する二国間条約ないし協定の締結を進めている。

このような，いわゆる刑事共助条約・協定については，捜査共助の実施を条約上の義務とした上，共助の要請等においては，外交ルートを介さないで，中央当局（法務省，警察庁，司法省，法務長官等の各国で捜査等を所管する部署）間で，直接にやりとりをすることとして，捜査共助の迅速化・効率化を図るものである。

我が国は，平成18年7月に米国との間で締結したことを契機として，韓国，中国，香港，ロシア，EUと刑事共助条約・協定を締結しており，締結国から証拠を入手する場合には，各条約・協定の定めるところによることとなる。

ウ　国際刑事警察機構（ICPO）ルート

ICPO（通称インターポール）は，各国の警察機関間の国際協力及び国際犯罪の予防等を目的とした国際機関であり，加盟国については，190か国ほどになる。

ICPOは，刑事事件に関する情報や資料の交換，国際手配書の発行等を任務としていることから，我が国からも，都道府県警察→警察庁→ICPO→外国の警察機関というルートで当該外国にある証拠資料の提供を依頼することができる。

ただし同ルートは，迅速に資料・情報を入手・交換する場合には有益であるが，証拠物の提供や捜索・差押え等の強制処分は依頼できないことから，証拠化という観点から，改めて前記ア又はイの捜査共助を依頼する必要が生じることもある。

このように外国に存在する証拠の入手に当たっては，事案や相手国に応じて前記ア～ウの方法を使い分けることとなる。

なお，外国に逃亡した者の身柄確保に関しては，逃亡犯罪人引渡法の規範や米国・韓国との間で締結している犯罪人引渡しに関する条約によることとなるが，本稿では割愛する。

(3) 捜査共助を実施する場合の実務上の留意点

捜査共助を実施する場合には，ともすれば，共助の要請書を作成して警察庁等経由で外国に送付したら，他の捜査事項や日々の業務に追われて，後は結果を待つという姿勢になることもままあろう。

しかし，要請を受ける側の立場で考えれば，自分とは無関係の外国の事件の協力を求められるのであるから，他の自分の本来業務と比較すると優先順位が下がることは容易に想像がつく。

したがって，迅速な回答が必要なのであれば，結果待ちに終始するのではなく，事案によっては，自ら外国に赴いて担当捜査官と打合せをしたり，外国の捜査官が参考人を取り調べる際に同席して必要な示唆や助言をしたり，又は，外国の担当捜査官と電話やメールでやりとりをしてコミュニケーションをとる（このような捜査官同士のやりとりは任意捜査には当たらないので主権侵害の問題は生じない）などの積極的な姿勢が肝要であることは，これまでの数々の捜査共助の成功例の教えるところである。

具体的な事例で検討しよう！

違法 ←―――――――――→ 適法

❌違法 外国における捜査が違法となる場合

1　具体的事例　①不法残留の嫌疑で逮捕した外国籍の被疑者について、その身上関係を確認するために、担当の巡査部長が、通訳人を介して被疑者の本国の身内に電話をかけて事情を聞き電話聴取結果報告書にした。

②日本国内の傷害事件の目撃者の日本人が、長期の海外出張に赴いたため、外国で暮らしている同人と担当の警部補が、e-mail のやりとりをして目撃状況を聴取して聴取報告書にした。

③他人のパソコンを遠隔操作ウイルスに感染させて同パソコンを操って脅迫メールを送信した事案の手口として、米国のインターネット関連会社のクラウドサービスが用いられたところ、押収した被疑者のパソコンから同社の当該アカウントのパスワードが発見されたため、担当の警部が、被疑者に無断でパスワードを入力して同社のアカウントにアクセスして資料入手結果報告書を作成した。

2　解説と実務上の留意点　①②は外国にいる参考人への任意の聴取、③は外国に存在するサーバへのアクセスであり、いずれも、当該外国の承認なくして我が国の捜査官が実施することはその主権を侵害し又は相互主義に反するのであるから、国際法上、許されない捜査である。

我が国の国内法上は、捜査官がこれらの捜査を行う権限はあるが（前記2(1)①）、国際法上、外国での捜査は当該外国の承認なくして実施することは許されていない。したがって、①〜③の捜査は差し控えるべきであると考えられる。

この点、①については、捜査共助により当該外国の捜査機関に被疑者の身内の取調べを要請するか、被疑者本人に本国の身内に電話をかけさせて、身上関係の書類を警察署宛てに郵送させる、②については、捜査共助によるか、捜査官が直接やりとりをするのではなく国内の家族や会社等を通じて外国に出張中の目撃者と連絡を取らせる、③については、捜査共助により当該外国の捜査機関に押収手続を要請する（他人のアカウントに許可なくアクセスすることは不正アクセス禁止法に抵触するし、捜査としては、検証令状や捜索差押令状が必要な強制処分に当たることから勝手にアクセスすること自体が問題である）などの方法によることが考えられる。

外国における捜査が適法とされる場合 　適法　

1　具体的事例　①犯行に用いられた米国のクラウドサービスの仕組みを調べるために，捜査員が，そのホームページをプリントアウトし，翻訳して報告書を作成した。

②捜査員が，被疑者の米国の e-mail サービスについて，被疑者の同意を得てパスワードを教わり，そのアカウントにアクセスして送受信ボックスを確認し，必要なメールをプリントアウトして報告書を作成した。

2　解説と実務上の留意点　いずれも外国のサーバに我が国の捜査官がアクセスしており，当該外国の承認が必要なように思われる。

しかし，サイバー犯罪条約により例外的に当該外国の承認がなくても捜査を行うことが認められる。

同条約は，日本・米国・欧州等の48か国が締結（平28.2現在）しており，その32条で，条約の締結国は他の締結国の許可なしに，a．公に利用可能なデータ（公開情報）にアクセスする場合又は，b．当該データを開示する正当な権限を有する者の合法的かつ任意の同意が得られる場合には，国境を越えてコンピュータデータにアクセスすることができる旨を規定している。

したがって，①は同条約32条 a に，②は同条約32条 b に該当し，外国における捜査として，捜査共助によらなくても許される例外的な場合である。

なお，②で，被疑者が同意しなければ，原則どおり，前記2(2)イの刑事共助条約により米国の中央当局に被疑者のメールアカウントのデータの差押えを要請することとなる。

なお，ネットワーク上のコンピュータに係るリモート捜査関係の令状の規定は，コンピュータが国内にある場合の規定であり，外国にある場合は，同令状の効力は及ばないことに留意する必要がある（詳細は4を参照されたい）。

違法と適法の分水嶺における留意点

　我が国の捜査官が，捜査のために，直接的に外国の領土内にアクセスすることは，電話であれメールであれ，原則として，当該外国の主権侵害となり，許されないと考えるべきである。
　したがって，外国に存在する証拠の入手に当たっては，基本的には，捜査共助等の所定の手続によるべきであり，所管部署との緊密な連携が必要である。
　また，適法事例のようにサイバー犯罪条約で例外的に許される場合であっても，慎重な検討が不可欠であり，軽々に独断で判断するのではなく，専門部署に問い合わせるなどの十分な配慮が求められる。

60 DNA型鑑定の留意点

> DNA型鑑定を予定した捜査活動では，どのような点に留意すべきか？

1 問題の所在

　DNA型鑑定は，今日では，各種事件の捜査・公判で幅広く活用され，不可欠の役割を果たしている。

　例えば，犯行現場や被害者に被疑者のDNAが残留している場合は典型であるが，反対に，被疑者の所持品等に被害者のDNAが付着している場合でも，被疑者の犯人性の立証に資する。

　また，犯人の現場遺留物（精液等）のDNAが容疑者と異なれば，無実の容疑者を捜査対象から除外し，捜査を軌道修正することができるという点でも有用である。

　そして，DNA型鑑定における個人識別能力が，飛躍的に向上している現状では，DNA型鑑定の結果が，捜査・公判の結論をも左右することがあり，それゆえに，公判段階では，DNA型鑑定をめぐる様々な争いが展開されるのである。

　そこで，DNA型鑑定が予定されている事案では，後の公判での争われ方を十分に意識した捜査活動が重要である。

2 リーディングケースと解説等

　DNA型鑑定の証拠能力と証明力が初めて認められたリーディングケースは，いわゆる足利事件の最高裁決定である。

最決平12.7.17刑集54・6・550（足利事件）

足利事件では，科警研がMCT118型検査法を用いて，殺害された被害者の着衣に付着していた精液斑のDNA型鑑定を実施し，それが被告人のDNA型と一致したところ，公判段階で被告人が犯人性を否認し，DNA型鑑定の証拠能力と証明力が正面から争われた。

この点について，最高裁は，同決定で，「本件で証拠の一つとして採用されたいわゆるMCT118DNA型鑑定は，その科学的原理が理論的正確性を有し（①），具体的な実施の方法も，その技術を習得した者により，科学的に信頼される方法で行われた（②）と認められる。

したがって，右鑑定の証拠価値については，その後の科学技術の発展により新たに解明された事項等も加味して慎重に検討されるべき（※）であるが，なお，これを証拠として用いることが許されるとした原判断は相当である。」として，①及び②の要件を満たすことで，DNA型鑑定の証拠能力及び証明力が認められるとした。

足利事件については，その後，再審請求の審理の過程で実施されたSTR型検査法によるDNA型鑑定の結果，被害者の着衣の精液のDNA型と被告人のDNA型が異なることが判明し，無期懲役の判決を受けて服役中の被告人の無実が確実となり，平成21年6月4日に，同人は，約17年ぶりに釈放され，翌年に同人の再審無罪判決が確定した。

このような足利事件のその後の展開はともかく，DNA型鑑定の証拠能力及び証明力が認められる要件については，前記最高裁決定の①②に基づいて判断されることに変わりはない。

そして，警察が実施するDNA型鑑定については，警察庁から，「DNA型鑑定の運用に関する指針」とその運用上の留意事項に関する通達が発出されており（平成26年度の段階では，平22.10.21付けで改正されたものが最新である。），これに基づいて，現在，科警研及び全国の科捜研で実施されているSTR型検査法のDNA型鑑定は，同決定における①②の要件を満たすものとされている。

また，DNA型の証拠価値については，同決定で，前記（※）と判示されているところ，当時のMCT118型検査法では，鑑定結果と同じDNA型を有する者の出現頻度は1,000人中約35.8人であったが，その後の科学技術の発展により，現在のSTR型検査法では個人識別機能が飛躍的に向上し，出現頻度は最も多い出現頻度でも4兆7,000億人に1人というレベルとなり，「現状のDNA型鑑定のレベルは，個人識別能力という意味では既に究極の域に達していると考えてよい。」（司法研修所編「科学的証拠とこれを用いた裁判の在り方」139頁）とされている。

　そのため，今日では，DNA型鑑定の証拠能力や証拠価値については，ほとんど争点とはならず，公判段階で問題となるのは，

> ⓐ捜査活動における現場資料の採取から保管の過程に問題はないか
> ⓑ鑑定の過程で資料や検査器具の汚染（コンタミネーション）がないか

の2点に集約されている。

　ⓑは，専ら科捜研等の鑑定機関の事柄であり，捜査活動における問題はⓐである。

　この点では，採取活動中の捜査員の不注意による資料の汚染，捜査員による資料の取り違えや捏造疑惑，不適切な保管による資料の汚染や劣化等の様々な主張が弁護人からなされる。

　そのため，捜査活動においては，これらの主張等を排斥できるよう採取から保管の過程を適切に行うことはもとより，後の立証に備えたその正確な記録化も重要である。

具体的な事例で検討しよう！

違法 ⇔ 適法

❌ 違法 捜査に問題があり信用性が否定される場合

1　具体的事例　①15年近く前の殺人事件で，被告人と被害者の接点が解明できなかった事案について，被告人の所持品中の写真に付着していた不鮮明指紋を転写したゼラチン紙の指紋部分から，被害者のミトコンドリアDNA型と同一型が検出された。

②家屋に侵入して2名を殺害した事案について，犯人の侵入口と思われる網戸の破れ目から，被告人のDNA型が検出された。

2　解説と実務上の留意点　①と類似の事例において，資料（証拠品）の保管状況等に問題があるとされてDNA型鑑定の信用性（証拠価値）が否定された（福岡高判平19.3.19高検速報（平19）448（いわゆる北方連続殺人事件））。

同事例では，平成元年の捜査当時，ゼラチン紙に転写した指紋部分の体液からミトコンドリアDNAを抽出して鑑定するという方法を捜査官が全く知らなかったこともあり，同写真を押収した後，「後にミトコンドリアDNA型の鑑定が行われることなどを考慮した取扱いがなされたとは到底考えられない」として，その保管状況に問題があるとされた。

そして，保管中に，同写真を触れた捜査官の範囲も，触れた際の状況も明らかではないことから，「捜査の過程において，被害者のミトコンドリアDNAが捜査官を介して二次的に鑑定資料に付着する可能性」も否定できないとされた。

また，②と類似の事例において，鑑定資料の採取状況に問題があるとされてDNA型鑑定の証明力が限定的に評価された（鹿児島地判平22.12.10法律時報83・12・124）。同事例では，掃き出し窓が外から割られて解錠されており，その窓の外の網戸の破れ目付近から被告人のDNA型が検出されたため，被告人が，その破れ目から手を差し入れて解錠した際にDNAが付着したと思われた。

しかし，裁判員裁判の同判決では，現場の採取活動の際に，網戸の表と裏を別々の綿棒でこすって細胞片を採取したものの，網戸の性質上，表と裏を分けて採取することは困難であるし，綿棒でこすった範囲は破れ目部分よりも相当広い範囲であったことから，細胞片が破れ目に付着していたとは断定できないとされた上，採取過程で光学顕微鏡による写真撮影が行われていないなどという採取活動の不十分さを指摘されて，被告人が，網戸に触れたとは推認できるものの，破れ目から手を差し入れて解錠したとまでは認められないとされた。

捜査に問題はなく信用性が認められる場合　適法

1　具体的事例　ひき逃げの否認事件で，被害者を轢いたトラックの車体下部を警察官が実況見分したところ，1回目の実況見分では発見できなかった毛根付きの人毛が，2回目の実況見分で採取され，同毛根のDNA型が被害者と一致した。

2　解説と実務上の留意点　類似の事例において，警察官の実況見分と鑑定資料の採取状況に問題がないとされ，DNA型鑑定の信用性が認められて有罪判決がなされた（公刊物未登載）。

同事例では，1回目の実況見分の際には，車両をジャッキアップして捜査員が車体下部に入り込んで見分したにすぎないのに対し，2回目の実況見分では，クレーンで車両をつり上げて，後輪を取り外すなどして見分したことから，2回目の実況見分で被害者の毛根付きの毛（鑑定資料）が採取されたことは不合理ではないと認められた。

DNA型鑑定は，犯人性の認定を左右するほどの重要性を持つことがあるから，後に疑惑・疑問点や不合理等の指摘がなされることがないよう，慎重かつ十分な採取活動と採取過程の適切な証拠化に留意することが肝要である。

違法と適法の分水嶺における留意点

　違法事例におけるいずれの事案も，犯人性が全面的に否認されており，DNA型鑑定の結果は立証上，重要だったにもかかわらず，前提となる採取活動と証拠品の保管状況等に疑問があるとされて信用性が否定ないし限定され，結果として無罪となった。
　DNA型鑑定の個人識別能力が究極とも言える域に達したことで，今日の争点は，鑑定自体よりも，むしろ，鑑定資料の採取・保管状況という捜査段階の問題に移行している。
　取り分け，DNAが微少な細胞からも検出可能なことから，前記の信用性が否定された事例に見られるように，血痕や精液等の視認しやすい現場資料の場合よりも，視認できない微細な付着細胞片からの検出の場合に，採取・保管状況がより一層激しく争われることとなる。
　したがって，現場資料の採取・保管に当たっては，本稿の両事例に見られる指摘を踏まえ，後のDNA型鑑定を前提とした採取・保管の適正とその証拠化に万全を期するべきであり，万に一つも，後に疑問を差し挟まれることのないよう留意することが肝要である。

61 令状のないGPS捜査

> GPS発信器を被疑者等の使用する車両に取り付け，その位置情報を取得する捜査を実施するに当たっての留意点は何か？

1 問題の所在

　GPS発信器については，GPSシステムの運用する複数の人工衛星から電波を受信して，地球上での位置情報を取得し，その位置情報を外部に送信する機能を持ち，GPS発信器利用者は，位置を追跡したい対象物に，GPS発信器を設置することによって，対象物を物理的に追尾することなく，PC等の端末機器からGPS発信器がどこにあるかを，把握することができるというものである。

　このような特徴を持つGPS発信器は，捜査官が対象者の運転する車両を追尾し，移動経路や目的地を確認する，いわゆる尾行を補完するものといえ，対象者が警察の尾行を警戒して頻繁に車両を乗り換える，あるいは車両での尾行が不可能になるような高速度で走行するようなことを繰り返す場合に，有効な手法であるといえる。

　しかし，GPS発信器を利用したこのような捜査は，刑訴法に規定がないため，その適法性について，様々な問題が提起されている。

2　GPS捜査に関する裁判例

　GPS捜査の適法性については，複数の事件で争点となっており，平成29年2月時点までに最高裁の判断は示されていなかったが，下級審においては，
(1)　任意処分として適法とするもの
　　①大阪地決平27.1.27判時2288・134
　　②広島地福山支判平28.2.16
　　③広島高判平28.7.21（②の控訴審判決）

(2)　強制処分に当たるが重大な違法はないとするもの
　　④名古屋地判平27.12.24
　　⑤大阪高判平28.3.2判タ1429・148（⑦の控訴審判決）
　　⑥名古屋高判平28.6.29（④の控訴審判決）
(3)　強制処分に当たり重大な違法があるとするもの
　　⑦大阪地決平27.6.5，大阪地判平27.7.10
　　⑧水戸地決平28.1.22

等，複数の判断が示されていたところ，最高裁においてGPS捜査の適法性に関し判断がされた。

3　GPS捜査の特質と，最高裁の判断

(1)　これまでのGPS捜査に対する認識
　従来，GPS捜査については，捜査対象者の権利・利益の重大な制約ではなく，公道上を走行する車両については，第三者がその動静・位置情報を容易に知り得ることから，一般的に車両の所有者等がその位置情報のプライバシーにつき完全に保護されるとの合理的な期待があると解することは困難であるから（もちろん，そのプライバシーが完全に失われることはない），あくまで通常の「公道上からの動静確認」と同視できる場合であれば，任意捜査としての相当性が認められると考えられていた。

そして，正当な捜査目的を達成するために必要な範囲で，相当な方法で実行されることから，任意処分として適法な捜査と理解されてきた（最決平20.4.15（刑集62・5・1398）参照）。

(2) **最高裁の判断**

しかし，最大判平29.3.15（以下「平成29年最高裁判決」という。）は，GPS捜査について，強制捜査に該当し，現行法上違法と評価されると判断した。その骨子は以下のとおりである。

ア(ア) GPS捜査では，対象車両及びその利用者の所在と移動状況を逐一把握することを可能にし，個人の行動状況を継続的，網羅的に把握することを必然的に伴うもので，個人のプライバシーを侵害し得る。
　(イ) そのような侵害を可能とする機器を個人の所持品に秘かに装着して行う捜査手法は，公道上での肉眼やカメラによる行動把握と異なり，公権力による私的領域への侵入を伴うものというべきである。

イ(ア) 個人のプライバシー侵害を可能とする機器をその所持品に秘かに装着することで，合理的に推認される個人の意思に反して私的領域に侵入するGPS捜査は，個人の意思を制圧して憲法の保障する重要な法的利益を侵害するもので，強制処分に当たる（最決昭51.3.16（刑集30・2・187））。
　(イ) 現行犯逮捕のような無令状で行える処分と同視すべき事情があるとも認めがたく，令状がなければ行うことができない処分と解すべきである。

ウ　GPS捜査はモニター画面に表示された情報を捜査員が読み取り，これを記録する点で検証と同様の性質を有するが，端末を取り付けた車両及びその使用者の所在の検索を行う点，検証では捉えきれない性質がある。

令状によって対象車両と罪名を特定しても，対象車両の行動を継続的・網羅的に把握すれば，被疑事実と無関係の行動の過剰な把握を抑制できない。GPS捜査では事前に令状呈示を行うことは想定できず，事前の令状呈示に

よって手続の公正を担保しようとする刑訴法の趣旨を満たさない。

また，事前の令状呈示に代わる公正の担保の手段もないことから，適正手続保障の観点からも問題が残る。

エ　よって，GPS捜査は現行法に規定のない強制捜査であり，刑訴法197条1項但し書に当たるとして法が規定する令状を発付することも疑義が残る。

GPS捜査が有力な捜査手法であるならば，憲法，刑訴法の諸原則に適合する立法的な措置が講じられることが望ましい。

4　まとめ

従来，有力な捜査手法として，任意捜査であるとの理解で実施されてきたGPS捜査であるが，平成29年最高裁判決によって，強制捜査であり，かつ，現行刑訴法の定めるいずれの強制処分にも当たらず，法に定めのない強制処分であることから原則違法であるとされた。

本判決で最高裁が示した任意捜査と強制捜査の判断基準については，たとえ連続して対象者の行動を把握したとしても，それが公的領域から対象者の動静を観察することと同じであれば，それは尾行とほぼ等しいはずであり（たしかに尾行に比べて対象者を失尾する可能性は低いが，それとて電波状況によってはGPS捜査でも失尾や位置を誤って把握する危険はある），住居の中のように，当該対象者が他人からプライバシー侵害を受けることがないと期待する領域への公権力による侵害になるのか，筆者としては疑問がないわけではない。

本判決がGPS捜査を「私的領域への侵入」になるとして強制捜査に該当すると判示したことは，本判決が任意捜査と強制捜査の限界に関する新たな基準を示したものとして，（「私的領域」が具体的にどのような領域を想定しているのかを含め）今後研究の余地はあるものの，その判示に基づけば，今後は任意捜査として無令状のGPS捜査を実施することは控えなければならないのであり，今後，速やかな新規立法が望まれる。

具体的な事例で検討しよう！

違法　　　　　　　　　　　　　　　　　参考

✕ 違法 GPS捜査が違法となる場合

1 具体的事例　①ある警察の管内で事務所荒しが頻発し，その手口から同種前科を有するAが被疑者として浮上した。

警察はAを窃盗の現行犯人として逮捕することを試みたが，Aが尾行を警戒していたため，自動車に乗って外出するAを尾行しても途中で失尾し，犯行現場でAを現認するに至らなかった。

そこでAの使用車両にGPS発信器を取り付けて，その位置情報を取得してAの行動を把握することにし，A方敷地内に駐車中のA使用車両の底面にGPS発信器を取り付け，1か月間にわたり，A使用車両の位置情報を確認し，その所在を推定した上で窃盗を実行した直後のAを確保した。

②前記の事例で，Aが食事のためにドライブインに立ち寄り，駐車場に使用車両を駐車中にGPS発信器を取り付けようとしたが，うまく取り付けることができなかったため，後部バンパーを車体に固定するステーにドリルで穴を空け，ワイヤーを通して発信器を固定し，①事例と同様のGPS捜査を開始した。

2 解説と実務上の留意点　①事例では，GPS発信器をA使用車両に取り付ける際，A方敷地内に警察官が立ち入っているが，これは当然捜査対象者であるAの承諾を得ることなく，無断で行っていると考えられる。

このような私有地内への無断立入は，私有地の所有者・管理者のプライバシーを侵害する違法な行為である。

また，②事例では，警察官が取り付けたのは人の自由な出入りが予定されるドライブイン駐車場であるが，A車両の一部を損壊してGPS発信器を取り付けている点，Aの財産に損害を加えている。

これらの点を踏まえると，両事例とも，GPS捜査を任意捜査として適法とするこれまでの下級審の判断を前提としても，違法と評価される可能性が大であると考えられる。

最大判平29.3.15の判示からの検討 参考

1　具体的事例　　工事現場から工具類を盗む事案が複数発生し、現場付近の防犯カメラから、2台の自動車が利用されていることが判明し、その利用者がB、Cであることも確認された。

警察では、今後もB、Cによる窃盗が発生することを予想し、窃盗の現認、検挙を考え、両名の行動を把握するためにGPS捜査の実施を計画した。

B、Cがファミリーレストランで合流することを把握し、2人が店内に入った後で、警察官が、B、Cが使用する車両の車体後部底面に、GPS発信器を取り付けた。

概ね1か月間の予定でGPS捜査を開始したところ、1週間後にC使用車両が1か所から移動しなくなったため、現地を確認したところ中古車販売業者の敷地内にあったことから、Cが車両を売却したと判断し、この業者に事情を説明して車両からGPS発信器を取り外し、Cが購入した車両を確認し、これに発信器を付け替えて捜査を継続し、B、Cの立ち回り先等の捜査を進めた結果、両名を窃盗で現行犯逮捕するに至った。

2　解説　　本事例は、これまで下級審が適法と判断した基準を参考にし、①発信器の取付時に私的領域への侵入を伴わない、②不必要な車両については速やかに捜査対象から除外する等、相当な方法で必要最小限の範囲でGPS捜査を実施している。

しかし、平成29年最高裁判決の判示するところに従うと、①GPS発信器によって遠隔地からも継続的・網羅的にして車両及びその使用者の位置情報を把握することはプライバシー侵害に当たる、②プライバシー侵害を可能とするGPS機器を車両使用者に秘して取り付けることで、使用者の合理的に推認される意思に反して公権力が私的領域へ侵入することになるので、憲法の保障する重要な法的利益の侵害であり、強制処分と評価される。

そして、③強制処分が無令状で許される場合に該当せず、現行法上の令状によることもできない、となるので違法と評価されることになろう。

GPS捜査の今後の留意点

　解説において指摘したとおり，GPS捜査の適法性に関しては，平成29年最高裁判決が出され，同判決によって，無令状でのGPS捜査はもちろん，刑訴法に規定されている令状を取得したとしても違法と評価されることが明らかにされた。
　なお，同判決には補足意見が付されている。
　補足意見は，新規立法による解決がされるまでの間，捜査上の必要から令状を取得してGPS捜査を実施することを許容するものであるが，令状発付の要件として①ごく限られた極めて重大な犯罪の捜査のため，対象車両使用者の行動の継続的・網羅的把握が不可欠であるという高度の必要性，②令状の請求及び発付は，法廷意見に判示された各点について十分に配慮した上で行われなければならない，という，非常に厳しい限定が付されたものとなっており，現実に補足意見の指摘を踏まえてどのような令状の請求ができるのか，そして令状が発付されることがあるのかを考えると，非常に難しいと言わざるを得ないだろう。
　私見では，GPS捜査は任意処分と解すべきであり，捜査目的を達成するために必要な範囲で，相当な方法で実施される限り適法な捜査であると考えていたが，平成29年最高裁判決によってこうした見解が明確に否定された以上，最高裁判決の趣旨に従い，立法による速やかな解決が望まれるところである。

判例索引

【最高裁判所】

最判昭24.12.13裁判集15・349 …………………………………………… 356
最決昭28.3.5刑集7・3・482 ……………………………………………… 197
最決昭29.7.15刑集8・7・1137 …………………………………………… 66
最判昭29.11.5刑集8・11・1715 ………………………………………… 197
最決昭31.10.25刑集10・10・1439 ……………………………………… 218
最大決昭33.7.29刑集12・12・2776 …………………………………… 311
最大判昭36.6.7刑集15・6・915 …………………………………… 317, 356
最決昭44.3.18刑集23・3・153 ………………………………………… 329
最大判昭44.12.24刑集23・12・1625 ………………………………… 204
最決昭49.12.3裁判集194・309 ………………………………………… 177
最判昭50.4.3刑集29・4・132 …………………………………………… 229
最決昭51.3.16刑集30・2・187 ………………… 78, 102, 154, 159, 184, 205, 334, 393
最判昭51.11.18判時837・104 ……………………………………… 313, 328
最決昭52.8.9刑集31・5・821 …………………………………………… 272
最判昭53.6.20刑集32・4・670 ……………………………… 90, 93, 96, 102, 360
最判昭53.9.7刑集32・6・1672 ………………………………… 95, 102, 356
最決昭53.9.22刑集32・6・1774 ………………………………………… 72, 169
最決昭55.9.22刑集34・5・272 ………………………………………… 83
最決昭55.10.23刑集34・5・300 ……………………………………… 179
最決昭57.1.19判タ460・91 …………………………………………… 117
最決昭59.2.29刑集38・3・479 ………………………………………… 189
最判昭59.3.23判タ524・99 …………………………………………… 118
最判昭61.2.14刑集40・1・48 …………………………………… 207, 335
最判昭61.4.25刑集40・3・215 ………………………………………… 364
最決昭63.9.16刑集42・7・1051 ………………………………………… 98
最決平元.7.4刑集43・7・581 …………………………………………… 187
最決平元.9.26判時1357・147 …………………………………………… 63
最決平3.7.16刑集45・6・201 …………………………………………… 179
最決平6.9.8刑集48・6・263 …………………………………………… 301
最決平6.9.16刑集48・6・420，判時1510・154 ………………… 77, 179, 209
最決平7.5.30刑集49・5・703 ……………………………………… 174, 176
最決平8.1.29刑集50・1・1 ………………………………………… 245, 322
最決平10.5.1刑集52・4・275 …………………………………………… 34
最決平11.2.17刑集53・2・64 ………………………………………… 136
最大判平11.3.24民集53・3・514 ……………………………………… 348

最決平11.12.16刑集53・9・1327 …………………………………………………… 51
最判平12.6.13民集54・5・1635 ……………………………………………………… 349
最決平12.7.17刑集54・6・550 ………………………………………………………… 385
最決平14.10.4刑集56・8・507 ………………………………………………………… 307
最判平15.2.14刑集57・2・121 …………………………………………………… 262, 369
最決平15.5.26刑集57・5・620 ………………………………………………………… 93
最決平16.7.12刑集58・5・333 ………………………………………………………… 195
最決平16.9.7判タ1168・109 …………………………………………………………… 351
最決平19.2.8刑集61・1・1 ……………………………………………………………… 295
最決平20.4.15刑集62・5・1398 …………………………………………… 204, 335, 392
最決平21.9.28刑集63・7・868 …………………………………………………… 336, 372
最決平26.1.16 …………………………………………………………………………… 142
最大判平29.3.15 ………………………………………………………………………… 392

【高等裁判所】

広島高松江支判昭27.6.30 ……………………………………………………………… 244
福岡高判昭28.10.14判時13・27 ……………………………………………………… 121
東京高判昭34.4.21高刑集12・5・473 ………………………………………………… 261
大阪高判昭38.9.6高刑集16・7・526 …………………………………………………… 87
大阪高判昭40.11.8下刑集7・11・1947 ……………………………………………… 244
仙台高判昭44.4.1刑裁月報1・4・353 ………………………………………………… 238
東京高判昭44.6.20高刑集22・3・352 ………………………………………………… 317
東京高判昭47.10.13判時703・108 …………………………………………………… 324
東京高判昭48.3.23刑裁月報5・3・194 ……………………………………………… 342
東京高判昭48.12.10高刑集26・5・586 ……………………………………………… 177
東京高判昭49.9.30刑裁月報6・9・960 ……………………………………………… 150
福岡高決昭49.10.31判時771・107 …………………………………………………… 281
大阪高判昭49.11.5判タ329・290 ………………………………………………… 317, 324
大阪高判昭50.11.19判タ335・353 …………………………………………………… 256
東京高判昭51.2.9東高時報27・2・14 ………………………………………………… 99
大阪高判昭51.9.20公刊物未登載 ……………………………………………………… 130
大阪高判昭52.2.7判時863・120 ……………………………………………………… 131
東京高判昭53.5.31刑裁月報10・4＝5・883 ………………………………………… 319
大阪高判昭53.9.13判時917・141 ……………………………………………………… 181
東京高判昭53.11.15高刑集31・3・265 ……………………………………………… 325
東京高判昭54.8.14判時973・130 ……………………………………………………… 269
仙台高秋田支判昭55.12.16判タ436・173 …………………………………………… 167
東京高判昭56.9.29判タ455・155 ……………………………………………………… 104
広島高判昭56.11.26判タ468・148 …………………………………………………… 330
東京高判昭57.3.8判タ467・157 ……………………………………………………… 247

東京高判昭60.3.19刑裁月報17・3＝4・57	263
東京高判昭60.4.30判タ555・330	220
東京高判昭60.9.5判タ585・78	69
東京高判昭60.10.30判時1169・53	232
大阪高判昭60.12.18判タ600・98	226
東京高判昭61.1.29刑裁月報18・1＝2・7	101
福岡高判昭61.4.28判タ610・27	273
大阪高判昭63.2.17高刑集41・1・62	186
東京高判昭63.4.1東高時報39・1＝4・8	207
札幌高判平元.5.9判時1324・156	332
東京高判平元.7.6東高時報40・5＝8・21	251
大阪高判平4.1.30高刑集45・1・1	156
大阪高判平4.2.5高刑集45・1・28	79
札幌高判平4.7.21判タ805・238	113
東京高判平4.10.15高刑集45・3・101	289
福岡高判平5.3.8判タ834・275	318
東京高判平5.4.28高刑集46・2・44	317
福岡高判平5.11.16判タ875・117	350
東京高判平6.5.11判タ861・299	299
仙台高判平6.7.21判時1520・145，判タ887・281	155, 164
東京高判平6.7.28判タ864・281	174
東京高判平10.3.11判タ988・296	231
東京高判平10.7.14東高時報49・1＝12・38	105
大阪高判平11.12.15判タ1063・269	75
大阪高判平12.3.23治安7・6・66	86
東京高判平13.3.26高検速報（平13）46	185
大阪高判平13.9.25公刊物未登載	192
東京高判平14.9.4判時1808・144	192
福岡高判平14.10.31高検速報（平14）174	345
東京高判平15.8.28公刊物未登載	306
東京高判平18.10.11判タ1242・147	125
福岡高判平19.3.19高検速報（平19）448	388
東京高判平19.6.1高検速報（平19）240	199
東京高判平19.9.18判タ1273・338	79
東京高判平20.5.15判時2050・103等	223
東京高判平20.7.17東高時報59・1＝12・69	201
東京高判平20.9.25東高時報59・1＝12・83	80
東京高判平21.7.1判タ1314・302	161, 213
東京高判平21.12.16判時2071・54	143
東京高判平22.6.4東高時報61・1＝12・111	175
東京高判平22.11.8判タ1374・248	81
大阪高判平23.4.12	350

東京高判平23.4.28判時2119・34 ··· 142
大阪高判平24.3.16判時2151・17 ··· 143
東京高判平24.12.11判タ1400・367 ·· 179
札幌高判平26.12.18判タ1416・129 ·· 211
大阪高判平28.3.2判タ1429・148 ·· 392
名古屋高判平28.6.29 ··· 392
広島高判平28.7.21 ··· 391

【地方裁判所】

東京地決昭42.11.22判タ215・214 ·· 221
神戸地決昭43.7.9下刑集10・7・801 ··· 168
京都地判昭43.7.22判タ225・245 ·· 62
大阪地判昭43.9.20判タ228・229 ·· 68
秋田地決昭44.5.14刑裁月報2・9資料編13 ·· 170
神戸地決昭44.5.21刑裁月報1・5・607 ··· 312
岡山地倉敷支判昭46.4.2判タ265・292 ·· 150
福岡地判昭48.9.13刑裁月報5・9・1338 ··· 239
京都地判昭48.12.11刑裁月報5・12・1679 ·· 300
仙台地決昭49.5.16判タ319・300 ·· 280
大阪地判昭50.6.6判時810・109 ··· 155
広島地判昭50.12.9判タ349・284 ·· 124
京都地判昭52.5.24判タ364・309 ·· 257
大阪地判昭53.9.28判タ371・115 ·· 119
東京地決昭53.12.20刑裁月報10・11＝12・1514 ·· 378
大阪地判昭53.12.27判時942・145 ·· 320
富山地決昭54.7.26判時946・137 ·· 166
東京地判昭55.3.28 ··· 137
岐阜地判昭59.3.26判時1116・114 ·· 288
大阪地判昭61.5.8判タ617・180 ··· 112
東京地判昭62.11.25判時1261・138 ·· 359
大阪地判昭63.3.9判タ671・260 ··· 60
浦和地決平元.11.13判時1333・159 ·· 268
大阪地判平元.12.7判タ744・215 ·· 344
東京地判平2.6.26判タ748・135 ·· 155
浦和地判平2.10.12判時1376・24 ·· 274
大阪地判平2.11.9判タ759・268 ··· 68
甲府地判平3.9.3判時1401・127 ··· 51
浦和地判平3.9.26 ··· 110
横浜地判平4.3.3判タ796・120 ·· 227
東京地判平6.9.29公刊物未登載 ·· 192, 193

東京地判平8.2.27判タ914・145 ･･･ 233
東京地判平8.3.27公刊物未登載 ･･ 162
東京地決平12.11.13判タ1067・283 ･･･ 275
千葉地判平16.11.29 ･･･ 74
秋田地大館支判平17.7.19判タ1189・343 ･････････････････････････････････････ 148, 151
大阪地判平18.6.29 ･･ 92
東京地判平20.2.29公刊物未登載 ･･･ 163
松山地判平22.7.23判タ1388・375 ･･ 212
鹿児島地判平22.12.10法律時報83・12・124 ･･･ 388
東京地決平23.3.15判時2114・140 ･･ 180
東京地判平25.1.31公刊物未登載 ･･･ 157
東京地判平25.3.26公刊物未登載 ･･･ 169
大阪地決平27.1.27判時2288・134 ･･ 391
大阪地決平27.6.5 ･･ 392
大阪地判平27.7.10 ･･･ 392
名古屋地判平27.12.24 ･･ 391
水戸地決平28.1.22 ･･･ 392
広島地福山支判平28.2.16 ･･･ 391
横浜地判平28.3.17公刊物未登載 ･･ 41

【簡易裁判所】

東京簡判昭49.9.20刑裁月報6・9・971 ･･ 74

監修者，著者紹介（令和3年2月現在）

〈監修者紹介〉

伊丹俊彦　　弁護士，元大阪高等検察庁検事長

〈著者紹介〉

倉持俊宏　　札幌高等検察庁検事
細川　充　　日本司法支援センター総務部長・検事
山口貴亮　　厚生労働省法務担当参事官・検事
山口修一郎　東京地方検察庁検事
栗木　傑　　法務省刑事局参事官・検事
渡邊真知子　法務省法務総合研究所教官・検事
三尾有加子　宇都宮地方検察庁検事

★本書の無断複製(コピー)は,著作権法上での例外を除き,禁じられています。また,代行業者等に依頼してスキャンやデジタルデータ化を行うことは,たとえ個人や家庭内の利用を目的とする場合であっても,著作権法違反となります。

適法・違法捜査ハンドブック

平成29年5月20日　第1刷発行
令和3年4月20日　第4刷発行

監修者　伊　丹　俊　彦
発行者　橘　　　茂　雄
発行所　立　花　書　房
東京都千代田区神田小川町3-28-2
電話　03-3291-1561（代表）
FAX　03-3233-2871
http://tachibanashobo.co.jp

Ⓒ2017　Toshihiko Itami　　　　　　（印刷・製本）倉敷印刷
乱丁・落丁の際は本社でお取り替えいたします。

捜索・差押えの疑問に答える、現場のための手引書

捜索・差押え ハンドブック

立花書房 好評書

[監修] 弁護士 元大阪高等検察庁検事長 **伊丹俊彦** [著]
津地方検察庁検事正 **松本　裕**
札幌高等検察庁検事 **倉持俊宏**
前法務省大臣官房司法法制部参事官・検事 **山口貴亮**

捜索・差押え現場の疑問を、現役検事がQ&A形式で解説！
捜査官、警察官を対象として、「どのような場面でどの令状を請求するのか」、「令状請求の手続や令状執行時に注意すべきことは何か」といった、様々な場面で生じる現場の疑問に答える。

わかりやすさ、読みやすさを追求した捜索・差押えの手引書！
①見出しを活用して段落を分け、②結論を端的に示し、③実務上の留意点を指摘し、④参考判例は末尾にまとめる、などの工夫を凝らした。

平成28年改正「通信傍受法」のほか、近年の重要論点を網羅！
通信傍受、サイバー犯罪・個人情報関連の捜索・差押えの方法等について詳述。

内容見本

捜索・差押え ハンドブック

伊丹　俊彦 監修
松本　裕
倉持　俊宏 著
山口　貴亮

立花書房

A5判・並製・304頁（送料：300円）
定価（本体1900円＋税）

⑨1　携帯電話からの位置探索

殺人事件現場から、所有者不明の携話の契約者名を知りたいが、どのよう使用の携帯電話が所在不明となっておれた。その携帯電話の現在場所を知うどのようにすればよいか。

関係条文〕ガイドライン、刑訴法197条2

1　携帯電話から得られる情報の捜査

近時、スマートフォンを含む携帯電話からも分かるとおり、携帯電話は、単にることなく、多種多様なコミュニケーそして、携帯電話契約からは、単に通の加入者や通話相手を知ることにより犯

(2)　考え方と実務上の留意点

上記(1)の裁判例は、上記のような の強制がない手段・方法によって行 査として許されるものと解したと理

もっとも、意識不明者からの呼気 るのではなく、その実施に当たって 使を伴わない限りで、必要性と緊急 行為を阻害していないか、当該採取 に比して被告人に不利に働く結果を などをも総合考慮して、実施の可否

参考判例1

交通事故により負傷した意識不明 ル風船のノズルを取り除いたもの） 呼気を採取した事例につき、「本件呼 出される呼気を短時間採取したもの えていないことはもちろん、被告人 苦痛を与えてもおらず、しかも尿を 名誉を侵すこともなく、また血液を 害するおそれもなく、医師の治療行為を阻害もせず、被 かった。また、本件呼気採取の方法 混入しやすいため採取した呼気中の られ、より低く判定される可能性が 険性がなく、当時の状況から考える